W0333550

Dein wahres Potenzial

Die Originalausgabe dieses Buches ist 2005 unter dem
Titel »Healing with Qualities« bei Sentient Publications,
Boulder CO, USA, erschienen.

Aus dem Englischen übersetzt von Maria Buchwald.

© 2006
AT Verlag, Baden und München
Lektorat: Karin Breyer, Freiburg i. Br.
Umschlagbild: PictureArts, South Pasadena, Kalifornien
Druck und Bindearbeiten: Clausen & Bosse, Leck
Printed in Germany

ISBN 3-03800-234-8

www.at-verlag.ch

Manuel Schoch

Dein wahres Potenzial

Frei von Angst in die Zukunft

AT Verlag

Inhaltsverzeichnis

Einleitung

Da Sie sich für dieses Buch interessieren, haben Sie vermutlich bereits Erfahrung im Bereich der Psychotherapie oder Heilung. Vielleicht haben Sie einige der vielen »Selbsthilfetechniken«, die heute auf dem Markt sind, ausprobiert, weil Sie bestrebt waren, die Qualität Ihres Lebens zu verbessern oder mit einem bestimmten Problem klarzukommen. Es gibt zahlreiche Gründe dafür, und diejenigen unter uns, die psychologische Hilfe suchen, können unter drei, von professionellen Helfern angewandten Methoden wählen, dank denen wir uns im Alltag besser fühlen, weniger unter Stress leiden und glücklichere Beziehungen führen sollen.

Eine Methode besteht darin, sich eingehend mit der Vergangenheit zu beschäftigen und zu versuchen, die Ursachen unserer Neurosen, Komplexe oder Traumen zu ergründen, die in Geschehnissen der Kindheit oder des Säuglingsalters oder – noch weiter zurückgehend – in früheren Leben liegen. Die zweite Methode zielt darauf ab, das Leben mit konstruktiven, kreativen Aktivitäten auszufüllen und eine »positive geistige Einstellung« zu entwickeln, um unerwünschtes Verhalten, etwa Süchte oder Depressionen, zu verbannen. Die dritte Methode, die Bestandteil der Evolution des menschlichen Bewusstseins ist, bei der es darum geht, »den ganzen Menschen« – und zwar als spirituelles wie auch als körperliches, emotionales und geistiges Wesen – zu sehen, will ganz bewusst die Kraft der Seele einbringen. Die Kraft der Seele beeinflusst das Gehirn über den Geist und damit alle Aspekte der menschlichen Natur. Wir sind endlich an einem Punkt angelangt, wo wir entdecken, dass wir das östliche und das westliche Verständnis von der Psyche miteinander verbinden können; es existieren heute mehrere psychotherapeutische Ansätze, die beispielsweise die Weisheit und Lehre des Buddhismus sowie des Tao zur Entwicklung neuer Wege nutzen, dank denen wir mit unserer Vergangenheit Frieden schließen und zukünftig unser Potenzial entfalten können.

Die zwei grundlegenden Therapieformen, mit denen ich jetzt arbeite, sind die Time-Therapie und das Außerkörperliche Heilen. Beim Außerkörperlichen Heilen wird Energie vor den Körper projiziert. Die Time-Therapie hilft uns, mit psychologischen Problemen und Ängsten zurechtzukommen, und zwar nicht etwa dadurch, dass wir sie analysieren oder in unserer Vergangenheit nach Erklärungen dafür suchen, oder indem wir gegen unsere Schwächen und tiefen Gefühle der Trauer ankämpfen. Vielmehr versuchen wir, bei diesen Gefühlen zu bleiben und zu lernen, sie ohne Reaktion, Beschreibung oder Interpretation zu beobachten. Wenn wir dazu imstande sind, stellen wir eine Verbindung zu unseren Qualitäten, unserem Potenzial her und ermöglichen damit wirkliche Transformation.

Trauer ist der Schlüssel zu Liebe und Gesundheit. Sie stellt einen wirksamen Weg dar, mit weit verbreiteten Problemen, die viele Menschen heute betreffen, anders umzugehen; dazu zählen Süchte, Aggression, Depression, psychischer Stress und Spannungen, Gefühle der Frustration, der Isolation, der inneren Verletzung, des Abgelehntwerdens sowie der ganze Bereich der Beziehungen. Bei dieser Therapieform müssen Sie nichts ändern.

Bei herkömmlichen Therapieformen konzentriert man sich auf das Problem, wohingegen wir uns in der Time-Therapie auf unser Potenzial fokussieren. Eifersucht, Angst oder Wut gehören nur dann zu uns, wenn wir ihnen eine »Geschichte« geben. Derartige Gefühle sind natürlich; verstehen wir jedoch den jeweiligen damit verbundenen Vorgang, sind wir in der Lage, wirklich damit zurechtzukommen, anstatt nur mit ihnen zu leben. Dazu müssen wir das sein lassen, was wir als »Ego« bezeichnen, das Selbstgefühl, das wir »Ich« nennen. Wir haben mehr in uns als den Geist[1], wie die Mystiker glaubten. In der Time-Therapie wird nicht nur die Geist-Körper-Ebene beobachtet, sondern auch die Aurastruktur, das Energiesystem, der Energiekörper und die Seelenqualitäten. Die sogenannte Qualitätsaura ist Bewusstsein, Potenzial und Zukunft. Kommen wir durch unsere bloße Achtsamkeit, unser Gewahrsein damit in Berührung, durchdringt sie die ganze Aurastruktur, und wir werden zu ganzheitlichen Menschen, werden Ausdruck des Heiligen in der gewöhnlichen Welt. Wir sind dann imstande, im Zustand des Glücks zu leben, wenn sich das Bewusstsein – das heißt, die Qualitäten – durch Körper, Geist und Aura manifestiert.

In diesem Buch werden wir zunächst erkunden, ob wir unsere Probleme wirklich lösen können, indem wir unsere Vergangenheit verstehen, und ob es überhaupt stimmt, dass die Vergangenheit die dominante Rolle spielt, die wir ihr zuweisen. Der Geist hat Mühe, mit diesen Fragen zurechtzukommen, da er in der Zeit strukturiert ist; deshalb kann er nicht wirklich verstehen, dass die Zukunft wichtiger ist als die Vergangenheit.

1 Geist steht im Folgenden für mentale Fähigkeiten, Intellekt, Ratio.

Er vermag dies nicht intellektuell zu erfassen, obwohl es vom energetischen Standpunkt aus offensichtlich und begreiflich ist. Dieses Verständnis – dass etwas Entstandenes sich in der Zeit von einem Punkt zu einem anderen bewegt und schließlich stirbt – fehlt dem Intellekt.

Das Erste, was ein zwei- oder dreijähriges Kind im Zusammenhang mit *Zeit* versteht, ist das sogenannte *Jetzt*. Als nächsten Schritt begreift es die Zukunft. Erst am Ende der Kindheit versteht es, was die Vergangenheit ist. Das ist äußerst bedeutsam. Warum begreifen alle kleinen Kinder zuerst das sogenannte Jetzt? Weil sie die Zukunft oder Vergangenheit nicht gesondert betrachten können.

Beobachten wir uns selbst sorgfältig, so zeigt sich, dass die Bewegung der Energie immer eine Bewegung zu etwas Neuem hin ist. Der wissenschaftliche Ausdruck für diesen Prozess ist *Evolution*. Jahrtausendelang haben Mystiker wie Sokrates gesagt, dass man sich selbst (er)kennen muss. Was war mit diesem *Sich-selbst-Erkennen* gemeint? Würde es nur bedeuten, die eigene Geschichte zu kennen, käme das einer enormen Beschränkung gleich. Besagt es lediglich, dass man über seine früheren Handlungen Bescheid weiß, schränkt man sich wiederum ein. Diese Optionen bieten keine Chance für Entwicklung und Flexibilität, die für ein gesundes Leben unerlässlich sind. Ferner berücksichtigen sie weder unsere Aura noch unsere Qualitäten, mit denen wir uns noch eingehender beschäftigen werden.

Zuerst muss festgestellt werden, dass dieses Sich-selbst-(Er)kennen das Verstehen, woher wir kommen, mit einschließt, so dass wir uns davon lösen und nach vorne schauen können. Darin liegt ein wunderbares Paradox: Während Angst immer auf die Zukunft gerichtet ist, hat die Angst, die uns quält und die wiederum Angst, gequält zu werden, erzeugt, ihren Ursprung immer in der Vergangenheit. Religionen (nicht die Menschen, die religiös orientiert und gläubig sind) und die kirchlichen Institutionen haben sich dies zunutze gemacht, um ihre Macht zu legitimieren und zu erhalten. Sie sagten: »Wenn ihr sündigt, werdet ihr von euren Sünden heimgesucht werden.« Diese kirchlichen Institutionen definieren, was gut und was schlecht ist, und vertreten die Ansicht, dass man in die Kirche gehen und bestimmte Regeln befolgen müsse, um nach dem Tod in den Himmel zu kommen. Die herkömmliche Psychologie hingegen ist davon überzeugt, dass wir uns ändern und verstehen müssen, was in unserer Vergangenheit schief lief, damit wir Erfüllung finden.

Sokrates ermutigte die Menschen lediglich, sich selbst zu erkennen. Das Sich-selbst-Erkennen in diesem Sinne schließt die Vergangenheit und das eigene Potenzial (das die Zukunft darstellt) mit ein. Bei diesem Streben nach Selbsterkenntnis werden wir nicht mehr von der Vergangenheit gequält, wir sind frei davon. Analysieren wir die Vergangenheit bzw. sind wir der Ansicht, wir seien aufgrund bestimmter Vorkommnisse in der Vergangenheit derart geworden, wie wir sind, so sind wir geneigt, anderen die Schuld für unser eigenes Handeln und Verhalten zuzuweisen und die Selbstverantwortung abzulehnen; dadurch schränken wir unsere persönliche Freiheit ein. Auf diese Weise werden wir uns niemals selbst erkennen und uns immer nur mit dem beschäftigen, was uns quält. Das wird zu einer Art erfundenem Gespenst, das uns für den Rest des Lebens begleitet, und wenn ein anderer Mensch Macht und Kontrolle über uns haben möchte, kann er sich diesen Aspekt unserer Vergangenheit zunutze machen.

Jeder von uns, selbst ein Erleuchteter, kann versagen. Dies wird sehr gut in der Bibel beschrieben, in der Schilderung, wie Jesus in der Wüste in Versuchung geführt wird. Damit ein Mensch sich ändert, muss er den Wunsch hegen, anders zu sein, als er gegenwärtig ist. Zumal Vollkommenheit nie zu erreichen ist, werden wir immer von dem verfolgt werden, was nicht gut und richtig an uns ist. Sokrates hingegen meinte, wenn man sich selbst erkennt – und erkennen bedeutet hier: eine Beziehung zu sich selbst haben –, kann einen niemand quälen oder die Verantwortung für einen übernehmen. Solange man jedoch einen anderen Menschen – zum Beispiel die Mutter oder den Vater – für die eigene Befindlichkeit verantwortlich macht, ist man gefangen und unfrei.

Freiheit erlangt man nicht, indem man flieht – das zu glauben wäre eine spirituelle Fantasie; und viele Strömungen der gegenwärtigen New-Age-Bewegung sind ganz einfach eine moderne Form der Wirklichkeitsflucht. Indem sie die intensive Beschäftigung mit Vorstellungen über frühere Leben fördert, nimmt sie eine ähnliche Rolle wie die christliche Kirche ein, die die Menschen dazu ermutigt, sich in bestimmte Überzeugungen über Himmel und Hölle zu flüchten.

Wahre Freiheit erlangen Sie durch Selbsterkenntnis, und dies bedeutet nicht, dass Sie etwas an sich ändern müssen. Sie müssen dazu lediglich bereit sein zu sehen, was gewesen ist, ohne darauf in irgendeiner Weise zu reagieren, und es damit bewenden lassen. Die Lektüre dieses Buches sollten Sie nicht als intellektuelle Übung auffassen, sondern als Chance, eine neue Art des Denkens zu lernen, Ihre Sichtweise zu ändern, Ihr Potenzial allmählich wahrzunehmen und eine Verbindung zu den Qualitäten herzustellen, die der wahre Kern Ihres Seins sind.

Der Körper ist Form, das Ego ist Zeit

Der Körper als Form

Wenn ein Kind geboren wird, wird es sich als Erstes seines Körpers bewusst. Mit ihm kommt es zuerst in Berührung; es kann sich mit ihm und seiner Beschaffenheit – ob er warm oder kalt ist, angenehm oder unangenehm, hungrig oder satt, müde oder wach – identifizieren. Das ist eine sehr einfache, natürliche Bewegung, und es lernt schnell, dass sein Körper eine zentrale Rolle für sein Wohlgefühl spielt. Es entdeckt ziemlich früh, dass sein Körper eine Form ist und Grenzen hat.

Anhand wissenschaftlicher Untersuchungen über Säuglinge und Kleinkinder im Alter zwischen achtzehn Monaten und zwei Jahren hat man den Entwicklungsprozess beobachtet, in dem die Kinder allmählich begreifen, dass die Grenze, die ihr Körper darstellt, vom Rest der Welt getrennt ist, und dass es einen Unterschied zwischen dem eigenen Körper und anderen gibt. In diesem Stadium ihrer Entwicklung haben sie ihren ersten flüchtigen Schimmer von Bewusstsein.

Infolge dieser Erkenntnis sieht das Kind, dass der Körper, der Form ist, für sich selbst stehen kann und in diesem Moment mit seiner Mutter verbunden, im nächsten jedoch wieder allein sein kann. Wie alle Eltern wissen, macht ein dreijähriges Kind eine Trotzphase durch. In dieser Phase erlebt das Kind, dass sein Körper unabhängig von dem seiner Mutter sein kann; dies ist ein natürlicher Entwicklungsschritt beim Entstehen der Willensfreiheit. Es ist ein wunderbarer Ausdruck seines Bewusstseins, das sich zu entfalten beginnt. Gewöhnlich reagieren Eltern auf diese Widerspenstigkeit mit der Angst, ihre Autorität würde untergraben, und dem Wunsch, dieses Verhalten bei ihrem Kind einzudämmen; doch in Wahrheit ist diese Phase äußerst wichtig, denn das Kind entwickelt damit allmählich ein Gefühl für Freiheit. Zwischen dem zweiten und dritten Lebensjahr erkennt das Kind, dass es nicht nur einen physischen Körper hat, der sich von allein bewegen kann, der Grenzen und ein Inneres und ein Äußeres hat, sondern dass es auch fähig ist, nachzudenken und zu fühlen. Auf diese Weise entsteht das *Ich* oder *Ego*.

Das Ego als Zeit

Ohne das Ego könnten wir in der Welt nicht funktionieren, und von dieser Entwicklungsstufe an beginnt das Kind, sein Ego oder Selbstgefühl aufzubauen, das auf seinen Erfahrungen und Reaktionen auf verschiedene Situationen beruht. Das Kind hat gelernt, dass der Körper Grenzen hat, die bewahrt und verteidigt werden müssen. Wenn es anfängt zu denken und zu fühlen und dieses oder jenes zu wollen, so versucht es damit, die Grenzen des Ego oder des Ich zu verteidigen. Dies geschieht durch den Denkprozess des Assoziierens, auf den wir später noch zu sprechen kommen werden; jedoch auf dieser Ebene der Existenz gilt: Wenn der Körper Form ist, dann muss die nächste Ebene, das Ich oder Ego, ebenso Form sein. Das scheint selbstverständlich. Dennoch hat das Ego mit Zeit und nicht mit Form zu tun. Aber das Kind kann dies nicht sehen; es erlebt das Ego nicht als Zeit, sondern als Form.

Während wir fortfahren, unser Ego als etwas aufzubauen, das fest oder formgebunden ist, wird unser Verhalten davon konditioniert, wie wir zu sein glauben, ferner von unserer Selbstwahrnehmung, von unseren Vorlieben und Abneigungen, von unseren Ängsten und Überzeugungen und von den Erfahrungen, die wir in unseren Beziehungen mit anderen und in der Welt machen.

Beim ersten Typ konditionierten Verhaltens besteht die vertraute *Fight-or-flight*-Reaktion (*fight or flight:* kämpfe oder fliehe). Immer wenn wir mit einer Gefahr – oder etwas, das wir als Gefahr wahrnehmen – konfrontiert werden, kämpfen oder fliehen wir, oder, wenn keines von beidem möglich ist, erstarren wir und werden bewegungslos, wie eine Maus sich verhalten mag, wenn sie keine Chance hat, einer Katze zu entgehen. Das Gehirn pflegt selbst dann so zu funktionieren, wenn nur eine relativ geringe Bedrohung besteht; es versucht sofort, eine der beiden Reaktionen auszulösen, und neigt dazu, selbst bei psychischen Problemen so zu reagieren, die nicht wirklich gefährlich für unsere Sicherheit sind.

Der zweite Typ konditionierten Verhaltens bezieht sich auf das Lernen. Ebenso wie das menschliche Gehirn ist auch das Gehirn der Tiere dafür konzipiert, zu lernen – nicht nur gemäß dem darwinistischen Evolutionsmodell, sondern auch mit Hilfe des außerkörperlichen bewussten Lernens. Das sogenannte Hundert-Affen-Experiment hat bewiesen, dass, wenn man einer Gruppe von Affen beibrachte, auf eine ganz bestimmte Weise Kartoffeln aufzulesen, andere Affen dies ein paar Monate später auch an einem ganz anderen Ort zu tun vermochten. Lernen wird oft als ein Vorgang betrachtet, bei dem es darum geht, die eigenen Fehler zu analysieren und dann – anhand dieser Erfahrungen – anders zu handeln.

Doch wirkliches Lernen impliziert die Bereitschaft, einen Fehler zu sehen und es dann dabei bewenden lassen oder es zu vergessen. Man kann nur dann lernen, wenn man sich nicht selbst verurteilt. Wenn ein kleines Kind versucht, aufzustehen, aber immer wieder hinfällt, dann setzt es sich nicht hin, um zu analysieren, was schief lief oder ob es sich wohl genug Mühe gegeben hat – es versucht einfach immer wieder, sich auf die Füße zu stellen.

Sobald wir beginnen, unser Lernen zu beurteilen, wird unsere Energie abgelenkt – wir zweifeln unseren Fortschritt an oder beunruhigen uns. Da das Gehirn keinen Unterschied zwischen der Wirklichkeit und einem Gedanken machen kann, wird es spüren, dass da ein Problem ist, und sofort versuchen, es zu lösen; auf diese Weise wird noch mehr Energie aufgezehrt, und das Gehirn wird weniger leistungsfähig. Bei der Geburt eines Kindes ist sein Gehirn – sofern es keinen Schaden erlitten hat – äußerst aufnahmebereit, aber die Frage, wie gelernt werden sollte, wird mit derart viel Angst besetzt, dass großer Druck auf die Kinder ausgeübt wird, damit sie auf die Weise lernen, die als richtig erachtet wird. Zu vergessen bedeutet also, zu lernen, ohne die eigenen Schwächen zu verurteilen oder sich darauf zu konzentrieren. Schenken wir unseren Schwachpunkten zu viel Aufmerksamkeit und versuchen wir, sie zu verstehen, so widmen wir ihnen zu viel Energie, da das Gehirn mobilisiert wird, darüber nachzudenken, wie Abhilfe geschaffen werden könnte, und dadurch seine Fähigkeit zur Einsicht verliert. Das Fixieren auf unsere Schwächen verursacht unnötige Probleme und macht uns unfrei.

Freiheit und Unsicherheit

Wo keine Freiheit ist, da herrscht Unsicherheit im negativen Sinne des Wortes. Das Gegenteil von Sicherheit ist nicht Unsicherheit, sondern Freiheit. Ein Geist, der Sicherheit will, schafft Beschränkungen; und das Gehirn kämpft dann ständig gegen diese Beschränkungen an. Lernen bedeutet, niemals mit Sicherheit zu wissen, was als Nächstes geschehen wird.

Der dritte Typ konditionierten Verhaltens hat nichts mit der Kindheit oder der jeweiligen Kultur zu tun und ist vom Augenblick unserer Geburt an im Gehirn vorhanden. In religiösen Zusammenhängen wird er als Sehnsucht bezeichnet, gewöhnlich jedoch einfach als Neugier. Bei Kindern kann man das am besten beobachten. Beispielsweise will Ihr zweijähriges Kind mehr über den Kamin herausfinden. Bekanntlich kann ein Kamin ein gefährlicher Ort sein; daher sagen Sie zu dem Kind, es solle nicht zu nahe herangehen. Das Kind sieht Sie daraufhin mit zweideutiger Miene an und bewegt sich weiter Richtung Kamin. Sie denken nun irrtümlicherweise, das Kind verweigere Ihnen absichtlich den Gehorsam, und begreifen nicht, dass es lediglich neugierig ist. Auf der Ebene des biologischen Bewusstseins ist Neugier stärker als Liebe.

Der Wille mag wichtig sein, doch die Fantasie oder die Neugier sind immer der stärkere Trieb. Sie implizieren, dass man ganz und gar bereit ist, hinauszugehen, weg von der Sicherheit, selbst wenn dadurch das eigene Leben in Gefahr gerät. Bewusstsein ist nicht möglich ohne Neugier und Lernen – das ist die Intelligenz der Evolution.

Kreativität ist ein Zeichen dafür, dass sich die Neugier entfaltet, doch der Geist zieht es vor, sich an die Vergangenheit zu klammern oder sich auf die eigenen Schwächen zu konzentrieren, da er bestrebt ist, eine Identität zu haben und ganz genau zu wissen, wer er ist, und somit Sicherheit oder Stabilität zu finden.

Form und Zeit

Wenn Eltern nun mit der Situation genauso umgehen wie das Kind, das heißt, wenn sie seinen Trotz bekämpfen, was bedeutet, dass sie seinen Willen bekämpfen, dann werden sie letztlich sein Freiheitsgefühl bekämpfen und die Entwicklung seines Körperbewusstseins und seines Ichbewusstseins behindern. Es wird dem Kind dann schwer fallen, zu lernen, dass das Ich zeitlich ist. Stattdessen wird das Kind sein Ich mehr und mehr als Form strukturieren. Wenn wir uns vergegenwärtigen, wie wichtig unsere in der Vergangenheit gemachten Erlebnisse bei der Herausbildung unserer Persönlichkeit sind, so wird uns aufgehen, dass das, was zwischen dem zwölften und dem siebzehnten Lebensjahr geschieht, oft mehr Auswirkung hatte als die ersten Lebensjahre. Während dieser Pubertätsphase hat der junge Mensch die Chance, zu einer gänzlich neuen, veränderten Sichtweise zu gelangen. Wenn das Ich zu diesem Zeitpunkt nicht eine zeitlich begründete Sichtweise annimmt, wird die Energie des Betreffenden allmählich in alle möglichen Richtungen abdriften. Das Ich wird dann nicht in der Lage sein, zu begreifen, dass es mehr ist als Form. Es hat dann vielleicht nur flüchtige Ahnungen von der Zeitlosigkeit.

Beispielsweise hatten wir alle als Kinder Augenblicke, wo wir vollkommen in unsere Handlungen vertieft waren. Dieses völlige Vertieftsein in etwas bei gleichzeitiger völliger Aufmerksamkeit ermöglicht den Verlust des Zeitgefühls – Körper und Ego verschmelzen zu etwas, das über die Dualität hinausführt.

Man erkennt unschwer, wann man aufmerksam in etwas vertieft ist, denn je weniger aufmerksam man ist, desto mehr erlebt man die Zeit (das subjektive Zeitgefühl). Damit meine ich die *Erlebniszeit* im Gegensatz zur *zyklischen* oder *Phasenzeit*. Zyklische Zeit bezieht sich auf die vierundzwanzig Stunden der Uhr, wohingegen lebendige Zeit das ist, was man erlebt; es ist relative Zeit.

Wir können unser Potenzial nicht erkennen, wenn wir ständig mit dem Körper/der Form beschäftigt sind oder Energie verbrauchen, indem wir in irgendeiner Weise mit dem Ego/Ich gegen ihn/sie ankämpfen. Tun wir dies, so wird die Energie nicht nur durch den Körper, sondern auch durch die Illusion, das Ich sei ebenfalls Form, obwohl es in Wahrheit Zeit ist, aufgezehrt. Könnten wir im Alter von siebzehn Jahren sehen, dass das Ich weitaus mehr als Form ist, so würden wir schon zu diesem Zeitpunkt spirituell werden. Doch da das mit siebzehn Jahren nicht geschieht, müssen wir gewöhnlich darauf warten, bis wir fünfzig sind. Wie Carl Gustav Jung richtig beobachtete, kehren die spirituellen oder religiösen Triebkräfte dann in unser aller Leben zurück. Wenn das Ich so viel mehr ist, als wir annehmen – was können wir dann herausfinden, wenn wir gewahr werden, dass es Zeit und nicht Form ist?

Die Zukunft wird Vergangenheit

Buddha lehrte: »Wenn man sich auf das konzentriert, was nicht überleben wird, was vorübergehen und enden wird, dann konzentriert man sich auf das Falsche.« Zeit bedeutet, dass etwas vorübergeht. In dem Augenblick, wo man die Zukunft erreicht, wird sie zur Vergangenheit. Die Zukunft ist das Unbekannte und daher mit Angst verbunden, und in dem Augenblick, in dem man mit der Angst konfrontiert wird, ist man in der Vergangenheit. Mit den Begriffen von Ursache und Wirkung ausgedrückt: Die Zukunft ist in Wahrheit die Ursache. Dies mag schwer zu verstehen sein, da wir darauf konditioniert wurden, an »Ursache und Wirkung« zu glauben, aber es lohnt sich, den Versuch zu machen, es auf diese Weise zu verstehen.

Buddha riet, uns nicht an das Bekannte zu klammern und nicht an das, was vergeht, da das Bekannte immer vergehen wird. Moderne Psychologen ermutigen uns, uns nicht an das Ego zu klammern und nicht das verstehen zu wollen, was sich ohnehin fortwährend verändert. Wie kann man etwas verstehen, das sich unablässig ändert? Wie kann man hoffen, seine Probleme zu lösen, wenn man auf das schaut, was die Probleme verursacht hat und das Problem darstellt? Der Geist glaubt fest, dass er sich ändern kann, indem er sich selbst versteht. Aber wenn das Ich eine Illusion ist, die in der Zeit gründet, vermag er das nicht.

Wir wollen jetzt auf die Frage zurückkommen, warum es so schwierig ist, mit dem Geist zu verstehen, dass die Zukunft die Ursache ist und dass die Zukunft die Vergangenheit erzeugt: Dies ist so, weil der Geist nie in der Zukunft sein kann, er ist immer in der Vergangenheit. Er ist immer bei dem, was tatsächlich bereits geschehen ist; deshalb verursacht er stets eine Energieblockade. Wenn man dann mit seinem Willen (der dem Geist entspringt) darauf beharrt, sich in die Zukunft zu bewegen, dann weist man den Geist praktisch an, »Selbstmord« zu begehen.

Dies wird von den östlichen Religionskonzepten bestätigt, gemäß denen man nur dann erleuchtet werden kann, wenn man sich nicht länger mit der Vergangenheit befasst. Das wichtigste Prinzip der christlichen Lehre beherzigt: den Akt der *Vergebung*. Was ist Vergebung? Es ist die Bewegung, mit der man sich vollkommen von der Vergangenheit abtrennt und sie hinter sich lässt. Es sieht nicht so aus, als hätten wir dieses Prinzip verinnerlicht, und das Christentum als Religion ermutigt uns sicherlich nicht dazu. Wir leben nach den *Geboten* der christlichen Lehre, die wiederum bloß Energie aufzehren.

Nun sagen Sie vielleicht: Gut, ich verstehe das, aber wie verhalte ich mich konkret, da ich auf der biologischen Ebene doch das Ego brauche?

Tatsächlich benötigen Sie es auf der Ebene des biologischen Bewusstseins, das den Körper und einen Teil des vom Gehirn versorgten Denkapparats mit einschließt.

Es gibt auch eine biopsychologische Ebene des Bewusstseins, auf der Sie ebenfalls das Ich brauchen, weil Ihre Erinnerung auf dieser Ebene funktioniert, und Sie brauchen Ihre Erinnerung. Nachdem Sie beispielsweise gelernt haben, wie man Auto fährt, müssen Sie sich auch am nächsten Tag daran erinnern, wie das geht. Aber es gibt auch noch die Ebene des psychospirituellen Bewusstseins, und hier sind alle Gesetze anders. Newtons Gesetze sind nicht falsch, weil Einsteins Theorien nach ihnen kamen; beide haben auf verschiedenen Ebenen der Analyse ihre Gültigkeit.

Folglich kämpft der Geist darum, wie er dies angehen soll. Er kann sehen, dass es nutzlos ist, mit dem Ich zu arbeiten, und er kann sehen, dass das Ich das Problem ist, aber er findet keinen Ausweg aus dem Dilemma. Denn solange wir mit dem Ich verbunden sind – und da das Ich Zeit ist –, werden wir nicht verstehen, was Zeit bedeutet. Dies ist so, weil das Ich sich nicht selbst einer Prüfung unterziehen kann. Derselbe Prozess geschieht, wenn Sie sich wirklich ändern, das heißt, wenn eine wahrhaftige Transformation mit Ihnen stattfindet. Sie werden ihrer erst gewahr werden, nachdem sie sich ereignet hat, und auch dann erst nach langer Überlegung. Wären Sie sich während des Prozesses der Transformation bewusst, würde die Hälfte Ihrer verfügbaren Energie von diesem Gewahrwerden aufgebraucht, was den Prozess behindern würde. Daher sollten Sie nicht erwarten, dass Sie eine Veränderung wahrnehmen, während sie geschieht. Wenn Sie sich ständig beobachten und danach Ausschau halten, ist Veränderung gar nicht möglich. Das Ich kann nicht sehen, was Zeit ist, solange es das Bewusstsein beherrscht; dennoch möchte es unbedingt wissen, wie es den Veränderungsprozess erleichtern kann.

Gäbe es eine einfache Antwort darauf, wäre die Welt schon ein Paradies. Doch es gibt einige Hinweise und Vorschläge, um Sie durch diesen Prozess zu geleiten.

Die Zukunft schafft die Vergangenheit

Die Vergangenheit analysieren

Die Kunst, wahre Freiheit zu erlangen, kann nur dann effizient praktiziert werden, wenn wir die Struktur dessen verstehen, was wir Zukunft nennen. Solange wir die Wirklichkeit als abhängig von der Vergangenheit definieren, können wir niemals frei werden. Durch das Analysieren der Vergangenheit gelingt es uns vielleicht, unser Verhalten ein ganz klein wenig zu ändern, aber eben nicht mehr. Leiden Sie zum Beispiel unter Ihrer Eifersucht und wollen diese Gefühle abstellen, dann stellen Sie sich die Frage, warum Sie eifersüchtig sind. Das Gefühl der Eifersucht entsteht aus der Annahme, man werde weniger geliebt als jemand anderes. Vielleicht kommen Sie dann – richtiger- oder fälschlicherweise – zu dem Schluss, dass Ihre Mutter Sie in Ihrer Kindheit nicht genug geliebt hat und dass Sie daher von der Angst besessen sind, nicht genug geliebt zu werden.

Sobald Sie dies verstandesmäßig wissen, verringert sich Ihre Eifersucht vielleicht etwas. Sie haben möglicherweise sogar das Gefühl, Sie seien weniger eifersüchtig – aber verleiht Ihnen das wirklich Freiheit? Sie sind noch immer abhängig davon, dass Sie Ihr Problem verstehen, das in Ihrer Beziehung zu Ihrer Mutter gründet. Vielleicht ändert sich Ihr Leben ein wenig, weil Sie nun erkennen, dass Sie zur Eifersucht neigen; möglich ist auch, dass Sie Ihre Eifersuchtsgefühle in der Zukunft beherrschen können, aber genügt das? Wie können Sie zu mehr Lebensqualität kommen, wie können Sie Ihr Potenzial nutzen, wenn Sie nicht frei sind? Zunächst müssen wir das Wort *Zukunft* betrachten. Jedes Wort ist eine Beschreibung, und jedes Wort ist überdies ein Vorgang. Das Wort *Zukunft* als Vorgang ist die Bewegung von Hoffnung und Angst. Das hat nichts zu tun mit den biologisch bedingten Ängsten, nicht genug zu essen und kein Dach über dem Kopf zu haben, oder mit der Furcht, die man empfindet, wenn man körperlich angegriffen wird. Hier sind psychospirituelle Ängste gemeint, zum Beispiel die Angst, dass irgendwo da draußen etwas gegen einen ist, oder die Angst, mit dem, was neu und unbekannt für einen ist, nicht zurechtzukommen – die Angst vor dem Unbekannten also.

___Angst, Hoffnung und Verlangen

Wenn diese Art psychologischer Angst in unserem Leben beherrschend wird, können wir versuchen, sie zu bewältigen, indem wir Hoffnung in uns nähren. Hoffen, man werde es in Zukunft schaffen, ist eine typische psychologische Struktur, anhand derer wir Aussagen machen wie: »Sobald ich mich selbst besser verstanden habe, sobald ich alle meine Probleme durchgearbeitet habe, werde ich imstande sein, eine gute Beziehung zu führen.«

Aber wie Jesus nach dem apokryphen Thomas-Evangelium (3) sagte: »Wenn eure Anführer euch sagen: ›Seht, das Königreich ist im Himmel‹, dann werden die Vögel des Himmels euch zuvorkommen. Wenn sie sagen: ›Es ist im Meer‹, werden die Fische euch zuvorkommen.« Hoffnung ist nicht dasselbe wie Vertrauen und Zuversicht, weil sie die Zukunft verkörpert, und sie führt leicht zu einem Circulus vitiosus. Mit der Hoffnung geht gewöhnlich die Angst einher, man könne etwas, was man möchte, nicht bekommen, und damit ist man wieder bei der Angst angelangt.

Angst in Verbindung mit Hoffnung erzeugt Verlangen. Buddha meinte sinngemäß, wer frei von Verlangen sei, werde sogleich erleuchtet werden. Verlangen oder Wünschen ist die Bewegung der Hoffnung oder des Wünschens von etwas, verbunden mit der Angst, der Wunsch könne nicht in Erfüllung gehen. Außerdem ist von Buddha überliefert: Wenn man sich ein Ziel steckt, das man erreichen will, schafft man sich wiederum ein Problem.

Wer versucht, ein Ziel zu erreichen, der muss seine Energie in zwei Teile aufspalten: Ein Teil wird versuchen, auf das Ziel zuzusteuern oder das Verlangen zu stillen, während der andere Teil der Energie aufgebraucht wird, indem man ständig vom Standpunkt der Angst aus zusieht und sich fragt, ob man Erfolg haben wird oder nicht. Das Ergebnis ist Dualität, Elend und Konflikt.

Wie wir sehen können, ist die Beschäftigung mit der Zukunft die Ursache für viel Elend. Dieser Behauptung entgegnet der Geist: Das ist unmöglich! Denn da er von der Logik und vom Verstand gesteuert wird, liegt für ihn jede Ursache einzig in der Vergangenheit. Mit dem Verstand betrachtet, mag dies auch den Anschein haben. Wenn Sie einem Quantenphysiker sagen, das Licht sei nicht die schnellste Form der Information und es gebe etwas, das noch schneller ist als das Licht, so würde er vom intellektuellen Standpunkt aus erwidern, das sei unmöglich.

Energie und die Zukunft

Angst vor der Zukunft, verbunden mit Hoffnung und Verlangen – was alles dasselbe ist –, blockiert die Energie, ganz gleich, wie die Angst entstanden sein mag. Sobald Bewusstsein entsteht (und es ist ein natürlicher Bestandteil der Evolution), entwickelt sich automatisch ein Gefühl für die Zukunft. Eine Bewegung auf etwas Unbekanntes hin bringt Angst, Hoffnung, Wünsche und Verlangen mit sich. An all dem ist nichts verkehrt; dennoch führt es zu Umleitungen des gesamten Energieflusses.

Stellen Sie sich ein kleines Mädchen vor, dessen Eltern ein unbeschwertes Leben führen, ohne Überlebens- oder Existenzkampf. Sie haben ihre kleinen Streitigkeiten und Unsicherheiten, aber sie lieben ihr Kind. Wie alle Menschen machen sie Fehler, aber es gibt keine Erziehung und kein Lernen ohne Fehler. Fehler geschehen, wenn Gefühle zum Ausdruck gebracht werden: Wenn jemand etwas zu Ihnen sagt oder etwas mit Ihnen tut, so löst dies ein Gefühl in Ihnen aus, auf das Sie reagieren. Selbst wenn Sie ein äußerst liebevoller Mensch sind, verhalten Sie sich wahrscheinlich zuweilen in unpassender Weise Ihrem Kind gegenüber. Ich will Ihnen dafür ein persönliches Beispiel geben: Als unser Sohn Fabian, ein sehr sensibler Junge, sechs Monate alt war, spielte er einmal im Bett zwischen meiner Frau und mir. Plötzlich fiel ein Bild von der Wand hinter ihm herunter, und ich schrie vor Schreck auf. Mein Sohn dachte, ich würde ihn anschreien, und reagierte darauf sofort mit einem Schock. Er regte sich fürchterlich auf. Sie sehen also, selbst wenn Sie Ihr Kind lieben, kann es geschehen, dass Ihr Kind etwas missversteht, was Sie tun oder sagen. Einen Augenblick lang wird sein Aurasystem – oder Energiefeld – erschüttert werden.

Kommen wir jetzt zu unserer Geschichte mit dem Mädchen zurück; es hat ein sehr ruhiges Temperament; ja, man kann sogar behaupten, es sei recht schüchtern. Die Eigenschaft (oder Qualität), die mit Schüchternheit oder Zurückhaltung assoziiert wird, äußert sich dergestalt, dass der Betreffende nicht vorgibt, er wisse alles, was es über eine Sache zu wissen gibt. Es ist im Grunde eine schöne Qualität, aber natürlich kann sie, sofern sie übermäßig stark ausgeprägt ist, auch hinderlich sein. Als dieses Mädchen zwölf Jahre alt ist, beginnen seine Eltern, die natürlich das Beste für ihre Tochter wollen, zu überlegen, wie sie ihr bei der Überwindung ihrer Schüchternheit helfen können, damit sie mehr in Kontakt mit anderen Menschen kommt. Also fordern sie das Mädchen auf, mehr mit anderen zu spielen oder mehr dieses oder jenes zu tun. Schlimmer noch, sie ziehen vielleicht sogar in Erwägung, das arme Kind eine Therapie machen zu lassen.

Bald kommt dieses Mädchen zu der Überzeugung, es sei etwas falsch an seinen Gefühlen und an seiner Schüchternheit, und nimmt sich vor, mehr aus sich herauszugehen und mehr Kontakt zu anderen Menschen zu pflegen. Es dauert nicht lange und es fängt an zu glauben, schüchtern zu sein sei etwas Negatives. Selbst wenn die Eltern ihre Bedenken wegen der Schüchternheit ihrer Tochter verbergen, wird diese mit der Zeit selbst finden, diese Eigenschaft sei ein Hindernis, wenn es mit anderen in einem geselligen Rahmen zusammen ist. Denn Schüchternheit hat Nachteile – beispielsweise dann, wenn Sie auf eine Party eingeladen werden und sich dort zuerst unbehaglich fühlen und aufgrund Ihres fehlenden Selbstvertrauens nicht wissen, wie Sie auf andere zugehen oder sich in ihrem Beisein benehmen sollen.

Bis zu einem gewissen Grade wurde die Schüchternheit des Mädchens von seinen Eltern verursacht, weil auch sie schüchtern sind. Ungeachtet dessen, was das Problem verursacht hat – im Alter zwischen vierzehn und siebzehn Jahren wird das Mädchen anfangen, diese Eigenschaft als Problem anzusehen, und dagegen ankämpfen.

Wie geht man gewöhnlich mit ein solchen (oder auch jedem anderen) Problem um?

Die Grenzen des Verstehens

Ein Problem ist stets nichts anderes als der Ausdruck, die Bewegung, verletzt zu sein. Was bringt uns dazu, unsere Probleme zu bekämpfen, im Falle unseres Beispiels die Schüchternheit? Was für jedes andere psychische Problem gilt, trifft auch hier zu: Wir betrachten es als Hindernis für zukünftiges Glück und Wohlbefinden und suchen deshalb eine Möglichkeit, es loszuwerden.

Das Mädchen versucht nun, die Ursache seiner Schüchternheit zu ergründen, und das bedeutet, dass sich seine Energie auf dieses Problem konzentriert. Durch die Konzentration seiner Energie auf das Problem hat es automatisch weniger Energie für andere Dinge zur Verfügung. Eine Blockade oder eine Verlangsamung der Energie ist die Folge; ein Teil des Energiesystems wird, was seinen Energiefluss anbelangt, defizitär und kann daher nicht normal funktionieren. Gleichzeitig ist ein anderer Teil seines Energiesystems – auf der Ebene des Bewusstseins – ständig auf die Zukunft gerichtet und durch die gedankliche Beschäftigung mit der Frage blockiert, auf welche Weise die Schüchternheit es daran hindert, Beziehungen zu Gleichaltrigen zu haben. Der dritte Teil des Energiesystems wird dadurch blockiert, dass das Mädchen ständig ängstlich prüft, ob bereits eine bedeutsame Veränderung stattgefunden hat oder nicht.

Was geschieht hier wirklich? Ein Teil des gesamten Energiesystems wird auf der körperlichen Ebene blockiert sein – es ist so, als habe man ein Auto in der Garage stehen, benutzt es aber nicht. Auch auf der Bewusstseinsebene wird das Mädchen blockiert sein; folglich wird das Bewusstsein eingeschränkt. Überdies wird das Mädchen auf der Handlungsebene blockiert sein, so dass keine wirkliche Handlung mehr stattfinden kann. Wenn dies geschieht, kann ein Mensch im schlimmstmöglichen Fall vollkommem »gelähmt« sein und ohne jede Perspektive dastehen.

Energie und Transformation

Jedes Problem, das Sie durch Verstehen und Analysieren zu lösen versuchen, verursacht eine Blockade oder Umleitung Ihrer Energien, was Ihren Blickwinkel noch mehr einengt. Dabei spielt es keine Rolle, woher das Problem kommt oder wann es entstanden ist. Der bloße Versuch, es zu lösen, schränkt augenblicklich Ihre Möglichkeiten und Ihr Potenzial zur Veränderung ein. Er erzeugt eine Unterbrechung im ansonsten störungsfrei verlaufenden Energiefluss.

Wenn Sie zugeben, dass Sie ein Problem haben, beschreiben Sie automatisch den Vorgang Ihrer Gefühlsverletzung. Was geschieht mit Ihrer Energie, nachdem Sie beschlossen haben, eine Therapie zu machen, weil Sie das Problem loswerden möchten? Der Therapeut sagt Ihnen vermutlich, Sie könnten Ihr Problem nur dann loswerden, wenn Sie »sich selbst lieben«. Doch wie sollen Sie sich ganz realistisch selbst lieben, wo Sie doch einen Teil Ihrer selbst loswerden wollen?

Ihr Bedürfnis, eine Besserung zu erreichen, zehrt dann einen Großteil Ihrer Energie auf. Wenn Sie mit hundert Prozent Energie beginnen, werden fünfzig Prozent dadurch aufgebraucht, dass Sie ständig Selbstkritik üben und gedanklich mit dem beschäftigt sind, was Sie loswerden wollen. Von den verbleibenden fünfzig Prozent wird wiederum ein Teil von dem Bemühen aufgezehrt, zu verstehen, wie Sie diese Veränderung bewirken können; und ein weiterer Teil von dem ständigen Beobachten, ob bereits eine Veränderung eingetreten ist oder nicht. Ein zusätzlicher Teil wird davon absorbiert, dass Sie sich dafür rechtfertigen, warum Sie sich bisher noch nicht geändert haben. Wie viel Energie kann da noch für eine wirkliche Transformation übrig bleiben? Wegen eben dieser Blockaden und selbst erzeugten Konflikte ist das besagte Mädchen möglicherweise gar nicht in der Lage, eine tiefergehende Beziehung einzugehen.

Die Zukunft erschafft die Vergangenheit

Die Beschäftigung mit der Zukunft ist die Ursache für viele unserer Probleme. Betrachten wir die Dinge aus anderer Perspektive, können wir allmählich begreifen, dass es die Zukunft ist, die die Vergangenheit erschafft. Das Mädchen hat seine Energie in viele verschiedene Richtungen umgelenkt. Es spielt dabei keine Rolle, wie oder warum die Schüchternheit entstanden ist. Nennt es seine Mutter als Ursache dafür, so wird das nicht gerade dazu beitragen, seine Schüchternheit zu überwinden.

Es ist hilfreich zu wissen, dass die Schüchternheit ganz einfach eine Veranlagung ist und dass an sich nichts verkehrt daran ist. Schauen wir in die Vergangenheit, werden wir sehen, wie sich die Schüchternheit als Vorgang entwickelt; wir tun dies nicht, um jemandem die Schuld daran zu geben oder die Verantwortung dafür zu übernehmen, sondern einfach, um diese Erkenntnis zu ermöglichen. Die Eigenschaft Schüchternheit haben Millionen von Menschen, unabhängig von ihrer Bildung oder Erziehung, und zwar deshalb, weil Schüchternheit Teil einer unpersönlichen Struktur ist.

In unserem Beispiel kämpft das Mädchen gegen seine Schüchternheit an, weil es sich auf die Zukunft konzentriert, was wiederum seinen Energiefluss blockiert. Das Mädchen kann daher niemals eine Verbindung zu seiner Schüchternheit entwickeln, und es ist genau diese Bewegung auf eine – alle seine Ängste enthaltenden – Zukunft hin, die zu der gegebenen Situation führt: dass sie niemals eine tiefergehende emotionale Beziehung hat. Wenn das Mädchen später auf sein Leben zurückblickt, wird es erklären, dass es aufgrund seiner Schüchternheit niemals eine Beziehung hatte. Die Zukunft hat damit seine Geschichte geschaffen oder, mit anderen Worten, seine Vergangenheit. Durch die Art und Weise, wie das Mädchen mit der Zukunft umgegangen ist, mit seinen Wünschen, Hoffnungen und Ängsten, hat es – unwissentlich – seine Vergangenheit erschaffen.

Gibt es die Gegenwart?

Nun sind wir imstande zu erkennen, dass die Zukunft immer die Vergangenheit enthält, doch die Vergangenheit enthält niemals die Zukunft. Was also ist der Begriff des *Jetzt*, der sogenannten *Gegenwart*? Wahrscheinlich haben Sie schon einmal den Ausspruch gehört, man solle weder in der Vergangenheit noch in der Zukunft leben, sondern immer in der Gegenwart. Das klingt logisch, aber gibt es dieses Jetzt wirklich? Nehmen wir die Atmung als Beispiel. Sagen wir, dass das Einatmen die Zukunft verkörpert, das Ausatmen die Vergangenheit ist und die Pausen dazwischen die Gegenwart darstellen. Wie lange können Sie einatmen, und wie lange können Sie ausatmen, und wie lange können Sie aufhören zu atmen? Tatsächlich ist es unmöglich, weiter einzuatmen, ohne auszuatmen. Das Jetzt ist wirklich, wenn sich das Bewusstsein davon zu jener winzigen Bewegung zwischen der Vergangenheit und der Zukunft verengt.

Wir haben in unserem Gehirn drei Arten der Erinnerung, das heißt des Gedächtnisses. Das eine ist das Ultrakurzzeitgedächtnis; dabei braucht man Dinge nur drei Sekunden lang zu sehen, um ihrer gewahr zu werden, und verliert dann die Erinnerung daran.

Das zweite ist das Kurzzeitgedächtnis, das etwa zehn Sekunden lang währt. Diese winzige Bewegung zwischen dem Ultrakurzzeitgedächtnis und dem Kurzzeitgedächtnis dauert zwischen zehn und dreizehn Sekunden; in der Time-Therapie nennen wir dieses *Jetzt* die *Vorzukunft*.

Die dritte Art ist das, was wir als Langzeitgedächtnis kennen und in der Time-Therapie als das *Unbewusste* bezeichnen. Also ist die Vorzukunft, das *Jetzt*, eine Schwingung von zehn bis dreizehn Sekunden.

Das können Sie sogar wahrnehmen, wenn Sie beobachten, wie oft Ihre Augenlider blinzeln. Tatsächlich sind Sie »blind«, während Sie blinzeln, aber Ihr Gehirn füllt die Lücken durch Prozesse der Erinnerung; steuern Sie zum Beispiel ein Auto, so können Sie auch dann »sehen«, wenn Ihre Augen für Bruchteile von Sekunden geschlossen sind. Das sogenannte Jetzt ist jene winzige Bewegung des Gehirns, die die Lücke zwischen der Vergangenheit und der Zukunft ausfüllt.

Alles, woran wir uns erinnern, ist also beeinflusst von jenem Bewusstseinszustand, den wir in diesem Augenblick haben. In der Time-Therapie konzentrieren wir uns auf das, was wir die Vorzukunft nennen; sie beschreibt die winzige *Bewegung hin zu etwas.*

___Die Vorzukunft

Ein einfaches Beispiel dafür ist eine CD, auf der sechs Lieder sind. Sagen wir, dass die ersten drei Lieder schon gespielt worden sind – sie verkörpern die Vergangenheit. Das vierte Lied wird soeben gespielt, wohingegen das fünfte und das sechste Lied noch gespielt werden müssen – sie verkörpern die Zukunft. Das vierte Lied, das gerade begonnen hat, ist nur zu hören wegen einer ganz kleinen Bewegung nach vorne – es ist kein Sprung bis zum fünften oder gar bis zum sechsten Lied, sondern nur eine kleine Vorwärtsbewegung nach dem dritten; dabei befinden wir uns in der Illusion vom *Jetzt*. Dieses Jetzt ist in Wirklichkeit die Vorzukunft. Es ist schwierig, diesen Begriff mit dem kognitiven Verstand zu begreifen. Die Illusion des Jetzt gibt es nur deshalb, weil Ihr Gehirn in der Lage ist, Ihnen ein Gefühl von Kontinuität zu geben.

Genau in dieser Vorzukunft geschieht der Prozess des Sicherinnerns. Selbst wenn Ihr Gedächtnis Lücken hat, werden diese Lücken gefüllt. Das Gehirn produziert Geschichten, um ein Gefühl der Sicherheit zu erzeugen. Wir erzählen ständig Geschichten, um uns selbst ein Gefühl der Sicherheit zu geben; das Gehirn kann ohne Sicherheit schlichtweg nicht funktionieren. Das Gehirn kann nicht mit Leere umgehen. Es braucht Objekte. Das Gehirn hat ständig das Bedürfnis, ein Ereignis oder Objekt zu beschreiben. Das bedeutet, dass sogar das Ich Zeit aufspaltet, um Ihnen das Gefühl zu geben, eine gewisse Kontinuität des Ichs zu haben, obwohl diese in Wirklichkeit nicht existiert.

Einer der größten Mystiker und Begründer des klassischen indischen Yoga, Patanjali, sprach eine der tiefsten Wahrheiten aus, als er sagte:

»Wenn der See des Geistes klar und ruhig wird, erkennt der Mensch sich selbst, wie er wirklich ist, immer war und immer sein wird (...) Das Aufhören der Zerstreuung des Geistes (...) und das Erwachen einer einzigen Konzentration ist die Verwandlung der Versenkung.«[2] Er äußerte damit nicht: »Die Vergangenheit, das Jetzt und die Zukunft werden eins.« Er meinte: »Die Vergangenheit und das Jetzt werden dasselbe sein.« Wenn das Jetzt, das die Vergangenheit ständig beeinflusst, und die Vergangenheit dasselbe sind, dann ist da schlichtweg nur diese kleine Vorwärtsbewegung zu dem hin, was wir die Vorzukunft nennen.

Dies unterscheidet sich von dem riesigen Schritt in die Zukunft, welche sich gewöhnlich als »Wunsch nach etwas« manifestiert. Die Beschäftigung mit der Zukunft evoziert Angst. Die Vorzukunft ist kein Denkprozess; bei ihr geht es nur um das Gewahrsein, sie ruft daher keine Angst hervor. Auch klammert man sich hier nicht an die Vergangenheit, die eine trügerische Struktur von Ursache und Wirkung erzeugt.

Patanjali sagte: »Die Ruhe (das Vergangene), das Erwachen (die Gegenwart) und das nicht zu Benennende (die Zukunft).«[3] Und er erläuterte, dass genau in diesem Augenblick sogar der Geist begreift, dass der Begriff der Zeit, der die Vergangenheit und die Zukunft einschließt, auf ein und derselben Ebene liegt, während die Qualitäten von einer ganz anderen Ebene aus wirken. Er sagt: »Yoga ist die Kunst zu sehen, dass eure Quali-

2 Swami Prabhavananda und Christopher Isherwood, Gotterkenntnis – Die Yoga Sutras des Patanjali, Ullstein Verlag, Berlin 1998.

3 Swami Prabhavananda und Christopher Isherwood, Gotterkenntnis – Die Yoga Sutras des Patanjali, Ullstein Verlag, Berlin 1998.

täten, solange ihr in der Zeit strukturiert seid (und denkt daran, dass ihr fortwährend in der Zeit strukturiert seid, wenn ihr eure Vergangenheit analysiert), nie aktiviert werden können.«

Ihre Qualitäten – das heißt, Ihr Potenzial – können nur dann aktiv sein, wenn Sie anfangen, in der Vorzukunft zu operieren. Dies kann nur geschehen, wenn Sie sich nicht irrtümlicherweise vormachen, im Jetzt zu sein. Es ist immer eine winzige Bewegung von der Vergangenheit zur Zukunft, und wie Patanjali lehrte, müssen die Vergangenheit und das winzige Fenster zur Zukunft miteinander verschmelzen.

Die Zukunft verursacht Ihre Probleme

Alle Handlungen sind zukunftsorientiert – das leuchtet ein. Sie können Ihre Handlungen nie auf den Versuch gründen, die Vergangenheit ungeschehen zu machen. Karma bedeutet, dass alle Ihre Handlungen, die auf die Zukunft hin orientiert sind, einen Einfluss auf Ihr Leben haben werden. Folglich ist nicht die Vergangenheit die Ursache Ihrer Probleme – es ist die Zukunft.

Wenn wir unseren Geist und unsere Denkprozesse nicht daran gewöhnen, die Dinge auf diese Weise zu betrachten, werden wir nicht nur niemals frei von unserem eigenen Karma sein, wir werden dann auch nicht in der Lage sein, mit Energie zu arbeiten. Wir werden nicht imstande sein, eine Transformation in unserem Leben herbeizuführen. Wir stellen dann zwar – bildlich gesprochen – unser psychisches Mobiliar um, aber im Grunde genommen ändern sich die Dinge nicht wesentlich. Es ist noch immer dasselbe Ich oder Ego – nur leicht »umgestellt«. Sie scheinen sich vielleicht geändert zu haben, aber es wird Sie viel Zeit und Energie kosten, sich selbst zu kontrollieren, um beispielsweise nicht aggressiv oder depressiv zu werden. Wenn wir auf der mentalen Ebene wissen, dass wir nicht gewalttätig oder arrogant gegenüber anderen Menschen sein sollen und nach Möglichkeit versuchen sollen, liebevoll und freundlich zu sein, dann hat das mit einer Anstrengung, nicht aber mit Transformation zu tun. Dieses *Sollte* ist bloß ein moralistischer Standpunkt.

Zukunftsorientierte Handlungen

Unsere Freiheit wird von all den Bildern blockiert, die wir uns von uns selbst machen; nicht nur wegen unseres Wunsches nach Macht (obwohl selbst dies fraglich ist), sondern wegen all der moralischen Strukturen und

Vorstellungen darüber, wie wir sein *sollten*. Alle diese Ge- und Verbote können nie die gesamte Wirklichkeit umfassen.

Der Geist kann keine Unterscheidung zwischen Wirklichkeit und Illusion treffen. Sie können eine moralische Struktur erzeugen, die besagt: »Ich sollte verständnisvoller sein«, »Ich sollte besser zuhören«, »Ich sollte mitfühlender sein«, aber all das erfordert Anstrengung. Und immer wenn etwas mit Anstrengung einhergeht, laufen Sie Gefahr zu scheitern, was wiederum Schuldgefühle bei Ihnen auslöst.

Mindestens sechzig Prozent Ihrer Energie werden dadurch gebunden, dass Sie ständig beobachten, ob Ihr Verhalten so ist, wie Sie meinen, sein zu *sollen*. Ihre Meridiane werden blockiert; die Chakren oder Energiezentren können nicht richtig funktionieren; und Sie haben dann nur noch wenig Freiraum, um Ihr Potenzial auszuschöpfen und in Ihren Qualitäten zu sein. Wenn die Zukunft Angst verkörpert beziehungsweise die Zukunft die Ursache Ihrer Probleme ist, wie können Sie dann mit der Angst, der Zukunft umgehen, wenn Sie nicht alle Ihre Energien dafür aufwenden wollen? Wie können Sie mit dem Unbekannten umgehen, das weitgehend die Ursache für die Angst ist?

Der Umgang mit dem Unbekannten

Ein Körper, der mit der Angst vor der Zukunft beschäftigt ist, kann sich in der Meditation nicht entspannen; das ist der Grund, weswegen viele Menschen es schwierig finden, Meditation zu genießen, obwohl sie allerorts als Weg zu innerem Frieden empfohlen wird.

Ein Körper, der bereit ist, sich auf das Unbekannte einzulassen, braucht seine ganze Vitalität und wirkliche Entspannung (die sich erheblich von der zeitweiligen Entspannung unterscheidet, die wir in manchen ergänzenden Therapien finden). Wirkliche Entspannung besteht dann, wenn Ihr Körper ganz wach und aufnahmebereit ist – zumal der Körper der Spiegel des Bewusstseins ist; und wenn Ihr Geist ganz wach ist, dann wird auch der Körper folgen. Es stellt sich ein Gleichgewicht ein, wenn der Körper weder besonders angespannt noch völlig entspannt ist. Er hat dann genau die Energie, die er für den Umgang mit dem Unbekannten benötigt. Wie können wir den Zustand wahrer Entspannung erreichen?

Es mag den Anschein haben, als läge die Lösung für unsere Probleme in der Zukunft, im Ausprobieren von neuen spirituellen Wegen, in alternativen Therapien oder sogar in der christlichen Vorstellung vom Himmel und dem Reich Gottes. Doch in Wahrheit ruft unsere Beschäftigung mit der Zukunft unsere Probleme hervor. Wir müssen erkennen, dass die

Vergangenheit, unsere Geschichte, nur teilweise verantwortlich dafür ist, wie wir jetzt sind, und dass wir beginnen sollten, unsere Stärken und Schwächen auf eine ganz andere Weise zu erkunden.

Vielleicht können wir unsere Perspektive ein wenig ändern, indem wir näher betrachten, wie wir emotionale Muster in unserem Leben selbst erzeugen.

Die Dynamik der Gefühlsmuster

Gefühlsmuster

Die meisten von uns denken gerne von sich, sie seien in irgendeiner Weise anders als die anderen Menschen. Während der Herausbildung unseres ureigenen Egos (oder unseres Selbstgefühls) haben wir uns den Mythos von unserer Einzigartigkeit (oder Individualität) – der Grundlage der westlichen Gesellschaften – zu Eigen gemacht.

Sind wir in unseren Problemen gefangen, bemitleiden wir uns zuweilen so sehr, dass wir glauben, niemand verstände uns, oder auch, wir verdienten es nicht, derart zu leiden. Solche Annahmen sind Teil unserer Gefühlsmuster oder zeigen, wie wir auf verschiedene Situationen und in unseren Beziehungen zu anderen Menschen reagieren. Unsere persönlichen Gefühlsmuster können wie Samenkörner, die in den Boden unseres Geistes gepflanzt wurden, zu Problemen auswachsen – müssen es aber nicht! –, wenn wir erwachsen werden. Alle Gefühlsmuster der Kindheit gehören in den Bereich der elementaren Natur des Menschen. Jeder von uns reagiert anders; das hängt von den Bedingungen und der Konditionierung im Leben jedes Einzelnen ab und davon, wie offen oder wie unempfänglich er gegenüber der Zukunft als unbekannte Größe ist.

Wir haben gesehen, dass es, wenn wir in die Vergangenheit schauen und zum Beispiel zu verstehen versuchen, warum wir eifersüchtig sind, wenig an unserer Gefühlslage ändert. Wir müssen daher den Prozess unserer Eifersucht, unserer Wut, unseres Neides oder was immer uns daran hindert, mit unserem Potenzial zu arbeiten, erforschen. Gefühlsmuster können während unserer Kindheit einen beherrschenden Einfluss ausüben, aber sie können nur aufgelöst werden, indem man sich fragt, wie es dazu kam, und nicht, warum. Um die Dynamik dieses Prozesses zu verstehen, müssen wir erkennen, dass wir alle diese Gefühlsmuster in uns tragen, unabhängig von unserer persönlichen Geschichte, und dass Menschen auf ein und dieselbe Situation unterschiedlich reagieren. Wir sind in dem Sinne gleich, dass wir alle aus demselben Stoff sind sowie denselben Gesetzmäßigkeiten unterworfen sind.

___Gut und böse

Laut Patanjali besteht einer unserer größten Fehler und Missverständnisse darin, zu glauben, gut und böse seien grundlegend wichtig bei der Gestaltung der menschlichen Natur, ja, sie würden uns veranlassen, uns auf eine bestimmte Weise zu verhalten. Doch die Vorstellung, wenn man gut oder schlecht sei, erzeuge man etwas, das einen insgesamt beeinflusse, sei irrig, meint Patanjali. Da gut und schlecht in der Zeit strukturiert sind, können sie nicht die Ursache dafür sein, wie wir sind.

Dies ist nicht ganz leicht zu verstehen, denn der Geist sagt: »Warte einen Augenblick – wenn ich Gutes tue, hat das dann nicht eine positive Wirkung, und wenn ich Schlechtes tue, hat es dann nicht eine negative Wirkung?« Der Geist macht sogleich eine Trennung zwischen gut und schlecht; dann setzt er eine Hexenjagd in Gang auf das, was angeblich schlecht in Ihnen ist, damit Sie sich davon lösen und ein besserer Mensch werden. Dies ruft einen Konflikt und Spannungen hervor, weil Ihr Geist damit letztlich, zumindest theoretisch, teilweise in Opposition zu sich selbst steht. Glaubt er selbst, gut zu sein, beginnt er ein Bild von seiner Einzigartigkeit aufzubauen, meint, besondere Kräfte oder Begabungen zu besitzen. Vielleicht geht er sogar so weit, zu glauben, dank seiner Selbstbeherrschung sei er in der Lage, anderen zu helfen; dies ist möglicherweise nichts anderes als ein Beweis von Arroganz, getarnt als Pflicht eines »guten« Menschen.

___Dualistisches Denken

Die Lehre Patanjalis lädt uns dazu ein, einen Augenblick innezuhalten, um dieses Dilemma zu betrachten. Billigen Sie die dualistische Struktur von gut und schlecht, Schwäche und Stärke, richtig und falsch, so strukturieren Sie sich selbst in der Zeit und werden dadurch in Verwirrung und Konflikte geraten. Dies ist logisch, wenn auch für unsere konditionierten Gemüter schwer zu verstehen. Wenn Sie sich aggressiv fühlen und einen Großteil Ihres Lebens mit dem Bemühen zubringen, es nicht zu sein, werden Sie am Ende Aggression gegen sich selbst entwickeln. Nicht nur werden Sie versuchen, Ihre Aggression zu unterdrücken; Sie werden ebenso in Ihrem Geist das Konzept des Gegensatzes erschaffen – sei es nun Aggression oder erklärte Nichtaggression.

Patanjali behauptet, dass genau dieses Schaffen des Gegensatzes zur Zweiheit – das heißt zur Dualität – führt, die das Problem überhaupt verursacht. Wenn ein Konzept durch ein gegenteiliges Konzept ersetzt wird, ist es immer noch exakt dieselbe Münze, lediglich die andere Seite – die Münze als Ganzes bleibt bestehen. Das erinnert mich an eine sehr intelligente Äußerung von J. F. Kennedy, der in einem Interview gefragt wurde, wie er seinen Dialog mit den Russen fortzuführen gedenke, bei dem es um den Versuch ging, die Gefahr eines Atomkriegs zu verringern. In welchem Umfang müssten die Russen einer Reduzierung der Missiles zustimmen, damit der Frieden gewährleistet werde? Er erwiderte, dass die bloße beidseitige Reduzierung des Arsenals niemals den Frieden sichern würde.

Ein anderes Beispiel dafür: Stellen wir uns zwei Männer vor, die auf einem Öltanker stehen. Jeder hat zwanzig Streichhölzer bei sich, und sie diskutieren darüber, wie viele Streichhölzer sie wegwerfen sollten, um von jeglicher Feuergefahr befreit zu sein. Da ein einziges Streichholz ausreicht, um den ganzen Tanker in die Luft zu jagen, ist es absurd, zu erörtern, ob nur zehn oder fünfzehn weggeworfen werden sollten. Genauso ist es, wenn man sich selbst überlegt, welche Dinge an sich selbst man ändern sollte.

Um eine wirkliche Veränderung herbeizuführen, müssen wir so handeln, wie Patanjali es nahe legt, damit die Vergangenheit und das Jetzt mit der Vorzukunft verschmelzen. Dazu ist es nicht nötig, die Dinge »kosmetisch« ein wenig zu ändern. Die Frage, welcher Mensch gut und welcher schlecht ist, erweist sich als irrelevant. Ohne Zweifel gibt es Menschen, die anderen schaden wollen, doch die Frage, wie sie so wurden, ist in diesem Zusammenhang nicht von Belang. Wir wissen einfach, dass schädliche Handlungen existieren.

Zeit und Bewusstsein

Es erhebt sich die Frage: Meint Patanjali, man solle jemanden, der getötet hat, nicht verurteilen, oder spricht er von etwas, das auf einer tieferen Ebene angesiedelt ist? Sagt er: Wenn ihr ständig negativ euch selbst gegenüber eingestellt seid, dann dürft ihr nicht überrascht sein, wenn irgendwann nur noch Aggression da ist? Sagt er: Wenn ihr meint, eure Schwächen seien die Ursache für eure Probleme, dann seid nicht überrascht, wenn ihr feststellt, dass ihr nichts als Kummer habt?

Suchen wir nach dem Grund unseres Elends, so werden wir aller Wahrscheinlichkeit nach unseren Schwächen dafür die Schuld geben. Wir werden die Vergangenheit als die Ursache für das, was in der Vorzukunft geschieht, sehen. Wir neigen dazu, unsere Geschichte und unsere Zukunft in zwei gesonderte Phasen aufzuspalten, getrennt durch die Illusion vom Jetzt. Wie Patanjali sinngemäß sagt: Indem wir auf diese Weise reagieren, wird deutlich, wie gründlich wir die Konzepte von Zeit und Bewusstsein missverstehen.

Vom biologischen Standpunkt aus gesehen kann man sich Vergangenes nur durch eine Erinnerung ins Gedächtnis rufen. Erinnerungen sind jedoch nichts Zuverlässiges. Anhand unzähliger Forschungsarbeiten ist gezeigt worden, dass das Gedächtnis niemals all das erfasst, was in der Vergangenheit geschehen ist. Ein Teil der Gehirnfunktion ist dazu da, um all die Lücken zu füllen, damit eine logische Schlussfolgerung möglich ist. Wenn Sie versuchen, sich an einen Vorfall aus der Vergangenheit zu erinnern, reagiert das Gehirn stets so, als finde der Vorfall in diesem Augenblick statt. Das Gehirn unterscheidet nicht zwischen Erinnerungen und wirklichen Ereignissen.

Angenommen, Sie rufen eine unangenehme Erfahrung ins Gedächtnis zurück. In dem Augenblick, wo Sie sich daran erinnern, kann das Gehirn keine Unterscheidung zwischen Wirklichkeit und Illusion treffen; es verhält sich so, als finde die unangenehme Erfahrung jetzt statt, und ruft sogleich eine Spannung in Ihrem Körper hervor, durch die wiederum verschiedene Ebenen Ihres Hormonsystems aktiviert werden. Die Psychoneuroimmunologie hat gezeigt, dass auf diese Weise das Immunsystem Ihres Körpers angegriffen wird, weil Ihr Gehirn annimmt, dass das Erinnerte im gegenwärtigen Augenblick tatsächlich geschieht, und Stress, Wachsamkeit, Angst und Schutzbereitschaft auslöst. Das bedeutet, dass Ihr Gehirn sehr viel Energie aufwendet, da es versucht, ein Problem zu lösen, das es nicht lösen kann, weil es ja gar nicht in diesem Augenblick geschieht. Es ist lediglich eine Erinnerung. Das physiologische Gehirn kennt das Konzept von Vergangenheit und Zukunft nicht; nur der Geist kennt es. Daraus folgt: Wenn Sie eine Menge Zeit damit verbringen, sich an unangenehme Dinge aus Ihrer Vergangenheit zu erinnern – zum Beispiel an die Beziehung zu Ihrer Mutter, die die Erklärung dafür zu sein scheint, dass Sie in Ihren gegenwärtigen Beziehungen Probleme mit der Eifersucht haben –, dann machen Sie sich noch mehr Kummer, weil Ihre Energie von Ihrem Bemühen aufgezehrt wird, das Problem zu lösen, das mit dieser Erinnerung assoziiert wird. Wenn Sie weiterhin so an alles herangehen, geben Sie Ihrem Gehirn die Information, dass die Probleme nicht gelöst sind. Das Gehirn reagiert dann weiterhin auf alle Probleme so, als würden sie zum gegenwärtigen Augenblick stattfinden. Dies ruft unablässig Spannungen im Körper und Stress auf der mentalen Ebene hervor.

___Erinnerung und Intelligenz

Da das Gehirn so funktioniert, ist es ziemlich leicht zu begreifen, dass das Arbeiten an Ihren Schwächen Ihr jeweiliges Problem nicht lösen kann und Sie dadurch lediglich einem größeren Druck ausgesetzt sind, sich weiterhin damit zu beschäftigen. Sie werden mühelos begreifen, wie sinnlos es ist, sich ständig auf Ihre Vergangenheit und Ihre negativen Aspekte zu konzentrieren, statt auf Ihr Potenzial und Ihre Qualitäten. Patanjali sagt sinngemäß: Nur wenn ihr aufhört, euch mit dem Bewusstsein auf der Ebene der Zeit zu beschäftigen, haben eure Qualitäten eine Chance, sich zu entwickeln und zu entfalten.

Wenn Sie sich ständig auf Vergangenheit und Negativität konzentrieren, sind Sie unablässig in einem Zustand der Wachsamkeit, der Spannung und des Widerstands. Machen Sie zum Beispiel eine Psychotherapie und widerstrebt es Ihnen, sich eingehend mit Ihrer Vergangenheit zu befassen, dann spiegelt das nicht etwa Ihr Unvermögen wider, unangenehme Erinnerungen zu konfrontieren; denn wenn Sie sich permanent im negativen Sinne mit Ihrer Vergangenheit beschäftigen, ist Widerstand eine ganz natürliche Reaktion Ihres Gehirns, das versucht, etwas zu lösen, was nicht gelöst werden kann.

Das ist in Platons wunderschöner Metapher von der Höhle, dem Licht und den Gefangenen zusammengefasst. Stellen Sie sich vor, dass Menschen vom Tag ihrer Geburt an in einer Höhle leben. Sie sind Gefangene und sitzen auf dem Boden, mit dem Rücken zum Höhleneingang. Ihre Hände, Füße, ja sogar ihre Hälse sind zusammengebunden, so dass sie sich nicht umdrehen und nur die Innenwand der Höhle vor ihnen sehen können. Hinter ihnen befindet sich eine andere hohe Wand, die sie trennt von anderen Menschen, ihren Wächtern, die kommen und gehen und verschiedene, unterschiedlich aussehende Gegenstände über die Wand heben.

Aufgrund eines Feuers, das hinter den Gefangenen brennt, werden Schatten an die Wand geworfen, auf die ihre Augen gerichtet sind. Da dies die einzige Erfahrung ist, die sie in ihrem Leben machen, glauben sie, dass auf der Welt nur diese Schatten existieren.

Stellen wir uns jetzt vor, dass es einem von ihnen gelingt, aus der Höhle zu fliehen. Mit Sicherheit wird ihn das Sonnenlicht zunächst einmal für eine Weile blenden. Dann wird er sich daran gewöhnen und nach und nach wirkliche Formen, Farben, Pflanzen und Tiere entdecken, die klaren Umrisse von Dingen, von denen er bisher nur verschwommene Schatten kannte. Er wird begreifen, dass die Sonne die Quelle des Lebens ist und auf welche Weise das Höhlenfeuer die Schatten in seinem Gefängnis hervorrief. Er wird in der Lage sein, sich frei in der Natur zu bewegen, und sich – im Vergleich dazu – das Leben seiner ehemaligen Mitgefangenen vergegenwärtigen, die noch immer in der Höhle sind.

Gesetzt den Fall, er beschließt, zu ihnen zurückzugehen und zu versuchen, ihnen eine Darstellung von dem zu geben, was er gesehen hat, oder zu erklären, dass die Schatten, auf die sie schauen, nur die Nachahmung der Wirklichkeit ist, wird ihm niemand glauben. Gibt er sich viel Mühe, sie zu überzeugen, werden sie sogar ärgerlich werden. Sie werden nicht imstande sein zu akzeptieren, dass das einzige vertraute Ding in ihrem Leben – die Schatten – eine Täuschung, eine Illusion ist. Am Ende werden sie ihn, um ihres eigenen Seelenfriedens willen, töten.

Diese Metapher finden wir ebenfalls in der lehrreichen Geschichte von Don Quichotte, der gegen Windmühlen kämpft, sowie in dem schönen hinduistischen Ausspruch »Hüte dich vor Maja (dem Trugbild)«. Ihr Geist muss präsent sein, damit Ihr Körper und Ihr biologisches Bewusstsein funktionieren können. Maja ist das Gehirn, das versucht, Probleme zu lösen, die gar nicht da sind; damit verliert es all seine Energie und Vitalität und kann nicht auf intelligente Weise funktionieren. Es beginnt, aus dem Rhythmus zu fallen. Das ist der Grund, weswegen die Musik, die Rhythmus ist, eine so wichtige Rolle spielt, wenn man dem Gehirn helfen will, seine »Batterien« wieder aufzuladen. Das Gehirn muss ein Hologramm sein, eine Einheit, und die Musik hilft ihm, sie wiederzuerlangen.

Die Definition dessen, was wir sind, kommt aus dem Wissen, der Erinnerung und der Vergangenheit. Wie kann ein Gehirn wach und intelligent sein, wenn es sich ständig mit der Vergangenheit beschäftigt? Patanjali sagt, dass dies nicht möglich ist. Negatives Denken und das Kleben an intellektuellem Wissen stumpfen den Geist ab. Intelligenz ist die Bewegung, immer vollkommen bereit zu sein für das, was neu ist. Beim Vorgang des Glaubens hingegen klammert man sich an etwas und plant etwas, und das, woran man sich klammert, liegt in der Zukunft. Vertrauen ist der Vorgang, bei dem man sich nicht länger an den Geist klammert, damit wahre Intelligenz entstehen kann – ein Zustand, der einen befähigt, die Dinge klar zu sehen, wie sie sind, ohne sich an alte Gefühlsmuster aus der Vergangenheit zu klammern.

Geist und körperliche Erinnerung

Da Ihr Gehirn nicht zwischen Erinnerung und wirklichen Ereignissen unterscheiden kann, reagiert Ihr Körper, wenn Sie sich an unangenehme Dinge erinnern, sofort mit Anspannung, und es beginnen psychosomatische Symptome aufzutreten. Diese Verbindung von Geist und Körper hat zur Folge, dass durch Erinnerungen Krankheiten ausgelöst werden können. Der psychosomatische Prozess kommt deshalb in Gang, weil das Gehirn verwirrt ist und nicht weiß, wie es ein Problem lösen soll, und am Ende eine physiologische Antwort auf das Problem findet. Solange das Gehirn spürt, dass es das Problem nicht lösen kann, hat es keine Möglichkeit, sich auf die Zukunft hin zu orientieren. Sie sind also gefangen in Ihrer Überlegung, weshalb keine Veränderung stattfindet, obwohl Sie das Problem doch verstanden haben.

Trotz Ihrem intellektuellen Verständnis für das Problem bleiben Ihre Gefühle dieselben; sie sind unverändert, und weil das so ist, beginnen Ihre Gefühle von Neuen den ganzen Vorgang des Analysierens der Situation und des Verstehens, warum Sie so sind, wie Sie sind.

Das Gehirn und der Geist

Ich bin fest davon überzeugt, dass in hundert Jahren jede Krankheit mit Hilfe des Gehirns behandelt werden wird. Jede Krankheit kann irgendwie mit dem Gehirn in Zusammenhang gebracht werden, nicht aber mit dem Geist. Zu glauben, das Gehirn und der Geist seien ein und dasselbe, ist ein Irrtum. Der Denkvorgang – das ist der Geist – nimmt nur zehn Prozent der gesamten Gehirnkapazität in Anspruch. Der Großteil der Gehirnkapazität dient der Steuerung der Körperphysiologie. Ohne diese Steuerung würden die Körperorgane nicht funktionieren. Wir müssen sowohl mit dem Körper als auch mit den Emotionen arbeiten, und wir müssen lernen, unsere Denkprozesse zu nutzen.

Wir beginnen gerade erst zu verstehen, was sich wirklich im Gehirn abspielt, wie seine Dynamik funktioniert und wie es zu unserem Wohlbefinden beitragen könnte. Beispielsweise beginnen wir zu sehen, dass Menschen, die unter Depressionen leiden, in ihrer rechten und ihrer linken Hirnrinde unterschiedlich starke Aktivitäten aufweisen. Wir können sehen, dass die unterschiedliche Kombination der verschiedenen Gehirnebenen – und die Art und Weise, wie sie miteinander kommunizieren – eine enorme Wirkung darauf haben, wie wir uns fühlen. Alles, an was wir uns erinnern, hat einen Einfluss auf unser Gehirn, und es kann gefährlich sein, wenn wir uns täglich negativen Gedanken oder Erinnerungen hingeben.

___Vergessen und Depersonalisierung

Das Wichtigste, was das Gehirn lernen muss, ist also, zu vergessen, aber dem setzt der Geist einen starken Widerstand entgegen. Es gibt immer mehr Forschungsarbeiten und Studien über das Gehirn und die Träume, und wir beginnen zu begreifen, dass Träume wahrscheinlich nur ein Mechanismus sind, bei dem das Gehirn Erinnerungen ausschalten kann, die es nicht länger braucht und die lediglich Raum beanspruchen. Wie eine gesunde zwischenmenschliche Beziehung braucht auch ein gesundes Gehirn Raum.

Auf der psychospirituellen Ebene hat Vergessen mit Vergeben zu tun. Investieren Sie Ihre Energie in die Vergangenheit, so investieren Sie sie – wie wir gesehen haben – in etwas nicht mehr Existentes und verursachen damit eine Umleitung oder Blockade Ihres Energiesystems. Die Energie, die Sie benötigen, um zu beobachten, wie Sie zum gegenwärtigen Zeitpunkt fühlen – ohne den Ballast Ihrer Geschichte –, ist dann nicht mehr verfügbar. Anstatt beispielsweise Ihre Aggression von einer historischen Perspektive aus zu betrachten, von der aus Sie lediglich stets aufs Neue Aggression erzeugen, sollten Sie versuchen, sie als das zu sehen, was sie ist. Die Zukunft erschafft die Vergangenheit. Es ist diese ständige Beobachtung im Hinblick auf das Unbekannte, die bestimmt, wie die Vergangenheit aussehen wird.

Eine der grundlegenden Regeln der christlichen Lehre ist das Prinzip der Vergebung. Bei der Vergebung lässt man die Vergangenheit ganz und gar hinter sich. Es ist also die Bewegung, bei der man von einem Augenblick auf den anderen »stirbt«, das heißt: Dinge loslässt. In den Lehren Buddhas und des Tao wird die Praxis des Loslassens oder Sterbens zu Lebzeiten für die Gesundheit als grundlegend wichtig erachtet. Doch häufig ist der Geist dazu nicht imstande, insbesondere dann, wenn Menschen mit ungelösten Traumen leben.

___Traumen

Traumatische Erfahrungen enthalten einzelne Vorkommnisse, wie Autounfälle, Raubüberfälle, Vergewaltigungen, Operationen oder schwere Zusammenbrüche; ferner Ereignisse, die über eine gewisse Zeit andauern, wie beispielsweise häusliche Gewalt, Krieg und Missbrauch; oder andere Geschehnisse, die sich über eine gewisse Zeit erstrecken. Es ist wichtig, den Unterschied zwischen schwierigen Erfahrungen (zum Beispiel, nicht so geliebt worden zu sein, wie man es gerne gehabt hätte) und der Erfahrung eines Traumas zu verstehen.

Erleidet ein Mensch ein Trauma, hat er danach oft das Gefühl, keine Perspektive mehr zu haben; häufig kommt es ihm so vor, als sei sein Leben vollständig aus der Bahn geworfen worden, und er ist außerstande, weiterhin zu funktionieren. Seine Genesung hängt weitgehend von seinen Lebensbedingungen ab – ob er alleine oder mit anderen zusammenlebt, ob er ein unterstützendes Netzwerk von Freunden hat, ob er Liebe in seinem Leben erfährt.

Kinder haben eine immens große Heilkraft in sich. Diese Heilkraft bricht nur dann zusammen, wenn sie das Gefühl haben, sie hätten keine Perspektive. Wenn zum Beispiel eine Frau vergewaltigt oder wenn ein Kind fortwährend misshandelt wird, dann können diese Frau oder dieses Kind ihre Perspektive verlieren, und ihr Organismus bricht zusammen.

Vielleicht haben wir Menschen ebenso Erfahrungen gemacht, die unangenehm, verletzend, ja sogar grauenhaft waren, aber unsere Fähigkeit zur Selbstheilung, die immer vorhanden ist, kann uns sowohl emotional als auch auf der biologischen Ebene wieder gesund machen. Eine Krankheit tritt auf, wenn keine Perspektive mehr besteht, da der Geist nicht mit Leere oder dem Nichts umgehen kann.

Heilung und Perspektive

Wenn ein Mensch jegliche Perspektive verloren hat, finden bedeutende energetische Veränderungen in ihm statt, die zum Beispiel zu einer Depression führen können. Einem deprimierten Menschen können Sie noch so oft sagen, dass Sie ihn lieben und sich um ihn sorgen – es wird nichts an seinem Zustand ändern; und zwar deshalb, weil ein deprimierter Mensch zuerst seine eigene Perspektive neu entdecken muss, um wieder normal funktionieren zu können. Deprimierte Menschen müssen oft zuerst wieder beginnen, ihrer Liebe Ausdruck zu verleihen, um genesen zu können.

Der Unterschied zwischen Krankheit und Gesundheit läuft letztlich auf die Frage hinaus, wie viel Perspektive vorhanden ist. Ein Placebo zeigt sehr deutlich, welche Wirkung die Perspektive für die Zukunft eines Menschen hat. Der Placeboeffekt besteht darin, dass ein Mensch möglicherweise wieder beginnt, an etwas zu glauben; und er funktioniert deshalb, weil dies dem Betreffenden wieder eine Perspektive eröffnet. Krankheit hat immer etwas mit dem Verlust von Perspektive zu tun. Die Bewegung von der Krankheit zur sogenannten Normalität ist nur der erste Schritt bei der Gesundung. Die meisten Menschen sind imstande, im Alltag zu funktionieren, aber sie fühlen sich nicht wirklich gesund.

Wollen wir den Geist unterstützen, besser zu funktionieren, so besteht der erste Schritt darin, für eine Perspektive zu sorgen; der zweite Schritt von dem, was wir als Normalität betrachten, zur Gesundheit oder sogar zur Erleuchtung (was auch immer das bedeuten mag) besteht darin, aus dieser Perspektive herauszutreten und hinein in das, was jenseits der Vergangenheit mit ihrer Geschichte und all ihren Lebensbedingungen ist. Exakt darum geht es, wenn wir über Weisheit, Erleuchtung und Mystizismus sprechen. Dies ist zentral in der psychospirituellen Methode für Gesundheit und Heilung; hier kommen die Qualitäten – unser Potenzial – ins Spiel, indem sie uns zu wahrer Gesundheit und zu wirklichem Wohlbefinden zurückführen. Bei diesem Vorgang lernt der Geist das, was für uns Leere, Unsicherheit und das Unbekannte ist, nicht zu meiden; des Weiteren entdeckt er, wie mit dem Unbekannten umzugehen ist.

Das Unbekannte und die Depersonalisierung

Das Erste, was wir tun müssen, ist, unsere Aufmerksamkeit von jeglicher persönlichen Struktur abzuwenden, um ungestört beobachten zu können. Und zwar deshalb, weil die Bindung an eine persönliche Struktur immer erfordert, dass wir in die Vergangenheit gehen, die, wie wir gesehen haben, unsere Energie umleitet und verlangsamt. Wenn wir zum Beispiel mit unserer Aggression arbeiten wollen – sind wir dann fähig, einfach zu beobachten, was in dem Augenblick geschieht, wo wir aggressiv werden, ohne eine Erklärung für unser Verhalten zu suchen? Mit anderen Worten, kann der Geist die Emotion aus der persönlichen Ebene herausheben?

Gelingt es Ihnen, Ihre Emotionen immer dann, wenn sie auf einer unpersönlichen Ebene auftreten, zu beobachten, ohne irgendetwas zu interpretieren, werden zwei Dinge geschehen: Sie werden nicht mehr die Frage stellen »Warum bin ich aggressiv?«, stattdessen lediglich betrachten, wie sich die Aggression manifestiert, wie sie durch Sie hindurchgeht, wie der ganze Vorgang abläuft. Statt sich zu fragen, warum die Aggression da ist, werden Sie sich plötzlich außerhalb von Raum und Zeit finden. An diesem Punkt werden Sie merken, dass Sie mit Ihrem wahren Potenzial, das heißt, mit Ihren Qualitäten verbunden sind. Wir alle haben eine Qualitätsaura oder ein Seelenbewusstsein: unser Potenzial und unsere Zukunft. Wie können wir dieses Bewusstsein in unserer Arbeit mit Gefühlsmustern, wie zum Beispiel der Aggression, nutzen, die immer auf Angst beruhen?

Wissenschaftlich ausgedrückt sind wir von einem magnetischen Feld umgeben, das viel mehr ist als unsere persönliche Struktur. Sie könnten nicht existieren ohne die Qualitätsaura, da die Hauptstruktur des Körper-Geists auf die Existenz der Qualitätsaura angewiesen ist, um entstehen, um geboren werden zu können. Wenn wir mit ihr in Kontakt treten durch einfaches Gewahrsein oder Depersonalisierung, hören wir auf, unsere Schwächen als persönlich oder zu uns gehörend anzusehen, und können beginnen, die Energie der Veränderung zu erzeugen.

Wie können wir lernen, das Muster zu vergessen und hinter uns zu lassen, das darin besteht, immer mehr »Stoff« aus der Vergangenheit anzuhäufen, wodurch wir einen enormen Konflikt im Gehirn auslösen? Jedes Gehirn funktioniert in derselben Weise, obwohl nicht jedes Gehirn dieselbe Struktur hat.

Wenn wir beschließen, dem Gehirn keine Geschichte zu geben noch ihm eine persönliche Struktur zu verleihen, so ist genau dies der Vorgang der Depersonalisierung, durch den wir sofort mit den Qualitäten verbunden sind, die unser Potenzial darstellen. Potenziale beziehen sich immer auf die Zukunft. In jedem Individuum ist dieses Potenzial viel wichtiger als die innere Struktur von Zentrum, Raum und Zeit, die mit dem Ich oder dem Ego zu tun haben. Selbst wenn Sie an Reinkarnation glauben, wird es sinnlos, sich mit dem Ich zu beschäftigen. Stattdessen müssen Sie sich mit dem beschäftigen, das nicht vergehen wird: die Qualitätsaura. Wenn Sie Aggression betrachten, ohne ihr eine persönliche Struktur zu geben, dann beobachten Sie die Bewegung der Aggression, ohne die Frage zu stellen, warum sie da ist. Dies ermöglicht Ihnen zu sehen, dass das Gefühlsmuster der Aggression im Wesentlichen Energie ist, die auf der Basis von Angst strukturiert ist, und Angst ist immer in der Zukunft strukturiert, niemals in der Vergangenheit. Depersonalisierung bedeutet nicht, dass kein Gefühl dabei ist. Das Gefühl ist sehr wohl da, doch der Geist erschafft keine Geschichte oder personalisierte Struktur.

Die Dynamik des Denkens

Widerstand und Energie

Wenn wir einem Gefühl widerstehen, so erzeugt dieser Widerstand eine Atmosphäre der Trauer in unserem Bewusstsein, und zwar als Reaktion darauf, dass das Gefühl unterdrückt wurde. Es ist diese Trauer, die wir später in Assoziation mit unserem Widerstand noch einmal erleben, nicht das unterdrückte Gefühl. Je mehr wir unseren Gefühlen widerstehen, desto mehr Trauer werden wir anhäufen. Wo kein Widerstand mehr besteht gegen Gefühle – durch den Vorgang der wunschlosen Achtsamkeit –, verschwindet die Trauer bald auf ganz natürlichem Wege. Die Trauer selbst wird ein Mittel zur Transformation. Nur wenn die Trauer als Selbstmitleid personalisiert wird, treten Blockaden auf. Wenn wir in das Gefühl der Trauer ganz und gar hineingehen, uns ihm hingeben und es freisetzen können, fördern wir den Fluss der Energie. Frei fließende Energie wird als Gefühl der Liebe oder des Mitgefühls erlebt. Das ist Energie in Bewegung ohne Widerstand.

Aber wie wir nur allzu gut wissen, gehen wir gewöhnlich nicht so mit unseren Gefühlen um. Erinnern wir uns zum Beispiel an das Mädchen mit der Qualität Schüchternheit; stellen wir uns vor, wie es zu Hause sitzt und seine Schüchternheit zu verstehen und zu analysieren versucht und sich ein wenig selbst bemitleidet wegen seiner Situation. Seine Schüchternheit erschwert es ihm, mit anderen Menschen zu verkehren, in eine Bar oder Disco zu gehen, und auf die Dauer wird das sogar seine Chance auf eine Beziehung negativ beeinflussen. Das Mädchen erkennt nicht, dass es, weil es sich so sehr auf sein Problem konzentriert, keine Energie mehr übrig hat, um einfach neugierig zu sein, auszugehen und herauszufinden, ob es vielleicht möglich ist, trotz seiner Schüchternheit etwas Neues zu erleben. Sein Gehirn ist völlig von dem Gedanken in Anspruch genommen, dass es zuerst das Problem seiner Schüchternheit lösen muss, ehe es irgendetwas in Angriff nehmen kann. Das blockiert wiederum seine Energie in Geist und Körper. Wenn es ausgeht, bleibt ihm nur noch wenig Energie, um sich an irgendetwas zu beteiligen oder etwas Neues auszuprobieren. Anstatt sich so sehr auf sein Problem zu konzentrieren, müsste es seine Schüchternheit vergessen und sie sich selbst verzeihen, damit es seine Situation ändern kann. Das kann nur auf einer psychospirituellen Ebene geschehen, indem es sich von sich selbst und seinen Versuchen, zu verstehen, löst, sowie von dem Gehirnbewusstsein, das auf seine Schwächen und das Bemühen, eine Lösung zu finden, konzentriert ist.

Das Gehirn befreien

Wenn wir etwas verstehen, so ist daran unser biologisches und biopsychologisches Bewusstsein beteiligt. Wir können verstehen, warum ein Auto kaputt gegangen ist, und es reparieren, warum wir ein Flugticket kaufen müssen, ehe wir ein Flugzeug besteigen können, aber wir können Liebe nicht verstehen. Auf der psychospirituellen Ebene hört das Verstehen auf.

Betrachten wir diese Feststellung beispielsweise in Bezug auf die Konzepte von Aggression und Nichtaggression, so führt uns dies zu dem Konzept der Ge- und Verbote, die, wie wir gesehen haben, überhaupt nichts ändern. Wenn wir zu uns selbst sagen: »Ich will meine Gefühle der Aggression loslassen«, so fixiert sich der Geist auf das Bemühen, loszulassen. Sie können sich nicht selbst befehlen zu vergessen, da Sie das nicht »bewerkstelligen« können, indem Sie Ihr Gehirn auf die gewohnte Weise benutzen. Die Frage ist, wie können Sie vergessen, wie können Sie Ihr Gehirn von der Blockade befreien, damit Energie fließen kann, damit sie schwingen kann, damit sie wieder zu einem Hologramm werden kann, damit die verschiedenen Gehirnwellen sich nicht gegenseitig stören?

Beobachten wir einmal, wie entspannt das Gehirn wird, wenn wir Musik hören – vorausgesetzt, wir versuchen nicht, die Musik zu verstehen. Denn wenn wir das versuchen, gerät das Gehirn wiederum in eine schwierige Lage, weil dieses Verstehen Erinnerung, Wissen und Erfahrung mit einschließt. Neugier und Lernen dagegen implizieren, dass man sich von sich selbst wegbewegt, was dem Gehirn Raum schenkt. Ihre Qualitäten können sich nur dann zeigen, wenn Sie sich von sich selbst wegbewegen. Stellen Sie sich vor, Sie haben eine Taschenlampe und halten Sie so nahe wie möglich an sich heran. Wie viel Licht spendet sie dann? Und nun beobachten Sie, was geschieht, wenn Sie die Taschenlampe von sich wegbewegen. Je weiter Sie sie von sich wegbewegen, desto mehr Licht erzeugen Sie.

In ähnlicher Weise liegt die Bewegung der Gedanken, des Fühlens, des ganzen Geheimnisses, wie man vergisst und Transformation erreicht, im »Bewegen des Lichts« – weg von sich selbst und in den Raum hinein. Daraus entspringt eine Form des »direkten Sehens«. Wie erfolgreich wir unser Leben zu transformieren vermögen, indem wir uns wegbewegen, Raum schaffen und die Dinge so sehen, wie sie wirklich sind, hängt weitgehend von unserer Perspektive ab. Um erkennen zu können, wie das funktioniert, müssen wir unsere Denkvorgänge erkunden.

Denkstrukturen

Es gibt meines Erachtens drei Arten von Gedankenstrukturen und zwei verschiedene Denkvorgänge. Wollen wir auf der Ebene des Bewusstseins arbeiten, müssen wir imstande sein, zwischen den verschiedenen »Blumen des Bewusstseins« oder Gedanken zu unterscheiden.

Die erste Gedankenstruktur befähigt uns, uns im Zeitverlauf aus der Gegenwart in die Vergangenheit und in die Zukunft zu bewegen. Diese Struktur ist leicht zu beobachten, da wir im Alltag siebzig Prozent unserer Zeit in ihr verbringen und uns mittels unserer Erinnerungen mit der Vergangenheit beschäftigen. Die Erinnerung an die Vergangenheit mag den tatsächlichen Geschehnissen – das heißt, der Wirklichkeit – nahe kommen, dennoch ist viel von dem, was damit assoziiert wird, frei erfunden. In der ersten Gedankenstruktur bewegen sich unsere Gedanken zuweilen auch in die Zukunft, und es ist durchaus möglich, dass wir dabei einiges entdecken, was später so eintreten wird. In einem afrikanischen Stamm gibt es folgenden Ausspruch: »Die Vergangenheit liegt vor mir und die Zukunft hinter mir« – will sagen: Weil ich die Vergangenheit sehr deutlich sehen kann, ist sie vor meinen Augen; die Zukunft ist jedoch noch unklar, daher liegt sie verborgen hinter meinem Rücken.

Sie können wohl gewisse Einblicke in die Zukunft gewinnen, aber diese sind gewöhnlich nicht viel zuverlässiger als die Wettervorhersage. Das Denken in die Zukunft enthält sogar noch mehr Illusionen als das Denken über die Vergangenheit. Viele Menschen sind fasziniert von Erinnerungen an frühere Leben; jedoch beginnen wir allmählich zu begreifen, dass sie weitgehend Erfindungen sind. Nicht, dass frühere Leben nicht existieren würden, aber wenn Sie im Zustand der Entspannung sind und plötzlich im Geist Visionen haben, in denen Sie sich beispielsweise in der Gestalt des Sokrates sehen, dann ist nicht sehr wahrscheinlich, dass Sie Sokrates selbst waren, sondern Sie haben lediglich Zugang zu jener Schwingung des Bewusstseins. Das Bewusstsein ist nicht auf Sie beschränkt; es ist niemals persönlich. Denken Sie einfach einen Augenblick darüber nach. Wir bringen siebzig Prozent des Tages in Gedankenstruktur eins zu und bewegen uns dabei zwischen Vergangenheit und Zukunft. Dies ist weder gut noch schlecht; es sind einfach Vorgänge.

Gedankenstruktur zwei ist schwieriger zu beobachten. Rufen Sie sich in Erinnerung, dass Denken immer eine Beschreibung ist. Wenn Sie sich von der Gedankenstruktur eins lösen – die Bewegung zwischen Vergangenheit und Zukunft –, sind Sie in dem, was man gemeinhin das Jetzt nennt. Aber das Jetzt existiert nicht wirklich, es ist eine Täuschung. Mit Gedankenstruktur zwei urteilen, vergleichen und erklären wir.

Wenn wir uns im sogenannten Jetzt befinden, haben wir die Vergangenheit und die Zukunft hinter uns gelassen, und es stellen sich sofort Gedanken ein, wie »Sitze ich richtig?«, »Verstehe ich, was sich gerade abspielt?« oder »Wird das bald zu Ende sein?«. In dieser Struktur wird unablässig kommentiert, was gerade geschieht. Wir bringen etwa neunundzwanzig Prozent unserer Zeit in Gedankenstruktur zwei zu. Es ist möglich, den Unterschied zwischen diesen beiden Gedankenstrukturen im Aurasystem zu sehen. Gedankenstruktur eins wird in der mentalen Aura als eine Bewegung mit einer ziemlich langsamen Schwingung zu erkennen sein. Gedankenstruktur zwei hat eine schnellere Schwingung (schneller heißt nicht besser, nur anders). Die meisten von uns bringen ihr ganzes Leben in den Gedankenstrukturen eins und zwei zu. In Gedankenstruktur zwei be- und verurteilen wir uns ständig und konditionieren uns selbst auf negative Einstellungen. Wir glauben, wenn wir verstehen könnten, warum wir negativ denken oder welche Verbindung zwischen unseren gegenwärtigen Verhaltensmustern und unserer Vergangenheit (was wiederum impliziert, dass Gedankenstruktur eins aktivitiert wird) besteht, wären wir imstande, unser Problem zu lösen. Doch das ist so, als versuche man ein Zimmer zu verwandeln, indem man das Mobiliar umstellt.

Was ist nun Gedankenstruktur drei?

___In die Vorzukunft

Im Vergleich zu den Gedankenstrukturen eins und zwei gibt es für Gedankenstruktur drei keinen klar definierten Bereich. Es gibt keine klare Beschreibung dafür. Gedankenstruktur drei, in der wir uns nur einen Prozent unserer Zeit aufhalten, ist das, was wir als »Bewegung auf etwas hin« bezeichnen oder als »Bewegung in die Vorzukunft«. Es gibt kein Jetzt. Es gibt eine Vergangenheit, die Zukunft und die Vorzukunft.

Nehmen wir das einfache Beispiel Liebe. Sie können Liebe nicht umfassend beschreiben, selbst wenn Sie tausend Definitionen dafür verwenden. Liebe ist eine ständige Bewegung hin zu etwas, ohne dass man genau sieht oder weiß, wohin die Bewegung geht. Mitgefühl ist eine ständige Bewegung, ohne Ziel, ohne Wunsch, ohne Erfüllung oder Beschreibung. Gedankenstruktur drei, eine Blume des Bewusstseins, ist genau diese Bewegung, die man intuitiv spüren kann, für die es aber keine Identifikation, Schlussfolgerung oder Interpretation gibt.

Immer wenn Sie das Gefühl haben, einfach nur da zu sein, im sogenannten Jetzt, wie in der Meditation, befinden Sie sich in Gedankenstruktur drei. Würden Ihre Gehirnwellen dann gemessen, würden sie mehr Lücken zwischen den einzelnen Perioden der Gehirnaktivität aufweisen.

In diesen Lücken unserer gewöhnlichen Gehirnaktivität ist die Vorzukunft jene Zeitstruktur, in der unsere Qualitäten am stärksten offenkundig werden. Jedes Potenzial, jede Qualität tritt aufgrund der Aktivierung von Gedankenstruktur drei zutage, die eine Bewegung in die Vorzukunft ist. Wenn unser Geist zunehmend nicht nur den Unterschied zwischen den verschiedenen Beschreibungen beobachten kann, sondern auch das Vorhandensein der Qualitäten zu erkennen vermag, kann er nach und nach auch anders funktionieren. Wenn er zudem imstande ist, die subtilen Unterschiede zwischen den Gedanken – wie in den Gedankenstrukturen eins, zwei und drei – zu sehen, können wir beginnen, uns selbst und die anderen auf eine völlig andere Weise wahrzunehmen. Dann wird der Geist auch in der Lage sein, mühelos die beiden Denkvorgänge zu verstehen.

Denkvorgänge

Das assoziierende Denken ist immer mit den Gedankenstrukturen eins und zwei verbunden. Es ist die Denktätigkeit, bei der ständig Dinge miteinander assoziiert werden; sie spielt sich während siebzig Prozent unseres Alltags ab. Es ist das mächtigste Werkzeug, das wir zur Verfügung haben, um die Vergangenheit wachzurufen. Interpretieren wir die Worte Buddhas neu, dann kann der Weg zum Glück nur dann gefunden werden, wenn dieser Prozess des Assoziierens inaktiv oder nicht vorhanden ist, denn durch ihn – das heißt, durch die Assoziation – verursachen wir beständig unser eigenes Leiden.

Der Denkprozess des Assoziierens vermag auch da einen Sinn zu sehen, wo es in Wirklichkeit keinen gibt: Wir schieben es auf, unser gegenwärtiges Leben zu leben, indem wir uns darüber Gedanken machen, was im nächsten Leben geschehen wird; oder wir glauben, wenn wir uns anders verhielten oder wenn wir reif und erwachsen würden oder wenn unsere Chakren besser funktionierten, dann könnten wir beginnen, wirklich zu leben. Wenn Sie ehrlich sind und Ihren Prozess des Assoziierens unterbrechen, werden Sie erkennen, dass das meiste davon Unsinn ist. Liebe ist nicht an bestimmte Bedingungen gebunden, und das bedeutet letztlich, dass keine Vorbedingung vonnöten ist, damit sie sich manifestieren kann. Andererseits ist es wichtig, einen gesunden Körper zu haben, da das einen Einfluss darauf hat, in welchem Maß sich die Qualitätsaura manifestieren kann. Die Aura entsteht aus der magnetischen Resonanz der Zellen im Körper. Liebe gehört zu einem Teil des Energiekörpers, der jenseits der Aurastruktur ist. Die schlimmste Ausrede für unser Unvermögen zu lieben ist, zu behaupten, Teile unserer selbst funktionierten nicht richtig oder wir benötigten mehr Vorbereitung, um bestimmte Bewusstseinsebenen zu erreichen. Das ist der schlimmste Missbrauch des assoziierenden Denkens – dem Kontakt mit der Welt ausweichen und nicht erkennen, dass wir uns im Grunde nicht voneinander unterscheiden. Lediglich unsere jeweiligen Backgrounds und Geschichten sind unterschiedlich – sie sind es, die unsere Individualität bestimmen.

Das assoziierende Denken produziert unablässig Bilder. Wenn Bilder nicht mit Gedanken assoziiert würden, wären Sie nicht in der Lage, sich die Bilder vorzustellen. Egal, was Sie im Geist sehen – es drängt Sie sofort, es zu beschreiben; damit nehmen Sie es wahr. Nehmen Sie zum Beispiel einen Klang; wir werden eines Klangs nur dann gewahr, wenn er in Form eines Musters im Gehirn registriert wird. Spreche ich beispielsweise das Swahili-Wort *arda* aus, so stellen Sie vielleicht lediglich eine Assoziation zu dem Klang dieses Wortes her. Doch wenn ich *grün* sage, wissen Sie sofort, was ich meine. Vielleicht sind Sie sich des Bildes, das Sie von der Farbe Grün haben, nicht bewusst, aber es existiert in Ihrem Gehirn; ansonsten wüssten Sie nicht, was ich mit dem Wort meine. Betrachten wir nun das Ganze von einer anderen Seite: Wenn Sie auf die grüne Farbe schauen, dann haben Sie sofort das Wort dafür, selbst wenn es Ihnen nicht bewusst ist. Ansonsten wären Sie nicht imstande, die Farbe zu erkennen.

Genau so funktioniert die ganze Traumstruktur: Sie haben einen Traum, der zuerst nur in Form von Bildern vorhanden ist; erst später beschreiben Sie ihn in Worten, um ihn beispielsweise jemand anderem zu erzählen. Dass Sie imstande sind, den Traum zu erzählen, heißt, dass Sie bereits eine Beschreibung davon gemacht haben. Jetzt können Sie daran gehen, die symbolische Bedeutung der Traumelemente zu entschlüsseln.

___Denken und die Sinne

Die Sinne können nicht voneinander getrennt werden. Mit dem Seh-, Tast- und Gehörsinn sowie mit der Sprache interagieren wir und knüpfen Beziehungen zueinander, so dass alles Existente immer mehr zu einem Hologramm, einem großen Ganzen wird. Bilder, die von Beschreibungen begleitet werden, sind der erste Schritt zum Bewusstsein. Während Sie etwas hören, kreieren Sie Beschreibungen davon. Geschähe dies nicht, wären Sie nicht imstande zu hören.

Wenn Sie zum Beispiel zuerst eine Zeit lang auf dem Land gelebt haben und danach in eine Wohnung ziehen, die nahe einer Eisenbahnlinie liegt, und alle zehn Minuten ein Zug vorbeifährt, dann werden Sie anfänglich das Geräusch eines jeden vorbeifahrenden Zuges hören. Sofort beschreiben Sie das Geräusch. Sobald Sie sich an das Geräusch des Zuges gewöhnt haben, werden Sie aufhören, es zu beschreiben. Fragt man Sie, ob es nicht sehr laut sei, so nahe am Bahngleis zu wohnen, werden Sie behaupten, die Züge nicht mehr zu hören; Sie haben aufgehört, das Geräusch wahrzunehmen.

Die meisten Menschen sind sehr aufmerksam, wenn es um Wissen und Wissensvermittlung geht; wir glauben, wir müssten Wissen besitzen, um bestimmte Prüfungen zu bestehen oder unsere Stellung in der Gesellschaft aufrechtzuerhalten. Aber interessieren wir uns auch dafür, wie unser Gehirn arbeitet und woraus das Denken besteht? Versuchen wir wirklich zu verstehen, was Denken ist? Nicht *was* wir denken, sondern welcher Denkprozess sich abspielt? Gewöhnlich tun wir das nicht, denn wir meinen, wir wüssten schon alles, was es diesbezüglich zu erfahren gibt, da wir schließlich den ganzen Tag denken. Genauso wie wir das Geräusch des Zuges ausschalten, schalten wir die Beschreibung aus, was bedeutet, dass wir unsere Aufmerksamkeit verringert haben.

Diesen Geisteszustand nannte der griechisch-armenische Mystiker Gurdjieff »fest schlafend«, und in seiner Arbeit versuchte er, das Interesse der Menschen dafür zu wecken, wie leicht man durchs Leben gehen kann, ohne sich bewusst zu werden, welche Beziehung wir zu uns selbst und zu anderen haben. Immer wenn wir in einer Beziehung unverrückbare Gewohnheiten annehmen, wird sie unglücklich verlaufen und in die Brüche gehen. Früher oder später wird sie scheitern, da wir uns gegenseitig nicht mehr zuhören. Wir befinden uns dann im Denkprozess des Assoziierens und ermöglichen keinen Raum mehr zwischen uns. Wenn wir glauben, wir wüssten bereits alles über irgendetwas oder irgendjemanden, hören wir nicht mehr richtig zu, sehen wir nicht mehr, was wirklich geschieht; wir lassen damit keinen Raum zu.

Das Gehirn ist nicht nur fähig zur Neugier, zum Lernen und zum Fällen von Entscheidungen; es hat ebenso die Fähigkeit zu vergessen. Wenn Sie realistisch auf Ihr Leben zurückblicken, werden Sie entdecken, dass Sie von Ihrer Geburt an bis in die Mitte Ihrer Zwanziger wahrscheinlich mehr Kummer hatten, als Sie zugeben wollen. Ihr Körper und Ihr Geist mühten sich ab, erwachsen zu werden, die Welt, in der Sie lebten, zu verstehen und Ihren Platz im Arbeitsleben zu finden.

Wahrscheinlich mussten Sie mit Fehlschlägen fertig werden, mit Misserfolgen in der Liebe, mit Trennungen und Verlusten sowie mit all den psychischen Veränderungen, die in Ihrem Körper stattfanden. Es dauert achtundzwanzig Jahre, bis die mentale Aura ganz entwickelt ist. In den ersten sechzehn, siebzehn Jahren unseres Lebens sind wir hauptsächlich mit Lernen, mit dem Ablegen von Prüfungen, mit dem Kampf, uns materiell über Wasser zu halten, und mit der Klärung von Missverständnissen beschäftigt – und sind in diesen Vorgängen gefangen. Woran von all dem erinnern wir uns noch? Nur noch an wenig, und zwar deshalb, weil unser Gehirn intelligent genug ist, diese Erinnerungen verblassen zu lassen; es erkennt, dass all das Geschehene vorbei und erledigt ist.

Würde die Vergangenheit tatsächlich eine bedeutende Rolle für unsere jetzige Befindlichkeit spielen, wären viele Menschen unfähig zum Handeln. Tatsache ist, dass wir mit Hilfe unseres Gehirns vorwärts gehen. Trotz negativer Erfahrungen erleben wir immer wieder viel Schönes. Wie oft haben Sie mit sich selbst gehadert, wie oft sich selbst kritisiert, wie oft haben Sie sich für wertlos oder talentlos gehalten, wie oft sind Sie der Liebe ausgewichen? Und doch bleibt Ihre innere Schönheit unverändert. Nichts von all dem hindert Sie daran, kreativ oder liebevoll zu sein, und Ihr Körper ist trotz den Belastungen dieser ersten zwanzig Jahre kräftig geblieben. Ja, er ist sogar noch wacher und aufnahmebereiter geworden. Sie haben vielleicht einige Schwächen und Probleme, aber die können Sie nicht gänzlich auf das zurückführen, was mit Ihnen geschehen ist.

Vergebung und Freiheit

Wenn Sie sich auf ein negatives Geschehnis konzentrieren, das mit einem Menschen aus Ihrer Vergangenheit zu tun hat, und Ihr Gehirn ständig auf Rache aus ist, dann schadet das nicht dem betreffenden Menschen – es schadet lediglich Ihnen selbst, und zwar erheblich. Haben Sie beispielsweise das Gefühl, dass Ihre Mutter weitgehend dafür verantwortlich ist, wie Sie jetzt sind, und meinen Sie, ihr das auch zeigen zu müssen, dann wird das nichts an der Beziehung zu Ihrer Mutter ändern. Sie werden damit lediglich Schuldgefühle bei ihr wecken, Ihre eigene Energie verschwenden und sich vielleicht sogar noch mehr Probleme bereiten. Wenn Sie sich an Ihrer Mutter rächen, indem Sie ihr die Verantwortung zuschieben und Schuldgefühle in ihr wecken (statt ihr zu helfen sich zu befreien), dann dürfen Sie nicht überrascht sein, wenn Sie sich am Ende selbst schuldig fühlen. Sie werden sich nicht besser fühlen, wenn Sie Ihre Mutter zu dem Eingeständnis bringen, dass sie sich nicht so um Sie gekümmert hat, wie sie es hätte sollen. Schuldzuweisungen erzeugen mehr Schuldenergie und damit Blockaden und Umleitungen des Energieflusses.

Sie werden nicht Freiheit erlangen, indem Sie an die Tür zur Liebe klopfen und darauf warten, dass jemand sie öffnet. Freiheit kommt, wenn Sie selbst die Tür öffnen. In Wirklichkeit gibt es gar keine verschlossene Tür. Vielleicht glauben Sie, Ihre Mutter habe die Tür geschlossen, aber sie wäre gar nicht imstande gewesen, sie zu schließen und den Schlüssel wegzuwerfen. Ihr Geist und Ihre Qualitäten sind unabhängig von den Handlungen der anderen.

Vielleicht haben Sie im Laufe Ihres Lebens gelitten, aber es steht Ihnen immer offen, das Leiden hinter sich zu lassen. Menschen, die in Konzentrationslagern gefangen gehalten wurden, werden Ihnen sagen, dass die einzige Chance, nicht ganz und gar von Angst besessen zu werden, die einzige Chance, danach ein konstruktives Leben zu führen, in der Vergebung liegt. Vergebung so zu sehen, wie sie ist, heißt, ihr keinen moralischen Stellenwert zu geben; dadurch kann man Vergebung als eine Bewegung sehen, bei der man die Vergangenheit hinter sich lässt. Es gehört zum ureigenen Wesen des Gehirns, die Vergangenheit zu vergessen und nach vorne zu gehen.

Das kreative Gehirn

Sobald wir begreifen, dass sich in unserem Gehirn (einschließlich der zehn Prozent, die den Geist ausmachen) ein permanenter kreativer Prozess vollzieht, wird sich unsere Einstellung zu ihm ändern. Plötzlich werden wir uns dieses kreativen Vorgangs bewusst und nehmen ihn nicht einfach als selbstverständlich hin. Wir können beginnen, eine Verbindung zum Gehirn und zu den Vorgängen des Denkens herzustellen. Wenn wir einen Einfluss auf das haben, was sich in unserem Gehirn abspielt, werden wir imstande sein, unseren eigenen Geist zu beherrschen.

Das meinten die Mystiker, wenn sie uns lehrten, wir sollten unsere Gedanken beherrschen. Dies erreichen wir nicht, indem wir verdrängen, was uns missfällt, und indem wir verurteilen, was in unserem Geist vor sich geht. Es bedeutet nicht, dass wir die Vergangenheit und die Gedanken an die Zukunft verdrängen (was übrigens nur möglich ist, indem man die Vorgänge von Gedankenstruktur zwei nutzt oder indem man versucht, die Vorgänge von Gedankenstruktur eins zu zerstören). Es bedeutet auch nicht, dass Gedankenstruktur eins versucht, Gedankenstruktur zwei zu kontrollieren. Alles, was Sie tun müssen, ist, zum sogenannten *motivativen Denkprozess* überzugehen. Er ist mit Gedankenstruktur drei verbunden, die eine Bewegung in die Vorzukunft impliziert. Der motivative Denkprozess findet dann statt, wenn Ihre Handlungen sich nicht länger nur um Ihren eigenen Nutzen drehen oder Ihrer speziellen Moralphilosophie entspringen. Sie erkennen, dass Körper, Geist und Aura mit den Denkstrukturen eins und zwei zwar hervorragend zusammenspielen, jedoch nichts mit Spiritualität zu tun haben.

___Intuition

Intuitiv sein bedeutet, sich in einem Gleichgewicht zwischen dem Hören, Sehen und »Fühlen« von Worten zu befinden. Intuition haben heißt, nicht in einer Denkgewohnheit stecken zu bleiben, deren Denkprozess man durchschaut. Jeder Mensch hat die Fähigkeit, intuitiv zu sein, jeder hat das dritte Auge, und jeder besitzt die Fähigkeit, bis zu einem gewissen Maße Auren zu sehen.

Es erhebt sich nicht die Frage, ob Sie die Fähigkeit der Intuition haben oder nicht; vielmehr lautet sie: Wie groß ist Ihre innere Langweile? Langeweile bedeutet Gewohnheit, bedeutet die Abwesenheit von Aufmerksamkeit, fehlendes Interesse an anderen Menschen und Dingen und mangelnde Offenheit. Auch Arroganz verhindert Intuition – dann, wenn Sie das Gefühl haben, Sie wüssten alles, was es zu wissen gibt, und damit nicht wirklich hinhören und hinschauen.

Es ist unmöglich, ohne den assoziativen Denkprozess in dieser Welt zu leben. Um intuitiv sein zu können, müssen wir uns bewusst machen, wie Denken funktioniert. Sobald Sie beginnen, dem Denkprozess Aufmerksamkeit zu schenken, werden Sie sich der Bilder, der Worte, »schneller« und »langsamer« Gefühle, der verschiedenen Gedankenstrukturen, der Vergangenheit, der Zukunft und der Vorgänge des Be- und Verurteilens bewusst werden. Und dann werden Sie frei sein. Es ist das Ich, welches das Gefängnis der Nichtfreiheit mit sich bringt. Die Nichtfreiheit entspringt nicht Ihrer Geschichte. Sie wurden geboren, um frei zu sein. Die Nichtfreiheit entspringt Ihrem Geist. Auf der psychospirituellen Ebene stellt das assoziierende Denken ein Hindernis für Stille dar, denn der Gegensatz von Stille ist nicht Lärm, sondern Angst.

Das Gehirn und das wunschlose Gewahrsein

Die Frage ist, ob Sie dieses wunderbare Gehirn mit seinen zehn Prozent Geist kreativ nutzen wollen. Alles dreht sich um Ihr Gehirn, Ihren Geist und das Knüpfen von Beziehungen. Diese ständige Interdependenz oder Gegenseitigkeit, diese Kreativität in der Beziehung zu allen Dingen, ist Gott, oder – in den Worten Buddhas – das Wesen der Buddhanatur. Das Gehirn besitzt eine enorme Fähigkeit zu lernen, neugierig zu sein, Entscheidungen zu fällen – das heißt, eine Wahl zu treffen –, sich zu erinnern und, noch wichtiger, zu vergessen. Ein Aspekt Ihres Wesens entspringt dem Denken, da das Denken die Entfaltung des Bewusstseins ist. Das Bewusstsein ist das, was Sie sind, und das Bewusstsein ist weitaus mehr als Ihre persönliche Geschichte.

Wir gelangen plötzlich zu Gedankenstruktur drei, einer winzigen Bewegung in die Vorzukunft. Die Zukunft zählt nicht dazu, da sie zu Gedankenstruktur eins gehört und zielorientiert ist, das heißt, das Verlangen mit umfasst. Gedankenstruktur drei ist das wunschlose Gewahrsein. Es ist eine winzige Bewegung auf ein Ziel hin, ohne Elemente des Festhaltens. In Buddhas Worten: Es ist der Vorgang, nicht gebunden zu sein.

Wenn es keine Bindung an etwas und kein Verlangen gibt, und wenn menschliche und universelle Kräfte immer in einer Bewegung sind, dann gibt es kein Jetzt. Es gibt lediglich das Gewahrsein von einer winzigen Bewegung in die Vorzukunft. Die Bewegung in die Vorzukunft birgt ein Element des Loslassens in sich; deshalb lautet einer der schönsten Aussprüche von Jesus im Thomas-Evangelium (50): »Es ist Bewegung und Ruhe zur gleichen Zeit.« Jesus bezeichnet uns dieser Quelle gemäß als Gäste auf dieser Welt, als bloß Vorübergehende. Unsere Natur, so behauptet er, entspreche einer Bewegung in der Stille. Man kann nicht schöner ausdrücken, dass wir Bewegung und Stille zur selben Zeit sind.

Gegenwärtige Forschungen über Jesus spiegeln den assoziierenden Denkprozess wider, da sie sich auf die historischen Tatsachen hinsichtlich dessen, wie er lebte und was er tat, konzentrieren. Gemäß der orthodoxen christlichen Lehre müssen wir uns um die Zukunft sorgen und alle möglichen Anstrengungen unternehmen, damit wir später einmal in den Himmel kommen. Doch in Wahrheit lehrte Jesus, dass wir uns nicht um die Zukunft sorgen müssen; wir können wie die Blumen auf dem Felde sein, die keinen Vermittler, Priester und auch keine Religion benötigen, um gerettet zu werden. Nur dann können wir wahrhaft religiös werden, da Religiosität die plötzliche Bewegung in die Vorzukunft ist.

Gedankenstruktur drei und Transformation

Auf der psychospirituellen Ebene spielt die Erinnerung keine zentrale Rolle mehr, da die Zeit unwichtig wird. Hier wird keine Geschichte erzeugt. In Gedankenstruktur eins, die auf die Zukunft ausgerichtet ist, erschaffen wir automatisch eine Vergangenheit, eine Geschichte. Doch in Gedankenstruktur drei befinden wir uns in der winzigen Bewegung ins wunschlose Gewahrsein. In Gedankenstruktur drei zu sein impliziert immer eine Bewegung; wir können niemals still stehen, da Bewegungslosigkeit den Tod bedeutet. An diesem Punkt, wo es keine Anhäufung von Erinnerungen gibt, findet stetig Transformation statt, und dies ist die Kunst des Sterbens.

Es stellt ein Hindernis für die Transformation dar, mit Gedankenstruktur eins in die Zukunft zu gehen oder auch sich an die Vergangenheit zu klammern. Das wertet in keiner Weise Ihre Vergangenheit ab, sondern verlangt lediglich von Ihnen, zu erkennen, wie problematisch es ist, sich damit zu identifizieren. Sich an die eigene Geschichte zu klammern bedeutet, dass Sie die Verantwortung für das, was Sie sind, und für das, was momentan geschieht, einer anderen Instanz zuschieben, und das nimmt Ihnen die Freiheit zu wählen. Sich an die Vergangenheit klammern, bedeutet, sich mit ihr zu identifizieren. Es bedeutet, dass Sie sich eine individuelle Geschichte kreieren, mit einer Ursache-Wirkung-Struktur und mit all den dazugehörigen Überzeugungen, Erklärungen usw., die Ihnen vielleicht eine zeitweilige Erleichterung von Ihren Problemen verschafft, aber eine Transformation unmöglich macht.

Wenn Sie jedoch Transformation und Erleuchtung anstreben, dann sollten Sie, wie Patanjali sagt, mehr aus der Zeit heraustreten und Vergangenheit und Jetzt konvergieren lassen. Dazu sollten Sie in Gedankenstruktur drei gehen und in jene winzige Bewegung nach vorne, wo es keine Überlegung darüber gibt, warum Sie so handeln, wie Sie handeln. Hier existiert kein Ziel oder Wunsch, nur eine Bewegung. Der chinesische Meister Lao Tzu nannte diese Energiebewegung den »Fluss«, was im Wort *Qi* wie in *Qijong* oder *Chi* in *Tai chi* enthalten ist.

___Denken, ohne zu denken

In unserer Arbeit mit diesen Ideen sollten wir nicht vergessen, dass wir unsere Denkvorgänge nicht beobachten noch unsere Gedanken erforschen können, indem wir über all das nachdenken. In der klassischen Meditation beobachten wir alle Gedanken, die in unserem Geist entstehen, ohne daran festzuhalten. Aber das Beobachten, wie Denken tatsächlich funktioniert, ist nicht dasselbe wie das Beobachten der Inhalte unseres Geistes. Das Denken ist das Haupthindernis, wenn es darum geht, mit unserem Potenzial, unseren Qualitäten in Verbindung zu treten. Wir müssen über die verschiedenen Gedankenstrukturen Bescheid wissen – Gedankenstruktur eins, zwei und drei – sowie über den assoziativen und den motivativen Denkprozess; zudem ist es unerlässlich, noch eingehender zu untersuchen, wie Denken funktioniert.

Der Prozess des Denkens

Das Denken und die Qualitäten

Der Qualitätsaspekt der Seele ist das Erste, das zusammen mit dem bereits funktionierenden Körper und Gehirn entsteht. Nach und nach bilden sich in den ersten beiden Lebensjahren das Denken beziehungsweise die Gedanken heraus. Wenn wir heranwachsen, können wir Folgendes feststellen: Je mehr man sich auf dieses Denken verlässt oder je stärker entwickelt diese Denkfähigkeit ist, desto größer ist die Wahrscheinlichkeit, dass das Denken die Qualitäten, das Potenzial, unterdrückt oder überschattet.

Beginnen wir, das Denken und den Denkprozess zu erforschen, sollten wir keinesfalls den Denkprozess aktivieren. Das klingt schwierig, aber hier sei daran erinnert, dass das Denken die Beschreibung von etwas ist und dass eine Zukunft, die keine Perspektive hat, Angst ist. Ziehen wir hierfür den analogen Vergleich vom Maler und seiner Malerei heran: Zukunft ohne Perspektive besteht dann, wenn Sie vor einem weißen Papier sitzen, die Farben neben sich, und nicht wissen, was Sie malen sollen. Ist die Zukunft ohne jede Perspektive, dann stellt sich Angst ein, und Angst zeigt sich im Denken bzw. in Gedanken.

Eine Zukunft, die eine Perspektive hat, bedeutet dagegen, dass Sie vor Antriebskraft nur so strotzen, weil Sie wissen, was Sie malen wollen; Sie müssen es nur noch ausführen. Hier herrscht keine Angst vor, es gibt nur Handlung in der Nichthandlung, und Sie vertiefen sich in Ihre Aufgabe, indem Sie sich von sich selbst wegbewegen. Sich von sich selbst wegzubewegen heißt nicht einfach, sich zu etwas anderem oder einem anderen Menschen hin zu bewegen; es bedeutet, sich in die Vorzukunft zu bewegen.

Das Denken beherrscht uns alle. Alles, was bisher von Menschen erschaffen wurde, von Flugzeugen über wunderbare Gemälde bis hin zu diesem Buch, ist durch Denkprozesse entstanden. Die meisten Menschen glauben, das Gehirn werde nur zum Denken genutzt; aber, wie bereits an früherer Stelle erwähnt, werden neunzig Prozent des Gehirns für die physiologische Steuerung des Körpers verwandt, und lediglich zehn Prozent werden für das Denken genutzt.

___Außerkörperliches Bewusstsein und Denken

Kommen unsere Qualitäten nicht richtig zum Ausdruck, so hat das nichts damit zu tun, wie gut man sich um uns als Kinder gekümmert oder wie sehr man uns geliebt hat. Auch wenn wir geliebt wurden, können unsere Qualitäten vom Denken überschattet werden. Nur durch eine tiefe, direkte Einsicht oder durch ein Gespür dafür, was Denken ist und wie Denken funktioniert, können wir einen Einfluss darauf haben, wie die Qualitäten sich auszudrücken und manifestieren.

Ist Geistbewusstsein dasselbe wie Denken? Es schließt das Denken ein, aber als Descartes sagte: »Ich denke, also bin ich«, war das mehr eine Selbstbeobachtung als eine akkurate Schlussfolgerung. Jemand, der keinen Gedanken auszudrücken vermag oder seine Denkfähigkeit eingebüßt hat – zum Beispiel jemand, der an Alzheimerkrankheit leidet –, ist sich dennoch seiner bewusst. Wenn das Denken nicht zum Analysieren oder Beobachten der Gedanken dienlich ist, wie können wir dann unserer Denkvorgänge gewahr werden?

Stellen wir uns weißes Licht vor, das auf ein großes weißes Blatt Papier gerichtet ist, auf das Sie ein Bild malen wollen. Anfangs werden Sie nur ein weißes Blatt Papier und weißes Licht sehen. Doch nach ein paar Minuten werden Sie eine Veränderung wahrnehmen. Wenn weißes Licht auf weißes Papier trifft, dann wird das weiße Licht in verschiedene Farben gebrochen. Stellen Sie sich vor, dass dieses weiße Licht Bewusstsein oder Gewahrsein ist und dass wir jedes Mal, wenn es gebrochen wird, Gedanken haben. Wenn die Farben Gedanken verkörpern, dann sind alle Farben im Weiß vorhanden, aber Sie brauchen eine Interferenz, um sie sehen zu können. Das Gehirn setzt die Schwingungen (Farben) in Gedanken um.

___Das Bild und der Rahmen

Wenn wir das Symbol der Farbe verwenden, um die vom Denken produzierten Beschreibungen darzustellen – und Weiß das Gewahrsein verkörpert beziehungsweise ein Rahmen eine Sammlung von Ideen –, dann können wir sehen, wie das Denken das Bewusstsein in Stücke bricht. Der Bruch im Bewusstsein ist eine natürliche Konsequenz des Denkens, und verschiedene Gedanken werden dann in unterschiedliche Rahmen gesteckt – beispielsweise erhalten religiöse Ideologien Namen wie Allah, Gott oder Jehova, je nach Kultur; somit können wir sehen, dass Gott für verschiedene Menschen Unterschiedliches bedeutet.

Ein anderes Beispiel dafür: Sagen wir, Sie betrachten einen Baum. Entweder stellen Sie eine Verbindung zu ihm her, indem Sie ihn einfach ansehen, oder Sie beginnen, ihm einen »Rahmen« zu geben und ihn zu beschreiben. Alles, was Sie wissen müssen, ist, dass dies ein Baum ist und dass Sie imstande sind, ihn von einer Blume zu unterscheiden. Der Akt der Unterscheidung eines Baumes von einem anderen ist wie das Aufbrechen des Bewusstseins, und nun erfolgt das In-einen-Rahmen-Stellen oder Beschreibe – es wird gefragt, wie alt der Baum wohl sein mag oder ob es ein Apfelbaum oder ein Pflaumenbaum ist. Hinschauen, ohne zu beschreiben, können Sie nur dann, wenn Sie imstande sind, sich weg vom Geistbewusstsein und hin zum außerkörperlichen Bewusstsein zu bewegen. Der legendäre Rat eines Zenmeisters lautet: »Wenn ich mit meinem Finger auf den Mond deute, dann verwechselt nicht den Finger mit dem Mond.« Verwechseln wir nicht den Rahmen mit dem ganzen Bild!

Das Überschatten der Qualitäten

Wenn Sie glauben, Ihre Kindheit sei verantwortlich dafür, wie Sie jetzt sind, so bedeutet das, dass Sie Ihre inneren Denkmuster für wichtiger halten als das, was Sie vor sich sehen. Die Fähigkeit des Denkens ist wichtiger geworden als wahre lebendige Erfahrung, und genau dann, wenn dieses In-einen-Rahmen-Stellen oder Beschreiben erfolgt, werden die Qualitäten überschattet. Vergessen Sie nicht, dass Ihr Gehirn keinen Unterschied zwischen Realität und Gedanken machen kann. Ob Sie an einen Baum denken oder tatsächlich einen Baum sehen – die Reaktion in Ihrem Gehirn ist die gleiche. Ob Sie deprimiert sind oder ob Sie sehr intensiv über das Deprimiertsein nachdenken – das Gehirn wird in beiden Fällen dieselben Hormone aktivieren. Das Gehirn unterscheidet nicht zwischen »Ich bin jetzt beim Denken« und »Dies ist die Wirklichkeit dessen, was jetzt geschieht«. Daher können sowohl das Erleben von etwas, das Furcht einflößt, und das bloße Denken an dieses Furcht einflößende Erlebnis im Gehirn dieselbe psychische Angst auslösen.

Auf der psychospirituellen Ebene – im Gegensatz zur biologischen Ebene – gibt es keine psychische Angst, die unabhängig vom Denken ist. Mit anderen Worten, alle psychischen Ängste sind abhängig vom Denken oder werden erst dadurch ausgelöst. Es gibt absolut keine Zukunft, außer der, die vom Denken erschaffen wird. Die Zukunft ist Angst, und Angst ist Denken. Probleme treten infolge des Formulierens oder Beschreibens von Angst auf. Dies kann man nicht feststellen, indem man darüber nachdenkt, weil man das Denken nicht durch den Akt des Denkens erkunden kann. Gedanken sind in unserer Kultur derart beherrschend geworden, dass wir häufig nicht mehr unvoreingenommen betrachten können, wie jemand wirklich ist – und das betrifft auch uns selbst. Schon in dem Augenblick, wo wir neue Beziehungen zu anderen Menschen knüpfen, machen wir uns darüber Gedanken, was sie wohl über uns denken mögen; und darauf reagieren wir dann, anstatt zu beobachten, wie diese Menschen wirklich sind. Dies hilft uns zwar, sehr schnell Beziehungen einzugehen, aber es wirft ein riesiges Problem auf, sobald wir eine Beziehung strukturiert haben, die nur auf dem Denken basiert.

Wenn Sie in einer Beziehung ständig über das nachdenken, was der andere – Ihrer Ansicht nach – denkt, und dementsprechend handeln, dann werden Sie immer weniger von diesem Menschen wahrnehmen. Am Ende werden Sie überhaupt nicht mehr sicher sein, ob Sie den Betreffenden lieben oder nicht. Wie können Sie wissen, ob Sie den Menschen lieben, wenn Sie ihn nicht länger so sehen, wie er wirklich ist? Wie können Sie wissen, welche Gefühle Sie für ihn haben, wenn Sie nur eine vom Denken gesteuerte Einstellung und eine vom Denken gesteuerte Beziehung zu ihm haben? Wie können Sie wissen, was Sie wirklich wollen? Wenn das Gehirn keinen Unterschied zwischen dem, was real, und dem, was nicht real ist, machen kann, wird es in dem Augenblick, wo Sie eine vom Denken gesteuerte Beziehung zu etwas hergestellt haben – selbst wenn sie in Wirklichkeit keine Basis hat – eine Reaktion im Körper auslösen.

Wahrnehmung, Denken und Wirklichkeit

Eine Frau mit Symptomen der Bulimie (übermäßiges Essen mit abschließend absichtlich herbeigeführtem Erbrechen) geht zu einem Therapeuten. Wenn der Therapeut von einem bestimmten psychologischen Überzeugungssystem ausgeht, dann wird er den Zustand der Frau als Ergebnis von etwas sehen, das in ihrer Vergangenheit geschah. Wenn die Frau außerdem über Depressionen klagt, kann es durchaus sein, dass der Therapeut nicht begreift, dass diese Stimmungen nicht zurückzuführen sind auf das, was in der Vergangenheit geschah, sondern lediglich eine logische physiologische Reaktion auf ihre Bulimie darstellen. Wenn sich jemand ständig erbricht, verliert er eine Menge wichtiger Minerale, und schon das allein kann eine Depression begünstigen. Bulimie ist ein klassisches Symptom für unterdrückte und überschattete Qualitäten, ein Symptom für eine rebellische Qualität, ein verzweifelter Schrei danach, die eigenen Qualitäten wieder zum Ausdruck zu bringen. In solch einem Fall muss die Frau – durch die Zuführung essenzieller Nährstoffe – zuerst einmal ihr körperliches Wohlbefinden wiedererlangen, was ihre Depressionen und ihre Kopfschmerzen lindern wird, die gewöhnlich diese Art körperlichen Zustand begleiten.

Die Art und Weise, wie wir Menschen wahrnehmen, beruht auf einem Bild, das wir von ihnen haben, und das aus unseren Erwartungen, Überzeugungen, Vorurteilen und Hoffnungen zusammengesetzt ist. Wenn der Therapeut die Ursache der Bulimie darauf zurückführt, dass der Klientin von einem Elternteil Gewalt angetan wurde, so wird dies allein nicht ihr Problem lösen. Vielleicht erzählt sie sogar dem Therapeuten, sie glaube, die Bulimie sei von einem kürzlich erlebten Autounfall ausgelöst worden, bei dem ihr Freund gestorben sei, und habe nichts mit ihren Gewalterfahrungen als Kind zu tun.

Der Therapeut erklärt ihr vielleicht, der Autounfall müsse ein Auslöser für das Verlustgefühl gewesen sein, das sich als Kind bei ihr einstellte, nachdem ihr Vater ihr Gewalt angetan hatte. Stimmt die Klientin dem nicht zu, so sagt der Therapeut möglicherweise zu ihr, sie sei widerspenstig und leide unter Verdrängungen; er sieht vielleicht niemals wirklich den ganzen Menschen, das Gesamtbild; er sieht nur den »Rahmen«, der von diesem Denkprozess geschaffen wurde. Das geschieht, wenn das Denken nicht mehr auf intelligente Weise angewandt wird. Der Rahmen schafft immer ein Gefängnis. Wenn wir uns selbst auf diese Weise beschränken, wie können wir da uns selbst wirklich sehen?

Falsche Denkmuster

Im Kortex (Hirnrinde), dem zuletzt entdeckten Element des Gehirns, wird das Bewusstsein in Ideen und Gedanken aufgespaltet. Im Alter von anderthalb bis zwei Jahren ist ein Kind imstande, zwischen einem Subjekt und einem Objekt zu unterscheiden, zwischen ihm und den anderen. Nun beginnt das Denken reflektierend zu werden, und dann folgt das langsame, allmähliche Überschatten der Qualitäten.

Der Geist ist ein wunderbares Instrument, aber Sie können damit auch psychischen Selbstmord begehen. Man kann den Fehler machen, sich zu sehr auf das Denken zu verlassen. Einer der verbreitetsten Fehler dieser Art ist die Neigung zu verallgemeinern, indem man einen Gedanken mit einem Gefühl zu einer generellen Struktur verbindet. Beispielsweise tut Ihre Frau etwas, das Sie aufregt, und Sie verallgemeinern, indem

Sie sagen: »Ständig machst du so dumme Fehler«, statt zu sagen: »Diese Situation regt mich auf, und ich empfinde dein Verhalten dabei als dumm.« Das ist einer der fatalsten Denkvorgänge, die man häufig in Partnerschaften und bei der Kindererziehung antrifft.

Ein anderer Fehler, den viele machen, ist das Denken in Gegensätzen – entweder nur dies oder nur das, schwarz oder weiß, angenehm oder unangenehm. Beim assoziierenden Denken zum Beispiel können wir sehen, dass Gott entweder als rachsüchtig oder liebevoll, hilfreich oder nicht hilfreich, gebend oder nehmend beschrieben wird. Beim motivativen Denkprozess können wir dies nicht tun; Gott ist hier lediglich ein Gegenüber zur Kommunikation.

Auch neigen wir dazu, uns vor der Wirklichkeit zu verschließen; wir sehen die Dinge nicht, wie sie wirklich sind. Wir konstruieren ein Glaubenssystem, weil wir das Gefühl haben, wir könnten ohne Überzeugungen nicht leben. Nicht nur sehen wir alles von diesem Standpunkt aus; überdies ändern wir alles so ab, damit es in unser Glaubenssystem passt. Wir denken in Entweder-oder-Kategorien und verteidigen dann unsere speziellen Überzeugungen; dabei sehen wir nicht, was vor uns liegt. Wenn Sie gerade eine Million Dollar in der Lotterie gewonnen haben und zufällig an einem Rosenstrauch, der in voller Blüte ist, vorbeigehen, werden Sie die Rosen wunderschön finden. Sind Sie dagegen gerade ernstlich deprimiert, dann nehmen Sie die Rosen vielleicht nicht einmal wahr. Selbst wenn man Ihnen dann eine Rose gäbe, würden Sie sie in diesem Fall wahrscheinlich keineswegs schön finden.

Negatives Denken

Die Wirklichkeit wird vom assoziativen Denkprozess und der Beschreibung beeinflusst. Das bedeutet, dass die Rose nicht in direkter Kommunikation mit Ihnen sein kann, noch Sie mit ihr, weil Ihr Denken sich an das anpasst, was Sie zu dieser Zeit glauben. Daraus erwächst eines der größten Missverständnisse, die es gibt – die Fixierung auf das, was negativ ist.

Wir sind darauf programmiert zu glauben, wir würden zu anderen Menschen, wenn wir unsere Negativität loswürden oder sie verständen. Verharren wir in negativem Denken, so werden wir Opfer des Denkvorgangs der Assoziation. Negativ denken bedeutet, dass wir gegen unser eigenes Wesen eingestellt sind; solange ein Beschreibungsprozess vorherrscht, bei dem eher das assoziierende Denken als die direkte Kommunikation zum Einsatz kommt, kann es keine wirkliche Veränderung, keine Transformation und keine Erleuchtung geben.

Sie denken vielleicht, es sei Ihnen gelungen, etwas loszuwerden, das Sie gestört hat, aber Sie werden weiterhin den Eindruck haben, es fehle Ihnen etwas, wodurch Sie erst zur Ganzheit kämen. Oder Sie streben nach Perfektion, glauben, sie müssten sie erreichen, bevor Sie wirklich zu leben beginnen könnten. Denken ist ein Beschreibungsvorgang, und Beschreiben ist die Abwesenheit von Stille. Unsere Probleme selbst sind nicht das Hindernis; vielmehr ist es das ständige Bedürfnis, sie zu beschreiben, sich mit ihnen zu identifizieren und sie damit immer fester an uns zu binden. Damit haben wir keine Aussicht auf Freiheit, und genau darin liegt unser wahres Leiden. Das ist es, was Buddha meinte, wenn er sagte, wir müssten uns von unseren Bindungen lösen, um frei zu sein.

Wir verwenden das assoziierende Denken auch, um uns ein mentales Bild von der Zukunft zu machen, und schließen darin alles Negative mit ein, das möglicherweise passieren könnte – wir »hoffen das Beste, planen aber das Schlimmste«. Da das Gehirn keinen Unterschied zwischen der Wirklichkeit und der Unwirklichkeit machen kann, können wir sehen, wie dieses ständige Nachdenken über das, was in der Zukunft schief laufen könnte, Anspannung verursacht und den assoziativen Denkprozess noch mehr aktiviert. Wie können Sie mit etwas kommunizieren – und das ist der motivative Denkprozess –, wenn Sie ständig in Angst sind? Wenn Sie ständig in Angst sind, können Sie gar nicht kommunizieren; Sie können dann nur versuchen zu fliehen.

Eine weitere typische Folge, wenn man sich weitgehend auf das Denken verlässt, ist die, alles persönlich zu nehmen. Beispielsweise, zu glauben, Sie seien deshalb eifersüchtig, weil Ihre Eltern sich Ihnen gegenüber auf eine bestimmte Weise verhielten, ist ein Missverständnis. Eifersucht ist eine normale menschliche Reaktion; wenn Sie sie aufs Persönliche reduzieren, werden Sie dieses Problem niemals lösen. Die Angst vor der Zukunft und die Furcht, da draußen könne irgendwo jemand sein, der jemand anderen mehr liebt als Sie, entsteht ebenfalls dadurch, dass Sie sich zu sehr auf das Denken verlassen.

Lernen, gesund zu denken

Können Sie sehen, wie ein solches Denken Ihr Dasein beeinträchtigt? Der einzige Weg, dafür zu sorgen, dass Ihre Qualitäten nicht zunehmend überschattet werden, ist, sich bewusst zu machen, dass Sie anders denken müssen. Je mehr Sie sich mit dem Denken identifizieren, desto weniger empfänglich können Sie für das Bewusstsein sein.

Wir müssen so aufmerksam werden, dass wir zwischen intelligentem Denken, das heißt dem motivativen Denkprozess, und dem deskriptiven, analytischen Denken, das heißt dem assoziativen Denkprozess, unterscheiden können. Ein Kind, das sagt: »Ich bin hungrig«, fügt danach nicht eine längere Beschreibung an, wie: »Vielleicht könnte ich eine Banane bekommen, das wäre wunderbar, weil ich hungrig bin …« Es erkennt einfach, dass es hungrig ist. Wir müssen uns der permanenten Beschreibungen bewusst werden, die in unserem Geist vor sich gehen, und uns von unserem ursprünglichen Denken des motivativen Denkprozesses entfernen.

Wir müssen auf unsere Gedanken achten und eine Beziehung zu ihnen entwickeln. Wir müssen unsere Gedanken ganz bewusst von einer Ebene aus beobachten, die nicht gedankenorientiert ist. Ein Gedanke kann sich nicht selbst analysieren oder beobachten; wir können nur sehen, was in unseren Gedanken vor sich geht, und zwar von der Perspektive des Beobachters aus, der den zeitlosen Beobachter beobachtet. Dazu müssen wir Stille kultivieren.

Bringen wir den motivativen Denkprozess zum Einsatz, so können wir sehen, dass die Art und Weise, wie wir jetzt sind, das Ergebnis dessen ist, wie wir in diesem Augenblick denken. Wir haben die Möglichkeit, unsere eigenen Gedanken zu lenken und ein gewisse Kontrolle über unseren Geist zu erlangen – Kontrolle nicht im gewöhnlichen Sinne, sondern wie Krischna es Arjuna in der *Bhagavad Gita* nahe legte – Kontrolle durch Achtsamkeit und Gewahrsein. Dadurch dass Sie zu einer neuen, mit Achtsamkeit verbundenen Denkweise übergehen, entfernt sich der Schatten, der die Qualitäten überlagert, oder erhellt sich von selbst – ganz natürlich und ohne Anstrengung.

- Wichtig ist zu wissen, dass Sie den Ablauf Ihres Denkprozesses verstehen und gleichzeitig sich dessen bewusst sein können.
- Nutzen Sie den motivativen Denkprozess, um sich des assoziativen Denkprozesses bewusst zu werden; somit können Sie die Einstellung Ihres assoziierenden Denkens beeinflussen.
- Nutzen Sie den motivativen Denkprozess, um sich Ihres inneren Dialogs bewusst zu werden – das heißt der Beschreibungen, die ständig in Ihrem Kopf vor sich gehen.
- Machen Sie sich bewusst, auf welche Weise Sie durch den assoziativen Denkprozess Beschreibungen formulieren, wenn Sie beispielsweise anders, besser, mehr geliebt, stärker, perfekt oder erleuchtet werden wollen.
- Hören Sie auf, Probleme zu analysieren. Betrachten Sie sie direkt, ohne zu fragen, warum sie da sind. Prüfen Sie, wie Sie sie lösen

können, und gehen Sie dabei in die Vorzukunft, das heißt in den motivativen Denkprozess.

- Wenn Sie nach einer Lösung für ein Problem suchen, wählen Sie die zweckmäßigste. Sollten Sie dazu neigen, die schwierigste Lösung anzustreben, dann zeigt dies, dass Ihr Denken in dem beschreibenden Prozess des Strebens nach Vollkommenheit gefangen ist. Wenn Sie eine einfache und praktische Lösungsmethode wählen, so wird der assoziative Denkprozess nicht aktiviert.
- Überprüfen Sie, ob Sie bereit sind, Ihr Glaubenssystem zu hinterfragen, und wenn nötig, lösen Sie sich davon. Seien Sie vorsichtig, ehe Sie jetzt darin einwilligen, denn Ihr Ego identifiziert sich zu achtzig Prozent mit Glaubenssystemen, theoretischen Strukturen, Gewohnheiten und Ritualen. Haben Sie zum Beispiel die Gewohnheit entwickelt, in schwierigen Zeiten zu Gott zu beten, und gefunden, dass Ihnen das hilft, so wird es Ihnen nicht leicht fallen, damit aufzuhören. Wie der Zenmeister sagte: »Wenn ihr Buddha auf der Straße trefft, dann tötet ihn.« – Mit anderen Worten: Eine Bindung an irgendein Glaubenssystem ist nicht das Ziel; das Ziel ist, frei zu sein.
- Fragen Sie sich selbst, ob Ihr Denken offen und frei sein darf, um sich auf das, was geschieht, einzulassen.

Denken, Anerkennung und Liebe

Als Buddha seine Lehre über das Leiden – und wie es beendet werden kann – weitergab, sagte er, wir müssten stets das, was geschieht, anerkennen und es geschehen lassen. Diese Lehre zu verstehen fällt uns nicht leicht, denn wie können wir, angesichts von Ungerechtigkeit und Gewalt, insbesondere gegen unschuldige Kinder, die Dinge einfach geschehen lassen? Buddha meinte damit nicht, wir sollten Ungerechtigkeiten einfach hinnehmen. Es ist wichtig, zwischen *Akzeptanz* und *Anerkennung* zu differenzieren.

Akzeptanz impliziert, dass wir uns bemühen, etwas hinzunehmen, obwohl wir es gefühlsmäßig vielleicht ablehnen, wohingegen Anerkennung bedeutet, dass wir etwas so sehen, wie es ist. Wir können auf gedanklicher Ebene etwas anerkennen, ohne es akzeptieren zu müssen. Wenn sich beispielsweise eine enge Freundin von Ihnen das Leben nimmt, müssen Sie imstande sein, Ihrem Kummer Ausdruck zu verleihen, und anerkennen, was geschehen ist, statt zu analysieren, warum sie es getan hat. Wenn Sie sich zwingen, ihren Tod zu akzeptieren, und so schnell wie möglich darüber hinweggehen, versuchen Sie vielleicht, Ihren Kummer zu verdrängen, damit andere Menschen nicht davon behelligt werden.

In ähnlicher Weise deutet der Begriff Toleranz darauf hin, dass wir mit etwas nicht einverstanden sind, uns aber aus irgendeinem Grunde damit abfinden müssen. Sowohl Akzeptanz als auch Toleranz implizieren, dass wir in Wirklichkeit gegen etwas eingestellt sind, es aber hinnehmen, weil wir es nicht ändern können; und es ist durchaus denkbar, dass wir Jahre brauchen, um innerlich wirklich darüber hinwegzukommen, oder sogar bitter werden, weil wir uns selbst kompromittiert haben, indem wir die Situation akzeptierten. Erkennen wir hingegen die Situation an, so betrachten wir sie einfach, ohne dem assoziierenden Denken zu erlauben, sich störend einzumischen.

Das Schöne an der Liebe ist, dass man sie nicht »tun« kann, nicht üben kann und nicht lernen muss. Eines der erstaunlichsten Merkmale der Qualitäten ist, dass da nichts zu lernen ist – so wie man nicht lernen muss, zu lieben. Liebe ist immer da, und wenn sie zum Ausdruck kommen darf, sind die Dinge automatisch einfacher. Beziehung ist Kommunikation, und Kommunikation ist Bewusstsein in Form von Gedanken, nicht von Beschreibung. Wenn Sie ständig über die Liebe nachdenken und am Ende glauben, Sie seien verliebt, dann ist das Maja oder eine Täuschung – es ist nicht Liebe. Der motivative Denkprozess spaltet das Bewusstsein auf: in Liebe, eine bestimmte Stimmung, das Wort *Liebe* und in die Bewegung der Liebe. Die Täuschung beginnt, wenn Sie anfangen, das, womit Sie kommunizieren, zu interpretieren und zu beschreiben.

Wie funktioniert das Denken, das auf dem *motivativen Denkprozess* beruht?

Kommunikation

Der motivative Denkprozess ist einfach Kommunikation. Dieser Denkprozess vollzieht sich, wenn Sie eine bestimmte Situation erleben, und sobald diese vorüber ist, kein assoziierendes Denken aktiviert wird (das eine Beschreibung liefert, bei dem Sie darüber nachdenken, wie die Situation zu interpretieren ist, oder in dem Sie sich selbst fragen, warum jemand sich so benahm, wie er es tat usw.).

Wenn Sie aufgefordert werden, über ein traumatisches Erlebnis aus Ihrer Vergangenheit nachzudenken, so erzeugt das anfangs vielleicht Stress, Verwirrung oder sogar Angst. Das Gehirn kann keine Unterscheidung treffen zwischen dem Denken an eine Situation und etwas, was jetzt, im Augenblick, in der Wirklichkeit geschieht. Immer wenn Sie an den Vorfall denken, wird das Gehirn genauso reagieren, wie wenn es erneut dieser traumatischen Erfahrung ausgesetzt wäre. Dies wird die Adrenalinproduktion ankurbeln, die wiederum verstärkt das Hormon Kortisol ausschütten wird, um die Wirkungen des Adrenalins zu neutralisieren – womit derselbe Stress, den der Körper physiologisch erlebt hat, aufs Neue erzeugt wird. Dieser Prozess wird mit der Zeit im Gehirn das Gefühl auslösen, überlastet zu sein, und dies wird seine Fähigkeit, aufmerksam und leistungsfähig zu sein, behindern.

Es wurde eine Studie mit einer Gruppe von vierzig Erwachsenen erstellt, die alle traumatische Erfahrungen in ihrer Kindheit gemacht hatten, von sexuellem Missbrauch bis hin zu Folter. Eine weibliche Testperson war als Kind von ihren Eltern vier Jahre lang ans Bett gekettet worden. Die Forscher konnten keine Spur von Traumen an den betreffenden Menschen feststellen und wollten daher wissen, wie es ihnen gelungen war, vollständig gesund zu bleiben. Nicht nur waren diese Menschen imstande, ein erfülltes und glückliches Leben zu führen, sie bewiesen auch in ungewöhnlichem Ausmaß Charakter, Weisheit und Empathie. Sie zeigten keines der üblichen posttraumatischen Symptome, wie übermäßige Wachsamkeit, Schlafstörungen, Rückblenden oder Albträume auf. Alle gaben an, dass sie sich nicht mit der Vergangenheit beschäftigten und ihre Erlebnisse sozusagen ad acta gelegt hatten. Die übliche psychologische Erklärung dafür wäre, dass sie ihre Erlebnisse verdrängt hätten und dass die Verdrängung in dem Moment entlarvt werden würde, wenn sie mit einer Bedrohung ihrer Sicherheit konfrontiert würden.

Das Zweite, das den Menschen in dieser Studie gemeinsam war, war die Tatsache, dass sie in ihrem Beruf vollständig aufgingen. Die herkömmliche Psychologie würde dies als Flucht in die Arbeit bezeichnen. Aus psychospiritueller Sicht wäre die Diagnose »Flucht in die Arbeit« als Abwehrmechanismus aber nur dann richtig, wenn ein Mensch andere traumabezogene Symptome, Reaktionen und kompensatorische Verhaltensweisen aufweisen würde. Die Betreffenden bewegten sich in dem motivativen Denkprozess, das heißt in direkter Kommunikation mit der Welt, und waren völlig eins mit ihrer Tätigkeit.

Das Dritte, das sie teilten, war, dass ihnen vollkommen bewusst war, was mit ihnen geschehen war, und sie es anerkannten. Sie konzentrierten ihre Energie nicht darauf zu fragen, warum es ihnen geschehen war. Sie interpretierten das Erlebte in keiner Weise, fragten nicht nach dem Sinn – sie erkannten einfach an, was geschehen war.

Diese Menschen hatten ähnliche Temperamente und Lebenseinstellungen. Als Kinder hatten sie Probleme in der Schule, weil sie hyperaktiv und kreativ gewesen waren und nach mehr Anregungen lechzten. Sie wollten ständig etwas über die Dinge erfahren. Sie waren nicht faul. Faul sein bedeutet nicht nur, körperlich untätig zu sein; Faulheit zeigt sich auch in der Art und Weise, wie man bei sich selbst Langeweile erzeugt durch Gewohnheiten, etwa, niemals etwas Neues auszuprobieren. Nach ihren Erfahrungen gefragt, waren sie bereit, über das, was geschehen war, zu sprechen, aber sie hatten kein Interesse an Schuldzuweisungen oder am Analysieren. Als man von der Frau, die von ihren Eltern ans Bett gekettet worden war, wissen wollte, ob sie denke, das Erlebnis habe eine Bedeutung für ihr Leben gehabt, und ob sie glaube, sie habe etwas daraus gelernt, erwiderte sie einfach, dass es eben geschehen sei und dass es nun vorbei sei und dass sie es damit bewenden ließe.

Eine andere Studie wurde mit hundert Kindern aus verschiedenen europäischen Ländern durchgeführt. Laut der psychologischen Beurteilung waren die ersten Jahre ihres Lebens, von ihrer Geburt bis zum Alter von fünf Jahren, schwierig gewesen. Im Alter von vierzehn Jahren beurteilte man sie erneut, um ihre Fortschritte zu messen. Hierbei sollte man nicht vergessen, dass bei einem Kind zwischen drei und acht Jahren die Qualitäten am aktivsten sind; sie sind noch nicht durch Gedankenkontrolle zurückgebunden – das Kind hat beispielsweise noch eine natürliche Intuition. Daher kann es sein, dass Kinder mit viel Trotz und Widerspenstigkeit reagieren, wenn ihre Qualitäten in dieser Lebensphase unterdrückt werden. Dies geschieht dann wieder während der Pubertät, wo das Kind, wenn die Qualitäten unterdrückt werden, Auflehnung an den Tag legt.

Man fand heraus, dass sie mit Hilfe ihrer Qualitäten eine Art »Schild« errichtet hatten, um sich zu schützen. Damit waren die Qualitäten dieser Kinder intakt geblieben, und sie selbst wiesen seelisch keine Spur von Verletztheit auf. Die Qualitäten fungierten als eine Art Schutz gegen das, was sie schmerzte. Bei diesen Kindern konnte man drei verschiedene geistige Grundhaltungen feststellen – hier »Schutzhaltungen« genannt –, die alle dazu dienten, ihre Qualitäten zu bewahren.

Die erste Grundhaltung zeigt sich in Pflichtbewusstsein. Wenn diese Vierzehnjährigen etwas sagten, konnte man sich hundertprozentig darauf verlassen – sie hatten ein ausgeprägtes Gefühl für Pflicht und Hingabe. Die Mystiker haben immer betont, dass nur dann, wenn man sich ganz und gar auf etwas einlässt, eine Entfernung vom Ich stattfindet. Diese Entfernung vom Ich – von der Struktur des assoziierenden Denkens – ist der einzige Schutz, den Sie wirklich haben. Denken Sie daran, dass die Mystiker und alle Religionen sagen, dass Versenkung und Hingabe die Qualitäten am besten schützen. Es spielt keine Rolle, ob diese Hingabe

Gott gilt oder einem Menschen oder einer Arbeit, solange man vollkommen darin aufgeht. Teilweise hat dies mit einer inneren Disziplin zu tun.

Die zweite Grundhaltung zeigt sich in Kontrolle – im althergebrachten Sinn des Wortes. Kontrolle in diesem Sinn bedeutet keinesfalls Unterdrückung; es ist Verständnis und Achtsamkeit zugleich. Diese Kinder waren sich absolut darüber im Klaren, was sie sagen wollten, wie sie es sagten und wie sie dabei vorgingen. Dieses Gewahrsein ist in uns allen – es verkümmert mit zunehmendem Alter oftmals, da es von all den Ge- und Verboten unserer Sozialisierung überschattet wird.

Die dritte Grundhaltung zeigt sich darin, dass sie immer dann, wenn sie mit Dingen zu tun hatten, die ihnen bereits vertraut waren, bald Langeweile empfanden. Sie hatten Abenteuerlust. Psychologisch ausgedrückt könnte man das als die Fähigkeit, Initiative zu ergreifen und sich mit neuen Dingen zu befassen, bezeichnen.

___Anerkennen, ohne zu beschreiben

Um Ihrer eigenen Gesundheit und Ihres Glückes willen muss Ihr Gehirn begreifen, *wie* Denken funktioniert. Sie müssen eine klare Unterscheidung treffen zwischen dem Denkprozess, der mit allem, was da ist, in Verbindung ist, und dem Denkprozess, der reine Beschreibung ist – das heißt zwischen dem motivativen Denkvorgang und dem assoziativen Denkvorgang. Gleichzeitig müssen Sie den Umgang mit Ihren Gedanken radikal verändern. Wie können Sie lernen, das Denken als Blume des Bewusstseins zu sehen, wenn Sie sich ständig im assoziierenden Denken bewegen?

Wie wollen Sie jemals zu Ihren Qualitäten zurückfinden, wenn Sie sich selbst fortwährend in Raum und Zeit strukturieren? Vergessen Sie nicht, dass Raum und Zeit die Vergangenheit und die Zukunft sind und Denken die Angst darstellt. Indem wir anerkennen, was immer auch geschieht, ohne in die Beschreibung zu verfallen, können wir eine direkte Kommunikation mit allem, was gegenwärtig ist, aufrechthalten. Das Suchen nach Ursachen ist reine Spekulation, da eine Ursache mit der Zeit verbunden ist; die Zeit wiederum ist mit dem assoziierenden Denken verknüpft und stellt einen Zusammenbruch der Kommunikation dar. In dem Augenblick, wo Sie beginnen zu beschreiben, vergessen Sie, dass das Denken dem Bewusstsein entspringt, und verlieren sich in Gedanken. Konzentrieren wir uns hingegen auf die Qualitäten, die mit dem Medium des Bewusstseins oder dem Energiekörper verbunden sind, dann ist das Ergebnis ein vollkommen anderes.

Die Bewegung der Energie

Energie folgt der Aufmerksamkeit

Es gibt zwei Energieebenen: die subtile Körperenergie, welche die Aura ist, und den Energiekörper, der die Qualitäten oder die Seele darstellt. In dem Augenblick, wo wir unsere Energie zu sehr auf die Vergangenheit lenken, die in Wirklichkeit gar nicht mehr existiert, erzeugen wir eine Blockade oder Verlangsamung der Energie. All die kostbare Energie, die genutzt werden könnte, um unsere Gefühle und Emotionen einfach zu beobachten, ohne eine Geschichte mit ihnen zu verbinden, wird durch Erklärungen und Rechtfertigungen aufgezehrt; zudem schaffen wir immer und immer wieder dieselben Gefühlsmuster, ohne dass dies nützliche oder hilfreiche Konsequenzen hätte.

Anders ausgedrückt: Subtile Energie folgt immer dem Denken. Erinnern Sie sich daran, dass wir zwischen Geistbewusstsein und außerkörperlichem Bewusstsein unterscheiden müssen. Das bedeutet, dass es keine Energiebewegung gibt ohne Denken oder die Absicht, Energie in Gang zu setzen – es ist notwendig, dass das Geistbewusstsein zum außerkörperlichen Bewusstsein kommt, das ohne Denken existieren kann.

Die subtile Energie oder *Qi* – oder wie auch immer Sie sie nennen wollen – ist immer da; die Tatsache, dass sie dem Denken folgt, bedeutet, dass das Denken notwendig ist für das Ingangsetzen der Energiebewegung. Am Denken an sich ist nichts falsch, aber wir müssen es richtig zu nutzen wissen. Subtile Energie folgt dem Denken, und der Energiekörper/die Qualitäten, folgt/folgen immer der Liebe (wenn es ihm/ihnen erlaubt wird). Liebe ist nicht Energie – sie ist die Substanz, der Kern des außerkörperlichen Bewusstseins.

Von der Bewegung der Energie her gesehen ist Aggression immer ein Symptom der Angst. Aggression tritt nie auf, ohne dass auf der psychischen Ebene ein Gefühl der Angst vorangehen würde, das, wie wir uns ins Gedächtnis rufen müssen, anders als die biologische Art der Angst ist, die wir verständlicherweise empfinden, wenn zum Beispiel eine Bombe in der Straße, in der wir leben, abgeworfen wird. Letzteres erzeugt einen Reflex auf der biologischen Ebene – eine natürliche Reaktion auf den plötzlichen Schock. Jedes Mal, wenn wir der Traurigkeit ausweichen, erzeugen wir automatisch Angst. Wir wollen nun einen Blick auf die Beziehung zwischen Traurigkeit, Angst und Aggression werfen.

Alle Menschen (und möglicherweise auch die Tiere) sind derart strukturiert, dass sie zuerst Angst und dann Aggression empfinden. Wenn wir uns aggressiv fühlen, was also unweigerlich von einem Gefühl der Angst begleitet wird, und wenn wir die Aggression mit unserer persönlichen Geschichte in Zusammenhang bringen, dann erzeugen wir eine Fixierung, die das Problem noch verschärft. Menschen, die aus irgendeinem Grund ständig ängstlich sind und die fast niemals Aggression verspüren, haben die Angst/Aggression bereits verinnerlicht, wie im Falle der Paranoia.

Wird Aggression mit der persönlichen Geschichte assoziiert, besteht die Gefahr, dass wir beginnen, uns selbst oder jemand anderen zu beschuldigen. Auch wenn wir anderen Schuld zuweisen und Schuldgefühle bei ihnen verursachen, fühlen wir uns vermutlich weiterhin aggressiv; Schuldzuweisungen können als Reaktion auf Angst und Aggression betrachtet werden. In dem Augenblick, wo wir beginnen, uns aggressiv zu fühlen und dieses Gefühl einzudämmen versuchen, indem wir es mit unserer Vergangenheit in Zusammenhang bringen, verursachen wir in Wirklichkeit noch mehr Aggression, die sich auf verschiedenste Weisen manifestieren kann.

Aggression oder Schuld weisen niemals in Richtung Zukunft – nur in Richtung Vergangenheit; daher wenden wir uns, wenn wir Aggression interpretieren, zwangsläufig der Vergangenheit zu. Aber die Bewegung in die Vergangenheit ist eine Bewegung ins Ich, das den Beschränkungen von Raum und Zeit unterliegt. Nehmen wir einmal, Sie finden heraus – und betrachten es als Erklärung –, dass Ihre Aggression daher kommt, dass Ihr Vater Sie nicht liebte (jedenfalls erscheint es Ihnen so). Das wird Sie dazu bringen, immer sehr schnell Ihre Aggression zu verteidigen. Der Akt, etwas verteidigen zu müssen, rührt immer von der Angst her, nicht verstanden zu werden.

Wohin fließt unsere Energie angesichts einer solchen Interpretation? Die »mentale Aura« ist in ständiger Bewegung, und wenn wir Aggression empfinden, sind wir verbunden – und bewegen uns – mit dem Persönlichen/dem Ego, was bedeutet, dass wir zwangsläufig eine energetische Verbindung zu unserer Vergangenheit herstellen. Richtet sich unsere Aufmerksamkeit auf diese Nachforschung in der Vergangenheit, so geht die Energie in etwas, das gar nicht mehr existiert, ja vielleicht geht sie sogar in ein trügerisches Bild unserer Vergangenheit. Dieser Vorgang ermüdet und schwächt unser Energiesystem nur noch mehr.

Energie und Geist

Der Geist ist ein brillantes Werkzeug. Die primitivsten, instinktmäßigsten und am frühesten entwickelten Teile des Gehirns sind körperorientiert, im Gegensatz zu dem viel später entwickelten, komplexeren Kortex.

Das primitive sogenannte Reptiliengehirn ist für die Aufrechterhaltung der meisten elementaren Körpersysteme verantwortlich, darunter die Reflexe, der Blutdruck und die Atmung. Innerhalb der relativ engen Parameter, die lebenserhaltend sind, umfasst das Reptiliengehirn das Rückenmark, den Hirnstamm und das Kleinhirn. Die nächste Ebene, Zwischengehirn genannt, besteht aus dem limbischen System. Dieses System, zuweilen auch Leopardengehirn genannt, fungiert als primitives emotionales Erinnerungszentrum, das den sensorischen Input und die Reaktionen koordiniert. Die bekannte Kämpfe-oder-flieh-Reaktion entspringt diesem Teil des Gehirns und umfasst – unter anderem – den Mandelkern, den Hippocampus, den Thalamus und den Gehirnbalken *(Corpus callosum)*. Er erzeugt die Triebe, die Bedürfnisse und die Emotionen, aber nicht das reflektierende Bewusstsein dieser Emotionen. Diese selbstreflektierende Rolle kommt dem Neosäugergehirn zu, der am spätesten entwickelten Schicht, die die gewundenen Falten des zerebralen Kortex und den Neokortex umfasst. Diese labyrinthischen Oberflächen ermöglichen eine riesige Anzahl an Verbindungen zwischen den Neuronen, die das hervorbringen, was wir gewöhnlich als höhere geistige Funktionen betrachten: das abstrakte Denken, das Planen, komplexe Erinnerungen, Sprache und das Gefühl für uns selbst.

Emotionen sind auf der körperlichen Ebene immer vorhanden, und im Prozess der Evolution spielten Emotionen eine sehr wichtige Rolle für das menschliche Überleben. Vor der Freude war die Angst, da es ohne Angst kein Überleben geben kann. Bevor es Liebe gab, gab es lediglich einfache Aufmerksamkeit – die Kunst, wach und präsent zu sein. Liebe folgt der Aufmerksamkeit; also ist sie vom Beginn unserer Existenz an in unserem Wesen strukturiert, aber es bedarf eines Vehikels, um sie in die materielle Welt zu tragen, und dieses Vehikel ist der Körper-Geist.

Für das Überleben ist es nicht notwendig, die Dinge intellektuell zu verstehen. Selbst Liebe ist nicht notwendig zum Überleben. Der ganze Bereich der Emotionen und der Gefühle kann verwirrend sein – es gibt einen Wirrwarr zwischen schnellen Gefühlen und langsamen Gefühlen, einen Wirrwarr zwischen Wörtern und Bildern, einen Wirrwarr zwischen Vernunft, Sinngebung und Kommunikation.

Betrachten wir zunächst die langsamen Gefühle in ihrer Interaktion mit den schnellen Gefühlen und die Wörter in ihrer Interaktion mit Bildern und Symbolen. Schnelle Gefühle sind reaktiv; sie basieren auf Angst – beispielsweise Ärger, Wut, Schuldbewusstsein, Eifersucht und andere Formen der Aggression; diese schnellen Gefühle werden auf der körperlichen Ebene empfunden und gemeinhin als Emotionen bezeichnet. Was zu fehlen scheint, ist die Verbindung zu den langsamen Gefühlen.

Langsame und schnelle Gefühle

Die moderne Forschung hat gezeigt, dass der Kortex – das denkende Gehirn – nicht an den schnellen Gefühlen beteiligt ist. Schnelle Gefühle stehen in Zusammenhang mit dem Mandelkern des Gehirns – dem emotionalen Zentrum, das fürs Überleben wesentlich ist –, der den Kortex bei sehr anstrengenden emotionalen Situationen umgehen oder aber auch »in Beschlag nehmen« kann. Das bedeutet, dass wir schnelle Gefühle oder Emotionen endlos lange wiederholen, wenn wir sie mit den Gedankenstrukturen eins und zwei kultivieren.

Langsame Gefühle, wie Mitgefühl, Liebe, Freude, innerer Frieden und Ruhe, sind Prozesse der Entfaltung und des Glücks – Elemente, die für das Überleben nicht notwendig und gänzlich im Neokortex strukturiert sind und sich damit über dem Herzenergiezentrum befinden.

Es wäre gefährlich, die beiden Gefühlsgruppen dualistisch einander gegenüberzustellen, indem man beispielsweise sagt, Aggression sei schlecht und Nichtaggression gut; oder Angst sei ganz allgemein schlecht, und wir müssten angstfreier werden. Auf biologischer Ebene entspräche ein Leben ohne Angst einem Körper, der keinen Schmerz spüren kann. Selbst auf der psychospirituellen Ebene ist die Angst, wenn wir sie positiv betrachten, die Bewegung, bei der wir Aufmerksamkeit erzeugen. Bis jetzt haben wir Angst als etwas Negatives gesehen, da wir sie mit der Zukunft, dem Unbekannten assoziierten; wir waren der Ansicht, sie signalisiere Gefahr und etwas, das sich gegen uns richtet. Wenn wir Angst als Qualität betrachten oder wenn wir ihre positiven Aspekte sehen, bemerken wir, dass sie uns hilft, in einen Zustand vollkommener Geistesgegenwart zu kommen. Gelingt es uns, die schnellen Gefühle zu beobachten, die mit der Angst zusammenhängen, so bewegt diese sich ganz natürlich in Richtung der langsamen Gefühle Fürsorge und Liebe, und dann kann sich ein Gefühl von angstfreiem Gewahrsein einstellen. Wenn wir ehrlich mit uns selbst sind, werden wir zugeben, dass wir zumeist durch Angst, nicht durch Liebe »wachgerüttelt« werden.

Schnelle Gefühle und Evolution

Die Evolution und die moderne Gesellschaft hängen bis zu einem gewissen Grade mit der Erzeugung der schnellen Gefühle zusammen. Dinge, wie das Fahren mit hoher Geschwindigkeit, gefährliche Aktivitäten wie Bergsteigen und Sportarten wie Fußball, die allesamt schnelle Gefühle auslösen, stehen noch immer hoch im Kurs. Jedes Mal, wenn wir uns mit etwas identifizieren, erzeugen wir automatisch schnelle Gefühle. Würden wir zum Beispiel beim Zuschauen eines Fußballspiels distanziert bleiben und lediglich registrieren, dass sich der Ball auf dem Fußballfeld bewegt, wäre das eine langweilige Angelegenheit; identifizieren wir uns jedoch mit einer Mannschaft, wird das Ganze sofort interessant und aufregend.

Wir erzeugen und kultivieren schnelle Gefühle durch das Denken und die Identifikation – der assoziative Denkprozess aktiviert den Mandelkern (das heißt das emotionale Zentrum). Bei der Beobachtung, wie das menschliche Gehirn im Laufe eines Tages arbeitet, hat man herausgefunden, dass es während siebzig Prozent der Zeit in Gedankenstruktur eins, die mit der Vergangenheit und der Zukunft zu tun hat, vertieft ist. Mehr als die Hälfte dieser siebzig Prozent sind gewöhnlich reine Fantasie, und nur ein Prozent bezieht sich auf die Wirklichkeit.

Wenn Sie sich Ihre Umgebung anschauen und sehen, was Menschen mit Hilfe des Denkprozesses geschaffen haben, dann begreifen Sie, dass Kunst, Theater, Musik und Technik das Ergebnis der Gedankenstrukturen eins und zwei sind. Erfindungen und Kunstwerke werden von einer relativ kleinen Anzahl von Menschen geschaffen. Würden wir versuchen, keine schnellen Gefühle mehr zu haben, würde infolgedessen auch unsere Kreativität unterdrückt.

Betrachten wir beispielsweise die Religionen der letzten fünf Jahrtausende, zeigt sich, dass es sehr wenige Schlüsselfiguren gab, die wirkliche Weisheit besaßen. Auf dem Gebiet der Philosophie gab es nur wenige Menschen in den vergangenen zweitausend Jahren, die etwas wahrhaft Eigenständiges schufen. Platon und Sokrates hatten etwas sehr Wichtiges mit Patanjali gemeinsam: Sie machten keine Unterscheidung zwischen langsamen und schnellen Gefühlen. Oder, um es noch einfacher auszudrücken: Sie interessierten sich nur für die Beobachtung der Dinge, die auf sie zukamen.

Die Frage ist nicht, ob schnelle Gefühle gut oder schlecht sind – sie werden von unserer Biologie hervorgebracht, und kein einziges schnelles Gefühl kann überleben, ohne von Gedanken genährt zu werden. Wenn schnelle Gefühle nicht mehr existierten, würde unser gesamtes Hormonsystem zusammenbrechen. Die Frage ist, wie Patanjali es sinngemäß ausdrückt: »Kann ich mit ihnen leben, ohne sie zu nähren?« Kann ich sie auf der Körperebene belassen, ohne sie durch meine Gedanken zu verstärken?

Das ganze System unserer Wertungen entspringt der Gedankenstruktur zwei. Immer wenn Gedankenstruktur zwei ins Spiel kommt – selbst mit den besten Absichten –, werden Sie davon abgehalten, nach vorne zu gehen. Nicht, dass schnelle Gefühle kontrolliert werden müssten; entscheidend ist, dass sich die langsamen Gefühle ebenso manifestieren dürfen. Beispielsweise ist Aggression an sich nichts Schlechtes, aber es muss auch Liebe mitschwingen.

Das bedeutet nicht, dass wir einen Freibrief haben, zu tun, was wir wollen. Vielmehr besagt es: Solange Ihre Handlungen auf einem Wertesystem beruhen oder von Gedankenstruktur zwei beherrscht werden, wird alles, ganz gleich, was Sie tun – selbst wenn Sie Ihr Bestes tun –, irgendwie mangelhaft sein. Es ist leicht, Urteile zu fällen, wie »die Welt ist schlecht«, »die Menschen sind schlecht«, und daraus zu schließen, wir müssten die Welt retten. Eine derartige Motivation entspringt Gedankenstruktur zwei und ist auf Dauer nicht hilfreich.

Schnelle Gefühle sind also keine Schwäche; sie werden lediglich von unserer Geschichte ausgelöst oder aktiviert. Zu denken, sie seien Schwächen, führt uns zu einer Struktur von Ursache-und-Wirkung und zu der Annahme, wenn wir unsere ganz bestimmte Geschichte nicht gehabt hätten, wären wir nicht Opfer dieser schnellen Gefühle. Das ist vollkommen falsch; schnelle Gefühle gehören zur Struktur des physischen Körpers, gehören also zu unserer Physiologie. Die langsamen Gefühle sind mit der Entwicklung des dritten Gehirns, des Kortex, verbunden, und sind für das Überleben nicht notwendig.

Langsame Gefühle und Wirklichkeit

Jede Gesellschaft hat die Pflicht, dafür zu sorgen, dass die in ihr lebenden Menschen genug zu essen, ein Dach über dem Kopf und eine bestimmte, ihre Grundbedürfnisse erfüllende Lebensqualität haben, damit sich langsame Gefühle überhaupt manifestieren können. Beispielsweise jungen Menschen ein Studium an der Universität zu ermöglichen ist eine grundlegende Notwendigkeit, die ihre Anlagen, liebevoll, friedvoll und achtsam zu leben, fördern kann. Eine Gesellschaft, die der Ausbildung und Erziehung keinen wesentlichen Stellenwert einräumt, verhält sich falsch. Muss man ums Überleben kämpfen, so ist es schwierig, heiter, fürsorglich und mitfühlend zu sein oder inneren Frieden zu haben.

Wenn Ihre Existenz selbst in Gefahr ist – was bedeutet, dass Sie keine Perspektive haben –, muss der Körper zwangsläufig reagieren, und damit werden die schnellen Gefühle überhand nehmen. Damit langsame Gefühle sich äußern können, ist es wichtig, eine Perspektive im Leben zu haben; großenteils ist diese Perspektive davon bestimmt, auf welche Weise und inwieweit die Gesellschaft Ihre Grundbedürfnisse erfüllt.

Die Hindus versuchten, das Dilemma der Ungleichheit zwischen den Menschen zu lösen, indem sie ein Kastensystem schufen, das die Menschen dazu anhält, zu glauben, sei seien aufgrund von in früheren Leben begangenen Missetaten ins Elend hineingeboren. Dies zwingt die Menschen dazu, jeden Wunsch auf Erfüllung ins nächste Leben zu verschieben und sich jede mögliche Transformation im Hier und Jetzt zu versagen. Der Körper muss im Hier und Jetzt leben, nicht im nächsten Leben. Die Qualitätsaura wird nicht von schnellen Gefühlen beeinflusst, daher ist es sinnlos, auf das nächste Leben zu warten. In dem Versuch, dieses Problem zu lösen, erfand der Geist den Denkprozess der Assoziation. Dieser sieht da einen Sinn, wo in Wirklichkeit keiner ist. Der Geist ist ein wunderbares Werkzeug fürs Überleben, aber er beruht auf einer Illusion. Betrachten wir beispielsweise die Macht der alten Ägypter, Griechen oder Römer, so sehen wir, dass diese Art der Macht stets nur zeitlich begrenzt ist, weil eine Menge an Energie stets dem Bemühen galt, die Macht aufrechtzuerhalten.

Wahre Macht – die Macht der spirituellen Meister, der Schamanen, der weißen Magier oder der Mystiker – ist ganz einfach die Fähigkeit, sich die eigene Wirklichkeit zu kreieren. Diese Fähigkeit verlangt von uns nicht, in die Zukunft sehen zu können. Es fordert lediglich, die Macht des Denkens zu nutzen; und dafür muss unser Gehirn für uns statt gegen uns arbeiten. Wir müssen zwischen Gehirnbewusstsein (oder Denken) und außerkörperlichem Bewusstsein unterscheiden. Letzteres ist unabhängig vom Gehirn und gekennzeichnet von einer Verlagerung der Perspektive, weg von der persönlichen Struktur.

Herz und außerkörperliches Bewusstsein

Die körperliche Aura ist eine Schwingung der Körperzellen, die eine elektrochemische Bewegung verursacht, eine Form von Licht, die einen Menschen umgibt und die man sehen kann; zudem gibt es die mentale Aura, die Bewegung der Gehirnzellen, welche Gehirnwellen verursacht; und schließlich die Qualitätsaura – oder das außerkörperliche Bewusstsein –, die nicht davon abhängig ist, wie der Körper arbeitet, und sich mit der

Zeit auch nicht verändert. Sie ist verbunden mit dem Seelenbewusstsein und trägt in sich das Potenzial der Qualitäten, die uns im Laufe unseres Lebens zur Verfügung stehen.

Das außerkörperliche Bewusstsein hat seinen Sitz über dem Herzen. Es umfasst das Herz als Organ und ebenso das Energiefeld, welches das Herz umgibt (auch als Herzchakra bekannt). Das Energiefeld des Herzens ist fast zweihundert Mal stärker als das des Gehirns. Wenn alle psychischen Probleme ihren Ursprung in unserer Beziehung zu uns selbst haben, dann wird das Gleichgewicht zwischen dem Energiekörper oder der Qualitätsaura und dem subtilen Körper- oder Geistbewusstsein über dem Herzen hergestellt. Zu einem Gleichgewicht kommt es, wenn wir Gefühle, wie Aggression, Angst und Schuldbewusstsein, als Prozess sehen können, der unabhängig von unserer Geschichte ist. Aus dieser nicht personalisierten Position heraus haben wir einen leichteren Zugang zu dieser Herzenergie, und da höhere Energie tiefere Ebenen durchdringt, erfolgt eine bedeutende Verschiebung der Perspektive. Wenn wir etwas, ohne es zu beschreiben, betrachten können, so folgt daraus Stille, und aus dieser Stille kommt Energie, die Vitalität, Lebenskraft mit sich bringt. Diesen ganzen Prozess muss man eher erfahren, als dass man ihn verstehen könnte.

Der Prozess des Verstehens, warum sich beispielsweise jemand auf eine ganz bestimmte Weise verhält, oder der Prozess, eine Sprache zu verstehen, erfordert einen gewissen Einsatz an Zeit und Energie. Verstehen funktioniert auf der psychospirituellen Ebene nicht, da Verstehen immer eine Sache der Logik ist, es auf der psychospirituellen Ebene aber keine Logik gibt. Das Verstehen impliziert eine Hierarchie, wohingegen auf der spirituellen Ebene absolut keine Autorität oder Hierarchie und deshalb auch keine Logik existiert.

Entsprechend dazu kann man Liebe nicht »verstehen«. Wenn wir unsere Perspektive verändern, die uns befähigt, allmählich zu sehen und anzuerkennen, dass Liebe, als eine Atmosphäre der Qualitäten, von Anbeginn des Lebens immer in uns ist, so kann dies nicht logisch verstanden werden. Man kann die Liebe studieren, solange man will, aber man kann sie schlichtweg nicht verstehen. Sie haben sicher eine ganze Menge über die Liebe gelesen und über die Liebe gehört, Sie haben über die Liebe nachgedacht, aber das erhöht Ihre Liebesfähigkeit nicht. Vielleicht sind Sie imstande, ein Gefühl zu verstehen, insbesondere die schnellen Gefühle, doch selbst das ist schwierig. Langsame Gefühle sind überhaupt nicht zu »verstehen«. Trotzdem ist in uns die Vorstellung verwurzelt, man könne nichts erreichen, ohne zuerst ein gewisses intellektuelles Verständnis von den jeweiligen Dingen zu erlangen.

Auch Freude kann nicht verstanden werden, und ein Glücksgefühl ist einfach eine Bewegung, etwas, das Ihnen »zufällt« – es ist nichts Persönliches und hat nichts mit vergangenen Erlebnissen zu tun. Liebe und Freude sind nicht in der Zeit strukturiert. Dasselbe gilt für das Nirwana, die Erleuchtung, oder wie immer man es nennen möchte – alle diese Konzepte stellen dasselbe dar, und das ist die Liebe. Vergessen Sie nicht, dass Liebe, Freude und Glück alle zur Gruppe der langsamen Gefühle gehören.

___ Energie und Gedankenstruktur drei

Wenn Energie dem Gedanken folgt, dann sind das Gehirn oder Geistbewusstsein und das außerkörperliche Bewusstsein beide interaktiv und voneinander getrennt. Wir können sehen, dass das Gehirnbewusstsein (oder Denken) möglicherweise unsere Probleme verursacht, aber es kann sie nicht lösen. Wenn wir nicht mit dem außerkörperlichen Bewusstsein oder den Qualitäten verbunden sind, so führt dies zu rebellischen Qualitäten oder dazu, dass sich Schwächen breitmachen. Diese widerspenstigen, rebellischen Qualitäten versuchen bloß, durch uns hindurchzufließen. Daraus folgt, dass Schwächen tatsächlich Teil der Qualitäten sind; sie können in die Qualitäten integriert werden, indem man sie mit dem zeitlosen Beobachter verbindet – mit der Bewegung hin zu Gedankenstruktur drei.

Wir können nur dann in Verbindung mit Gedankenstruktur drei treten, wenn wir im Zustand der Stille sind. Psychologisch gesehen impliziert Stille die Abwesenheit von Angst. Spirituell und psychospirituell gesehen geht es darum, sich nicht auf den Inhalt unserer Gedanken zu konzentrieren, sondern darauf, wie Denken funktioniert. Auf diese Weise sind wir imstande, einen Unterschied zu machen zwischen den verschiedenen Ebenen des Denkens; bei diesem Vorgang wird im Gehirn Raum geschaffen. Stille bedeutet nicht unbedingt, dazusitzen und zu meditieren.

Sehr oft verursacht Meditation mehr Unruhe als Stille. Stille gehört in den Bereich Ihrer Beziehung zum Gehirn und zum Geist. Wie wir bereits an früherer Stelle gesehen haben, bewegen wir uns, wenn wir mit Zeit, Form und dem Ego beschäftigt sind, in den Gedankenstrukturen eins und zwei. Diese Art des Denkens führt zu der Vorstellung: Weil ich eine Form bin, das heißt, weil mein Körper eine Form ist, muss auch mein Ego Form sein – ich bin Geschichte; daher muss das, was als Nächstes geschieht, ebenfalls etwas sein, was Ursache und Wirkung unterliegt.

Was als Nächstes, das heißt daraufhin wirklich geschieht, ist, dass Sie sich automatisch auf die primitivste Ebene Ihres Ausdrucks beschränken werden – zum Teil deshalb, weil die Qualitätsaura schwer zu erspüren und zu fühlen ist. Daher beschränken wir uns nur auf das, was wir sehen und fühlen können – wie der Zweifler in der christlichen Überlieferung, der Apostel, der nicht an Christus glaubte. Wenn wir nur an das glauben, was wir zu sehen vermögen, dann werden wir nie das Ganze erfassen. Beginnen wir allerdings, an Dinge zu glauben, die wir nicht sehen können, so kann auch dies Probleme verursachen.

Hören wir uns beispielsweise ein Musikstück an, das wir lieben, so ist das Gefühl, diese Musik zu lieben, nicht etwas, das wir sehen können; zudem lässt es sich häufig nicht in Worte fassen. In Paarbeziehungen bitten Frauen Männer häufig, ihnen zu sagen, welche Gefühle sie in Bezug auf die Beziehung haben, das heißt, sie in Worte zu fassen. Männer antworten dann gewöhnlich: »Ich weiß es nicht.« Unser Bedürfnis, alles auf rationale Weise zu verstehen, stellt im Grunde ein Hindernis für die Entwicklung von Beziehungen dar, da es den Wunsch impliziert, das, was da ist, entsprechend unserer Geschichte und nach Form und Zeit zu strukturieren.

Wählen wir die gewöhnliche Herangehensweise, dann versuchen wir zu verstehen, was vor sich geht. Hierin liegt ein Paradox: Wenn es stimmt, dass es nichts zu verstehen gibt, warum lesen Sie dann dieses Buch? Andererseits kann man einwenden: Wenn wir nie nachdenken, werden wir auch nicht verstehen und nie einen bestimmten Seinszustand erreichen. Das Kunststück ist, niemals das, was wir hören oder worüber wir nachdenken, als Wahrheit aufzufassen, sondern vielmehr als Information. Vergessen Sie nicht, dass der Zenmeister zu seinen Schülern sagte: »Wenn ich mit meinem Finger auf den Mond deute, dann schaut nicht auf meinen Finger.« Das bedeutet, um wirklich zu verstehen, müssen wir Entscheidungen treffen können, und dazu müssen wir Definitionen formulieren und Vergleiche vornehmen. Das Verstehen fällt immer in den Bereich von Gedankenstruktur zwei.

Eine Empfehlung: Versuchen Sie einen Augenblick lang zu lesen, ohne etwas verstehen zu wollen.

In der Time-Therapie nennen wir dies die Kunst der *direkten Beobachtung* oder das *direkte Sehen*. Eine Aura sehen ist beispielsweise ein direkter Vorgang, wo absolut keine Kenntnisse und kein Vergleichssystem erforderlich sind. Probieren Sie einmal, folgenden Satz zu lesen, ohne zu versuchen, seine Bedeutung voll und ganz zu verstehen: Die Energie folgt dem Gedanken, und der Gedanke folgt der Liebe.

Es ist ein Prozess des direkten Sehens, bei dem es kein Verschleierung und keine Störung durch das Denken gibt.

___Direkte Beobachtung

Wenn wir unseren Geist bewusst dazu nutzen, um unser eigenes Verhalten zu beobachten – im Prozess der bewussten Geistesgegenwart und durch die Beobachtung unseres Körpers, unserer Gedanken und Gefühle –, dann können wir spüren, dass dahinter etwas Umfassenderes ist, das wir hier den zeitlosen Beobachter nennen. Wir können in den Zustand des zeitlosen Beobachters wechseln, indem wir den Geistbeobachter einfach vom Körper/Denken/Gefühle-Feld weg und hin zu einem Zustand der »bewussten Abwesenheit« bewegen – ein Zustand, in dem man sich zwischen achtsamem »Sein« und »Nichtsein« bewegt. Dabei sind unsere Augen offen, und wir beobachten, was in uns selbst geschieht, ohne dass wir das, was zu sehen ist, allzu ausführlich beschreiben.

Dieses zeitlose Beobachten unterscheidet sich deutlich von den Gedankenstrukturen eins und zwei und gehört nur teilweise zur Vorzukunft. Wir können den zeitlosen Beobachter nicht ganz erfassen oder definieren. Wir können lediglich lernen, ihn unendlich lange zu beobachten – jedes Mal, wenn wir versuchen, den zeitlosen Beobachter zu erfassen, finden wir ihn grenzenlos, endlos und undefinierbar. Er ist das, was wir in Wirklichkeit sind, und er gehört zu unserem psychospirituellen Bewusstsein.

___Die Atmosphäre des Beobachters

Wenn das Denken das Denken nicht kontrollieren kann und das Denken immer ein Prozess der Beschreibung ist, dann kann etwas, das durch das Denken geschaffen worden ist, nicht durch Denken gelöst werden. Die meisten Dinge werden durch das Denken geschaffen – Ihre Vorstellung davon, wer Sie sind, was Sie sein sollten und warum Sie so sind, wie Sie sind. Wenn das, was Sie zu sein glauben, ein Produkt des Denkens ist und Sie versuchen, es durchs Denken zu verstehen und zu lösen, dann werden Sie nur noch mehr Anspannung und Druck erzeugen. Der Geist muss begreifen, dass es noch einen anderen Weg gibt. Zumal es der Natur des Geistes entspricht, nicht mit Dingen zurechtzukommen, die jenseits von Raum und Zeit sind, so kann der Geist auch nicht darauf hoffen, eine wahre Antwort auf Probleme zu finden, die wir selbst erzeugt haben – nämlich unsere Gedanken. Der Geist kann nie wirklich in Verbindung mit dem Bewusstsein sein. Er kann lediglich die Handlung, die aus dem Bewusstsein entsteht, wahrnehmen (weil Teilaspekte unserer Handlungen »unbewusst« ablaufen).

Permanent stehen wir vor folgender Herausforderung: Wie können wir Zugang zu unserem gesamten Potenzial erhalten, um umfassendere Dimensionen des Bewusstseins wahrzunehmen, und, was noch wichtiger ist, wie kann uns dies helfen, die Qualität unseres Alltags zu verbessern? Wenn die Energie dem Denken folgt und das Denken der Liebe folgt, wie können wir dann diese uns immer verfügbare Energie nutzen und unser wahres Bewusstsein erfahren? Und was hindert uns daran, dies in die Praxis umzusetzen?

Ein Problem kann nur gelöst werden, wenn die Qualitäten sich ausdrücken dürfen. Wenn Sie die Ursache eines Problems entdeckt haben, fühlen Sie sich vielleicht besser, weil Sie nun eine gewisse Distanz dazu haben; aber diese Einsicht wird nicht garantieren, dass Ihre Qualitäten sich äußern können. Der Geist weiß, ohne es zu verstehen oder es auch nur intuitiv erfassen zu können, dass das Denken dem Bewusstsein entspringt. Wie kann er jenen Zustand der Erkenntnis erlangen, dass die Angst (welche durch die Zukunft verkörpert wird und das Denken immer kontrollieren will) eine andere Perspektive einnehmen kann, ohne das Vehikel des Denkens zu nutzen? Der Geist begreift, dass er keine Bewegung vollziehen kann und keinen Gedanken fassen kann, ohne dass da etwas existiert, das des Denkens oder der Bewegung gewahr ist. Er erkennt, dass da eine beobachtende Instanz ist, die immer präsent ist und alles beobachtet, was man tut, denkt oder fühlt.

Dieser Beobachter könnte auch »Zeuge« genannt werden. In dem Augenblick, wo Sie versuchen, den Beobachter zu beobachten, entgleitet er Ihnen. In dem Augenblick, wo Sie versuchen, den Beobachter zu beobachten, ist da der Beobachter, der den Beobachter beobachtet. Es ist unmöglich, ihm einen Namen zu geben. Er ist nicht dingfest zu machen, Sie können ihn nicht beherrschen. Und genau das bedeutet, außerhalb von Raum und Zeit zu sein. Er erinnert an die überlieferte Vorstellung von Gott als einer Gestalt, die ständig über uns wacht. Aber in Wirklichkeit wacht da niemand über Sie – der Zeuge ist mit Ihrem eigenen Geist verbunden; er ist kein getrenntes Wesen. Buddha sagte: Wir sind alle miteinander verbunden, und alles, was wir tun, alles, was wir sind, entsteht in Verbindung zu irgendetwas oder irgendjemand.

Was geschieht also, wenn der Geist einfach in die Rolle des Beobachters überwechselt – anstatt zu versuchen, einen Gedanken mit Gedanken zu kontrollieren? Wenn der Geist plötzlich in Berührung mit dem kommt, was unnennbar und immer endlos ist, nicht nach der Persönlichkeit strukturiert? Dann verschwindet die Zukunft plötzlich.

Die ganze Struktur der Angst verschwindet, und wenn keine Angst vorhanden ist, gibt es keine Notwendigkeit zur Kontrolle. Das Unglaubliche ist: Wir alle wissen, dass dies geschieht; wir wissen, dass bei allem, was wir tun, fühlen oder denken, irgendwo etwas ist, das dies alles beobachtet. Dieser Prozess geschieht mit uns allen auf ganz natürliche Weise, zum Beispiel wenn wir einschlafen.

Die Atmosphäre dieses Beobachters wird Liebe genannt. Wir können aufhören, Gedanken zu kontrollieren – nicht indem wir versuchen, die Gedanken mit Gedanken zum Stillstand zu bringen, sondern indem wir in die Rolle des zeitlosen Beobachters überwechseln. Dabei bricht die Zeitbarriere zusammen. Alles Persönliche, die Geschichte oder die Identifikation fallen weg, und jedes Mal, wenn das geschieht, ist Liebe präsent. In dieser Bewegung gibt es keine Zukunft, die uns beunruhigen würde. Es gibt lediglich die Vorzukunft.

Das ist die effizienteste »Kontrolle«, die Sie über Ihr Leben haben können, aber es ist nicht etwas, was Sie lernen können. Sie können Liebe nicht üben, und Liebe ist kein Gefühl. Liebe ist ein Seinszustand. Sie ist immer da, wenn das Denken nicht versucht, etwas zu kontrollieren. In dem Augenblick, wo Sie sich selbst kontrollieren wollen – besser oder anders werden wollen –, sind Sie nicht mehr imstande, sich selbst zu lieben. Begehen Sie nicht den Fehler, zu glauben, Sie müssten sich selbst akzeptieren. Denn durch wen geschieht dieses Akzeptieren? Es ist das Denken, das versucht, Sie davon zu überzeugen, Sie müssten sich selbst akzeptieren, und dieser Vorgang impliziert Kontrolle. Begehen Sie nicht den Fehler des sogenannten esoterischen Weges, der Sie drängt, »loszulassen«. Denn wer lässt los? Es ist das Denken, das versucht, loszulassen, und auch dies ist ein Vorgang, der Kontrolle enthält.

Das Denken entspringt dem Bewusstsein und kann sich nicht selbst kontrollieren. Versucht man, das Denken zu kontrollieren, so führt das zu der fruchtlosen Bemühung zu definieren, was gut und was schlecht ist, und unerwünschte Elemente in sich selbst loszuwerden. Stattdessen sollten Sie Ihr Bewusstsein auf den Beobachter verlagern. Sie werden dann Ihre Beziehung zu dem Beobachter erleben, der Ihren Körper, Ihren Geist, die Aura, das Fühlen, die Gedanken und die Umgebung beobachtet. Sie werden in Verbindung mit dem Beobachter kommen, der den zeitlosen Beobachter und die endlose Abfolge des Zeugeseins beobachtet, sowie mit dem Prozess der Depersonalisierung.

Sobald Sie sehen, dass das Denken das Denken nicht kontrollieren kann, und in die Rolle des Beobachters überwechseln, können Sie wahrnehmen, dass alle Ihre Schwächen, die sogenannten Probleme, in Wahrheit nicht aus der Vergangenheit resultieren, sondern ein wesentlicher Bestandteil der menschlichen Existenz sind. Die Angst vor der Zukunft, die Angst, keine Kontrolle über die Zukunft zu haben, ist in jedem Menschen in unterschiedlichen Situationen und Zusammenhängen existent. Die Struktur Ihres Problems liegt im Wesen der Angst und ist etwas, was nicht nur Sie persönlich betrifft. Wenn Sie das sehen, so stellen Sie eine Beziehung dazu her; danach werden Sie merken, dass Sie unwillkürlich zum Blickwinkel des Beobachters gewechselt sind.

Wenn Sie das Problem einschließlich dessen Geschichte zwar sehen, jedoch nicht den Blickwinkel des Beobachters einnehmen, dann werden Sie am Ende der Illusion erliegen, dass Ihre Gedanken das Problem lösen werden. Durch Depersonalisierung hingegen löst sich das Problem auf und erscheint völlig anders, da der Geist sehen kann, dass, was mit ihm geschieht, nicht nur einen individuellen Aspekt hat – wie der Körper –, sondern einen Aspekt jenseits der individuellen Dimension aufweist, der viel wichtiger ist. Der gewöhnliche Geist glaubt, dass er, weil er solch unglaublich raffinierte Denkstrukturen entwickelt hat, auch die Probleme des Ich/Ego mit Hilfe des Denkens lösen kann. Von diesem Standpunkt des Geistes aus betrachtet hängt die Lebensqualität davon ab, dass man alle seine Schwächen überwindet; doch wird hierbei nicht erkannt, dass dies am Ende zum Tod führen würde. Perfektion ist ein Mythos, nicht die Wirklichkeit. Hört der Geist auf, gegen Schwächen zu kämpfen, so hat sich der Fokus ändert – weg von den Schwächen, hin zu dem Beobachter. Die Schwächen werden dann Teil der Qualitäten. Angst wird zu einem Signal, aufmerksam zu werden für das, was mit einem geschieht, wohingegen Trauer zu einer ungeheueren Energie wird, die sich in Liebe verwandelt.

Wenn Sie versuchen, Angst loszuwerden, dann können Sie schlichtweg keine Liebe fühlen, weil Angst das Symptom der Trauer ist und Trauer eine ungeheuere Energie ist, die Sie direkt zu Mitgefühl führt. Wenn Sie versuchen, sich von Ihrer Trauer zu befreien, indem Sie sie personifizieren oder in Ihrer Vergangenheit nach einer Erklärung dafür suchen, dann erzeugen Sie lediglich Selbstmitleid.

Bewusstsein, innerer Frieden und Energie

Mit psychologischen Ängsten und Problemen kann man am besten umgehen, indem man Achtsamkeit und inneren Frieden kultiviert. Achtsamkeit oder Gewahrsein ist die Abwesenheit von Werturteilen, Vergleichen und Interpretationen. Gewahrsein ist der zeitlose Beobachter, der ohne Reaktion beobachtet. Innerer Frieden ist das Wissen, dass letztlich alles einen »depersonalisierten« Charakter hat und unabhängig von jeder Identifikation ist. Innerer Frieden führt zu einem Zustand des Nichtreagierens.

Gemeinsam sind sie die stärksten Instrumente zur Entwicklung eines umfassenderen und klareren Bewusstseins, das vom Ego losgelöst ist. Wenn Sie sie jedoch als eine Definition betrachten und nicht als Prozess oder ihre tiefere Bedeutung nicht verstehen, dann werden sie zu nutzlosen Werkzeugen. Gewahrsein kann nicht genutzt werden, um aus einem Zustand der Angst herauszukommen, denn je mehr Angst da ist, desto weniger Gewahrsein ist vorhanden. Gewahrsein einfach zu beobachten ist eine Möglichkeit, ohne Worte zu denken. Wir denken großenteils mit der Sprache, daher ist dieses Denken mit dem Lernen und dem Gebrauch der Sprache verbunden. Gewahrsein ist die Fähigkeit, ohne den Gebrauch der Worte und der Sprache zu denken; demzufolge ist es dann nicht möglich, die vorhandene Angst zu definieren oder zu beschreiben.

Psychische Angst ist ein schnelles Gefühl, was bedeutet, dass sie einhergeht mit einem Adrenalinschub im Körper. Der hält höchstens eine Minute an und verschwindet dann; um diese Angst lebendig zu halten, müssen Sie sie also durch das Denken aktivieren. Sie müssen die Angst durch Ihre Gedanken nähren und fördern. Jedes Gefühl und jede Emotion steht in Zusammenhang mit der mentalen Struktur, die direkt mit der Qualitätsaura verbunden ist. Wir brauchen die mentale Struktur, um die Qualitätsaura zu erkennen; daher wird der Körper zu einem Kanal: Der Körper kann nicht vom Geist getrennt werden, und der Körper-Geist kann nicht von Raum und Zeit getrennt werden. Sobald Sie sehen können, dass die Qualitätsaura nichts zu tun hat mit dem, was in der Körper-Geist-Struktur geschieht, beziehungsweise auch nicht davon beeinflusst wird, werden Sie einen Wendepunkt erreichen und fortan anders mit Ihrem Körper-Geist umgehen. Sie werden plötzlich aus den Implikationen der Zeit herausfallen.

Ein Beispiel: Sie rufen gegen zwanzig Uhr im Büro Ihres Mannes an, weil er Ihnen gesagt hat, er würde an diesem Tag bis spät arbeiten. Ein Kollege, der keine Ahnung hat, was Ihr Mann Ihnen gesagt hat, antwortet Ihnen am Telefon, Ihr Mann sei bereits um sechzehn Uhr gegangen und habe angekündigt, er ginge nach Hause. Lachend setzt der Kollege hinzu, es sei natürlich auch gut möglich, dass er mit der Sekretärin ausgegangen sei, die er gern zu haben scheine. Als Sie das hören, steigt Ihr Adrenalinpegel sofort an, doch nach einer Minute ist das Adrenalin physiologisch im Körper nicht mehr vorhanden; deshalb müssen Sie Gedanken und Fantasien einbringen, um den Vorgang des Sichaufregens weiterhin aufrechtzuhalten. Sie müssen der Angst Nahrung geben, und da das Gehirn ein fantastisches Instrument ist, können Sie mit Hilfe von Kaffee, etwas Zucker oder Zigaretten künstlich noch ein wenig mehr Adrenalin in Ihr System pumpen.

Es gibt verschiedenste Arten, Unruhe künstlich zu aktivieren, aber all das findet in Ihrem Kopf statt, und all das kann durch einfaches Gewahrsein verwandelt werden. Wenn Sie das »wortlose Gewahrsein« kultivieren, werden Sie zu Ihrem Wesen eine ganzheitliche Beziehung herstellen. Wenn es keine Beschreibung gibt, können langsame Gefühle entstehen, und sobald eine Beziehung zu dem, was da ist, hergestellt ist, findet immer eine Energieverlagerung statt. Je stärker das Gewahrsein wird und je mehr sich ein Gefühl für die Abwesenheit von Zeit manifestiert, desto mehr werden Sie in einer direkten Beziehung und fließenden Verbindung mit allem, was geschieht, sein.

Achtsamkeit und die Qualitäten

Wie denken Sie?

Wir haben gesehen, dass für das Wohlbefinden eines Menschen die persönliche Geschichte nicht so ausschlaggebend ist, *wie* es zu sein scheint. Vielmehr müssen wir darauf achten, wie wir denken, anstatt was wir denken. Entscheidend ist zu lernen, wie wir unsere Achtsamkeit auf unser wahres Bewusstsein, unsere Stärken oder Qualitäten richten können. Wir begreifen, dass all unsere Schwächen ebenso von allen anderen Menschen geteilt werden; sie sind bei manchen Personen aufgrund bestimmter Ereignisse in ihrer Vergangenheit einfach offensichtlicher. Daher ist es sinnvoll, dass wir mit unseren Stärken arbeiten statt mit unseren Schwächen. Unsere Qualitäten haben eine direkte Verbindung zu der Beobachtungsfähigkeit unseres Geistes; was unser Denken betrifft, so sind diese Qualitäten die deutlichste Struktur, die wir haben, und nur sie können dem Leben eine Perspektive verleihen.

Den Fokus verlagern

Je präsenter die Qualitäten sind, desto mehr absorbieren sie unsere Schwächen, ähnlich wie das Licht das Dunkel absorbiert, wenn wir einen Lichtschalter anknipsen. Stellen Sie sich vor, Sie stehen in einem dunklen Raum, halten eine Taschenlampe in der Hand und richten das Licht auf Ihren Herzbereich. Ein winziger Lichtstrahl zeigt auf Ihren Körper, aber die Dunkelheit um Sie herum bleibt bestehen. Wenn Sie die Taschenlampe jedoch umdrehen und von sich wegbewegen, verschwindet die Dunkelheit. Nun, da es hell ist, sind Sie froh, sehen zu können; Sie können mit dem weitermachen, was Sie gerade tun. Würden Sie die Taschenlampe wieder in ihre ursprüngliche Position bringen, ganz und gar auf Ihren Körper gerichtet, dann würde erneut Dunkelheit einkehren. So einfach ist das.

Wenn Sie jemandem für etwas die Schuld geben, was in Ihrem Leben geschehen ist, dann sollten Sie sich vorstellen, wie es ist, dieser Mensch zu sein, den Sie beschuldigen, sollten sich vergegenwärtigen, was diesem Menschen widerfahren ist. Wenn eine Mutter von ihrem eigenen Vater misshandelt wurde, sollten wir uns fragen, was in seinem Leben und wiederum im Leben seiner Eltern geschehen ist; wir sollten dann vielleicht mehrere Generationen zurückblicken. Wenn Sie sich selbst nur von Ihrer individuellen Perspektive aus betrachten, dann bleiben Sie in Ihrem Gefängnis, und die Kette wird nie zerbrochen. Wie Jesus im Johannesevangelium (8, 7) sagt: »Der von euch, der ohne Sünde ist, werfe als erster einen Stein.« Jemand muss die Kette zerbrechen.

Als Buddha von »Karma« sprach, meinte er, dass Freiheit nur durch das Zerbrechen einer trügerischen Kette von Aktion und Reaktion erfolgt. Schauen Sie nicht zurück auf Ihr Leben, um nach Erklärungen zu suchen, denn Sie werden eine endlose Kette von Ursache und Wirkung finden. Es ist weit besser, eine Perspektive zu schaffen, denn dies ist der Akt, die trügerische Kette aufzubrechen. Ihre individuelle Geschichte enthält nicht die ganze Wahrheit; aus der Perspektive der Depersonalisierung durchlaufen wir alle denselben Denkprozess; weil wir jedoch hinsichtlich unseres Selbstgefühls von unserer Vergangenheit abhängen, gelingt es uns oft nicht, diese einfache Wahrheit zu erkennen.

Wir sind immer weitaus mehr als unsere Schwächen. Im Falle einer schweren Krankheit, beispielsweise, ist, solange Sie weiterleben – und obwohl Ihre ganze Lage beschwerlich sein mag –, nur der schwächere Teil (des Körpers) betroffen. Wenn Sie unter körperlichem oder seelischem Schmerz leiden und wenn Sie versuchen, ihn nur zu beobachten, ohne ihn mit Gedanken und Gefühlen zu nähren, wird der als Zeuge fungierende Teil Ihres Geistes unabhängig vom Schmerz. Ihr Immunsystem halten Sie nicht dadurch am besten im Gleichgewicht, indem Sie Diät kochen, gesund leben und Entspannungsübungen machen. Wenn Sie jeden Morgen aufwachen und dankbar für Ihre Gesundheit sind, dann ist das so, als lobten Sie jemanden dafür, dass er seine Arbeit gut gemacht hat. (Wenn das Immunsystem könnte, würde es positiv darauf reagieren.) Wenn wir beginnen, nach Lösungen zu suchen, so ist es hilfreicher, sich mit den eigenen Stärken oder Qualitäten zu verbinden, anstatt zu versuchen, herauszufinden, warum wir so sind, wie wir sind.

Die richtigen Fragen stellen

Die Vergangenheit ist immer subjektiv. Ihre Erinnerung ist nie repräsentativ für die umfassende Wirklichkeit dessen, was geschehen ist. Auch hier gilt wieder: Wenn jeder Mensch dieselben Denkprozesse durchläuft, dann beeinflusst die Vergangenheit zwar unseren Geist, sie ist jedoch nicht verantwortlich dafür, wie wir denken. Wenn wir uns auf den Denkprozess konzentrieren, auf das, was wir wahrhaftig sind, und auf den Beobachter, so verliert die Vergangenheit plötzlich ihre Macht. Uns wird bewusst, dass unsere gegenwärtigen Probleme lediglich das Ergebnis unserer individuellen Geschichte und Isoliertheit sind und dass unsere schwierige Lage weitgehend daher rührt, dass wir uns selbst missverstanden haben.

Es ist wichtig, zu vermeiden, mit dem Prozess des *Warum* zu arbeiten. »Warum bin ich so? Warum sind die Dinge, wie sie sind?« Arbeiten Sie immer mit dem Prozess: »Wie ist es?«, »Was für eine Bewegung ist das?«; nicht: »Warum bin ich eifersüchtig?«, sondern: »Was ist Eifersucht?« Der Prozess, der *warum* impliziert, führt immer zurück in die Vergangenheit, wohingegen die Frage nach dem *wie* und dem *was* immer zu einer Perspektive führt, zu einer Erweiterung, zu einer Öffnung statt zu einem Verschließen, zu einem Neubeginn statt zu einem Ende.

Probleme werden nur dann wahrhaft gelöst, indem man zuhört und eine Beziehung zu den eigenen Qualitäten (oder dem Energiekörper) herstellt. Zuhören und beobachten hat ein verbindendes Element. Um uns selbst – oder einen anderen Menschen – zu verstehen, müssen wir zuhören und beobachten. Wie wir bereits sagten, sind letztlich allen Menschen alle Probleme bekannt; sie haben nur unterschiedliche Inhalte und Beschreibungen. Es wird Ihnen nicht gelingen, sich selbst zu verstehen, indem Sie an sich selbst arbeiten oder sich selbst analysieren, weil derjenige, der analysiert, derselbe ist wie der, der das Problem hat, und daher nicht wirklich sehen kann, was geschieht. Es ist die Verbindung zur Qualitätsaura – die durch Zuhören und Beobachten erfolgt –, die das Verstehen ermöglicht. Allmählich wird klar, dass die Vergangenheit von der Zukunft erschaffen wird, weil der Umfang, in dem Sie jetzt mit Ihren Qualitäten verbunden sind, einen Einfluss darauf haben wird, wie Ihre Vergangenheit sich darlegt. Lösungen ergeben sich nicht, indem man Ursache und Wirkung analysiert; sie finden sich, indem man seine Qualitäten zum Einsatz bringt. Gehen Sie mit sich selbst so sorgsam um, wie Sie mit einem zweijährigen Kind umgehen würden. Sie würden es auch nicht fragen, warum es das tut, was es tut; Sie würden lediglich versuchen zu verstehen, was geschieht, und Ihr Handeln darauf ausrichten, ob es geschützt werden muss oder nicht oder ob Sie ihm Freiraum geben können.

Zuhören gehört zur Stille. Hören Sie sich selbst zu. Wenn Sie spüren, dass Sie einer äußeren Quelle zuhören, dann ist das so, weil das Äußere nur eine Schwingung ist, die einen Teil des ganzen Energiesystems aktiviert. Jedes Mal, wenn verschiedene Qualitäten aufeinandertreffen, trägt jede Schwingung zu dem, was vorhanden ist, bei, um etwas Größeres als sich selbst entstehen zu lassen. Auf dieser Ebene zuhören ist wie ein Puzzle zusammensetzen. Niemand kennt die ganze Wahrheit und ist daher auch nicht imstande, sie auszudrücken; es gibt Millionen von Menschen, die – wenn sie in Kontakt mit ihren Qualitätsauren, ihrem Bewusstsein oder dem Seelenaspekt, oder wie immer Sie es nennen wollen, sind – zu dem Puzzle beitragen werden, um eine Einheit zu erzeugen.

___Was sind die Qualitäten?

Wenn wir denken, entspringen unsere Gedanken dem Bewusstsein, und das Bewusstsein ist der Qualitätsaspekt unseres Seins. Glück ist ein Seinszustand, bei dem sich die Qualitäten durch den Körper-Geist zeigen. Wie können wir, anstatt uns ständig auf unsere Schwächen zu konzentrieren, anstatt zu versuchen, das Negative zu verstehen, anfangen, uns auf unsere Qualitäten auszurichten, was sich schließlich in zunehmender Achtsamkeit bemerkbar machen wird?

Typischerweise sagt der Geist – und speziell von dem Standpunkt aus, der aufs Überleben ausgerichtet ist: Wenn ich mit Hilfe des Denkens kontrollieren kann, was im Körper geschieht (beispielsweise das Bekämpfen einer Krankheit durch eine Methode, die den Geist über die Materie stellt, oder durch positives Denken), dann muss ich doch auch imstande sein, psychische Dinge durchs Denken zu kontrollieren. Das ist so, als versuche das Denken das Denken zu kontrollieren. Doch dies ist nicht möglich, und sollte man es doch versuchen, entstehen nur noch mehr psychische und körperliche Probleme. Beispielsweise wird das Immunsystem geschwächt, wenn das Denken das Denken zu kontrollieren versucht, und im Extremfall kann das zu Depressionen, psychotischen Zuständen, Nervenzusammenbrüchen oder der klassischen Paranoia führen. Zum Glück gehen die meisten von uns nicht in solche Extreme. Dennoch können wir uns deprimiert oder unglücklich fühlen oder einfach das Empfinden haben, dass etwas nicht in Ordnung ist. Um herauszufinden, was wirklich geschieht, müssen wir in Verbindung mit unserem Bewusstsein oder unserer Seelenenergie kommen.

___Seelenbewusstsein

Das Erste, das entsteht, wenn ein Mensch geboren wird, ist eine Energie, welche die Atmosphäre der Seele – unser wahres Bewusstsein, die Buddhanatur – oder Qualitätsaura ist; wir kommen auf die Welt mit unserer wahren Natur, die von Unschuld, Schönheit und Liebe gekennzeichnet ist. Die Qualitätsaura muss sofort mit vier anderen Ebenen interagieren, und dies ist der Prozess der Geburt. Die vier Ebenen sind der Körper, die Eltern, die Gesellschaft und konkrete Situationen.

Die Energie der Qualitätsaura muss sich an die materielle Welt oder die Schwerkraft anpassen, die, was unseren wahren Kern betrifft, wie ein schwarzes Loch wirkt. Doch trotz all dieser Schwerkraft kann der Kern nicht zerstört werden. Er »klopft ständig an die Tür« unseres Daseins, und das wirkliche Wunder ist, dass wir, was immer wir auch tun mögen, unseren Qualitäten, das heißt unserem Potenzial gar nicht entgehen können. Wenn wir durch einfaches Gewahrsein mit der Qualitätsaura in Kontakt treten, so durchdringt sie die ganze Aurastruktur, einschließlich unserer mentalen und emotionalen Körper. Die Qualitätsaura ist der Teil von uns, der sich nach dem Tod als Letztes auflöst.

Weshalb gehen die Qualitäten verloren?

Schwächen entwickeln sich, weil wir eine verstärkte Bindung zu unserem Körper-Geist haben, trotz der Tatsache, dass die Qualitäten unsere wahre Natur sind. Sind wir nicht mit unseren Qualitäten verbunden, erhöht sich unsere Aufmerksamkeit für Dinge, die unser Potenzial blockieren können. In der Folge interpretieren wir diese Blockaden – wir erklären zum Beispiel, warum wir etwas nicht tun können –, und da diese Interpretation vom Gehirnbewusstsein erzeugt wird, wird sie in hohem Maße missverstanden. Wir müssen unserer innewohnenden Intelligenz zuhören, einem Teil des Energiekörpers, statt unserem Gehirn.

Vielleicht sagen Sie: Einen Augenblick – wenn die Qualitäten von Beginn unseres Daseins vorhanden sind und wenn sie niemals ganz und gar unterdrückt werden können, was ist dann mit den bösen Taten, die Menschen begehen? Was ist zum Beispiel mit Hitler?

Als Hitler jung war, nannte er sich selbst Wolf: Adolf Wolf. Später galt seine größte Liebe den Wölfen. Schon im Alter von zehn Jahren erklärte er, er habe gar keine andere Wahl als ein großer Führer zu werden. Wenn ein Kind so etwas zu Ihnen sagt, dann denken Sie natürlich, das sei alles reine Fantasterei, und die meisten Menschen haben als Kinder Fantasien, in denen sie sich ausmalen, wie erfolgreich sie später sein werden. In unserer heutigen Welt verstärken die Rollenbilder um uns herum dieses Verlangen. Als Göring zu Hitler sagte, es sei ratsam, alle militärischen Handlungen einzustellen, da die Russen doch bald Berlin erreichen würden, soll Hitler ihm geantwortet haben: »Ich kann nicht beschließen aufzuhören; selbst wenn ich verbrenne, kann ich nicht aufhören.«

Qualitäten zu besitzen ist also keine Garantie für ethisches oder moralisches Verhalten. Deswegen überliefern alle Religionen Ethik-Codes wie die Zehn Gebote oder den Achtfachen Pfad Buddhas. Der Unterschied zwischen einem Schwarzmagier und einem Weißmagier besteht nicht darin, dass der Weißmagier besser wäre oder ausgefeiltere Qualitäten hätte; lediglich seine Motivation ist eine andere. Die geistige Ausrichtung ist abhängig von der ethischen Grundhaltung.

Die Qualitäten und die Schwerkraft

Wenn wir all dies mit Empathie sehen können, dann begreifen wir auch, weshalb alle wahren spirituellen Lehrer (insbesondere die christlichen Mystiker) der Vergebung eine so große Wichtigkeit beimaßen. Wir werden dazu aufgefordert, selbst unserem schlimmsten Feind zu vergeben, weil es auf einer absoluten Ebene nicht gut und böse, das heißt keine Dualität gibt. Das kann der Geist unmöglich wahrnehmen; der Geist hängt ab vom Gehirn, und das Gehirn ist nichts weiter als ein gewaltiges Instrument zum Messen und Vergleichen, mit dessen Hilfe alles in gut und schlecht unterteilt wird. Der Geist ist unfähig, etwas »Negatives« zu sehen, ohne es zu verurteilen. Empathie zu haben oder zu fühlen bedeutet, zu erkennen, was es heißt, in der Haut eines Menschen wie Hitler zu stecken, ohne es ihm jedoch nachzutun und in derselben Weise zu handeln.

Dies ist die Aufgabe der Qualitätsaura bei der Geburt eines Menschen: Sie muss gleichzeitig Körper und Geist manifestieren. Wenn Sie die Wertung von gut und schlecht außer Acht lassen, begreifen Sie plötzlich, dass eine Beschreibung (gut/schlecht) lediglich eine Methode für den Geist ist, Qualität und Schwerkraft zu verstehen. Die Essenz, die sich in der Materie manifestiert, ist das, was in jedem Kind bei der Geburt geschieht, und dies manifestiert sich sofort auf zwei Ebenen: als Qualität und als Geistform. Die Essenz muss sich an die Schwerkraft anpassen, ohne die Qualitäten aus den Augen zu verlieren – eine wundervolle Aufgabe. Und wenn wir sagen, diese Qualität verschwindet nie, dann bedeutet das, dass sie auch jemanden wie Hitler niemals ganz verlässt. Alles, was wir sagen können, ist, dass er seine Qualität auf eine Weise nutzte, die zu sehr in der Schwerkraft strukturiert war.

Ein weiteres Beispiel sehen wir in Liebe und Sexualität. Liebe ist unabhängig von der Schwerkraft; sie ist das Medium, damit die Qualität sich äußern kann, und impliziert immer ein Sichentfernen von sich selbst, hin zu einem anderen Menschen. Auf der Ebene der Schwerkraft zeigt sich diese Qualität als eine Mischung aus Liebe, einer Bewegung von uns weg, aber gleichzeitig einer Bewegung zu uns hin, da körperliche Anziehung mit im Spiel ist und wir ja wollen, dass unsere sexuellen Bedürfnisse gestillt werden. Wenn wir die Liebe jedoch zu sehr in der Schwerkraft verankern, bleibt reine Sexualität. Die Mystiker benutzten die Sexualität, um Gott und den Teufel, gut und schlecht besser einander gegenüberstellen zu können; sie benutzten sie als Möglichkeit zu verstehen, auf welche Weise die Essenz eines Menschen zu sehr in den materiellen Ebenen verankert sein kann. Nicht dass an reiner Sexualität irgendetwas falsch wäre, aber sie ist schlichtweg eine Sackgasse.

Die Mystiker verwendeten Symbole, um uns das Wunder »Sexualität« vor Augen zu führen, das ebenso unser universelles menschliches Dilemma ist. Letztlich führt es zu der Frage: Wie bewerkstelligt man es, *in* dieser Welt, aber nicht *von* dieser Welt zu sein? Damit ist gemeint, dass wir uns der psychospirituellen Möglichkeiten in unserem Leben bewusst werden müssen; es verlangt ein Gleichgewicht zu schaffen zwischen der Essenz – den Qualitäten und dem, was von Anbeginn unseres Lebens da ist – und der Verankerung von all dem im Körper, in der Beziehung zu den Eltern, im Umfeld und in den gegebenen Lebenslagen.

Wenn wir kein Bewusstsein für das entwickeln, was jenseits der Schwerkraft ist, dann laufen wir Gefahr, mit der Zeit den ganzen Zweck unserer Existenz zu verfehlen. Das meinte Sokrates mit »Erkenne dich selbst«; dasselbe findet sich in den Lehren von Christus, Buddha und allen spirituellen Traditionen. Die Qualitäten können leicht falsch genutzt werden, wenn die leitende Kraft einer Ethik fehlt. Doch ist es besser, die Qualitäten falsch zu nutzen, das heißt, sich von der materiellen Welt motivieren zu lassen, als sie überhaupt nicht zu nutzen. Psychologisch ausgedrückt: Es ist besser, Fehler zu machen, als sich selbst in trügerischer Sicherheit abzuschotten; denn beim Fehlermachen hat man wenigstens die Möglichkeit, geistig aufzuwachen.

Ein Kind, dem nicht erlaubt wird, Fehler zu machen, und von dem man verlangt, untadelig zu sein, ist wie eine Blume, der man die Bedingungen vorenthält, unter denen sie blühen kann. Ein Mensch, dem nicht erlaubt wird, etwas falsch zu machen, ist wie ein Mensch, der keinen Raum hat. Es ist schlichtweg unmöglich, heranzuwachsen und alles richtig zu machen. Indem wir Fehler machen, entwickeln wir unsere ethischen Maßstäbe. Wir können aus Buddhas Beispiel lernen, der sich dafür entschied, nicht im Reichtum und in der Schönheit des väterlichen Palastes zu leben, sondern hinaus in die Welt ging – weil er neugierig war. Er verließ den Palast und sah, wie viel Leid es gab; und dies erweckte Mitgefühl in ihm und zugleich ein Gespür dafür, wie wir uns aus unserem selbstgeschaffenen Gefängnis befreien können.

Bereits bei unserer Geburt werden wir mit einem ersten Konflikt konfrontiert, obwohl wir uns dessen natürlich nicht bewusst sind. Vor dem Denken ist das Bewusstsein. Wenn wir die Frage stellen, was zuerst kam, das Denken oder die Sprache, so kommen wir zu dem Schluss, dass dem Denken die Sprache folgt.

Sie können denken, weil Sie eine Sprache gelernt haben. Also ist erst das Bewusstsein da, und es ist nie vom achtsamen Gewahrsein getrennt. Etwas zu wissen oder in Verbindung mit sich selbst zu sein ist nicht das Wesentliche des Gewahrseins; es ist lediglich eine Nebenerscheinung davon.

Achtsames Gewahrsein ist das Wesentliche des Bewusstseins. Beispielsweise ist sich ein Säugling ganz und gar seiner gewahr; er ist bei sich – er denkt nicht: »Ich begreife dies und jenes über mich selbst, ich kenne mich selbst.« Was ist denn dieses Gewahrsein, wenn es noch kein Denken gibt? Wir verbinden andauernd Gewahrsein und Bewusstsein mit unseren Gedanken. Wer oder was ist denn seiner gewahr, damit wir diese Verbindung herstellen können? Wir denken und gleichzeitig sind wir gewahr, dass wir denken, und dies ist möglich, weil wir alle den Energiekörper haben, der die Fähigkeit zum Gewahrsein hat.

Die fundamentale Frage im Augenblick der Geburt sollte nicht lauten: »Wie behandle ich diesen Säugling?«, sondern: »Welche Fehler unterlaufen mir im Umgang mit dem Säugling? Inwieweit hat die Beziehung, die mein Partner und ich haben, einen Einfluss auf das Kind? Wie kann ich dafür sorgen, dass seine Qualitäten nicht schwinden oder unterdrückt werden?« Damit wird deutlich, dass wir nicht unsere Probleme sind. Vielleicht haben wir unser ganzes Leben hindurch Schwierigkeiten gehabt, die wir Faktoren zuschreiben wie: eine schlechte Ausbildung oder mangelnde Fürsorge unserer Eltern, doch hauptsächlich sind wir nur deshalb so, wie wir sind, weil unsere Qualitäten unterdrückt wurden. Die Probleme – oder die Schwächen – sind lediglich die Kehrseite unserer verdeckten Stärken: sozusagen ein Symptom, entstanden aus den unterdrückten Qualitäten.

In einem gewissen Sinn versuchte Hitler verzweifelt, seine Qualitäten auszuleben. Es mag uns sehr schwer fallen, diese Behauptung zu akzeptieren, aber die Wahrheit ist, dass es kein Problem und keine Schwäche gibt, die nicht auch eine Qualität symbolisiert. Schwächen treten natürlicherweise auf, wenn eine Qualität nicht zum Ausdruck kommen kann. Der Energiekörper wird immer auf Unterdrückung reagieren, die beginnt, sobald ein Mensch sich in der körperlichen Welt manifestiert. Die Eltern sind die ersten Bezugspersonen eines Menschen, aber die erste Form der Unterdrückung ist die Schwerkraft – sie ist, als ziehe man sich schlecht sitzende Schuhe an. Es tut ein wenig weh und ist unangenehm.

In der buddhistischen Lehre ist ein Bodhisattva ein erleuchtetes Lebewesen, das bereit ist, so lange auf der Erde zu leben, in der Schwerkraft zu verharren und anderen Menschen zu helfen, bis alle frei sind oder ihre Buddhanatur ausleben können, was im Wesentlichen bedeutet, dass sie ihre Qualitäten ausdrücken können. Aber wir müssen auch uns selbst helfen; wir sollten beispielsweise die eher fatalistische Lehre des Hinduismus nicht akzeptieren, die, um das Kastensystem zu rechtfertigen, behauptet, wir hätten es uns selbst ausgesucht, in diesem speziellen Leben inkarniert zu sein – auch wenn es erbärmlich sein sollte –, weil wir etwas zu lernen hätten oder weil es eben unser Karma sei.

Im Widerspruch zu der religiösen Konvention seiner Zeit lehrte Buddha, es sei wichtig, sich selbst zu erforschen, und empfahl einen Weg des Handelns und nicht blinde Akzeptanz oder blinden Glauben. Viel später war Karl Marx einer der ersten, der sich darüber Gedanken machte, wie die Qualitäten von Menschen, die in Armut lebten, zum Ausdruck kommen könnten. Marx stellte die Auffassung, man müsse sein Schicksal stets kampflos akzeptieren, radikal in Frage. Er meinte, in einer industrialisierten Gesellschaft dürfe man das nicht zulassen. Denn wie können Menschen zuhören, beobachten und eine Verbindung zu ihrer wahren Natur herstellen, wenn sie ums Überleben kämpfen müssen? Wie kann eine Gesellschaft spirituell sein, wenn ihre Mitglieder Angst vor der Zukunft haben?

Wenn wir Eltern werden, so tun wir genau das, was Marx als unerlässlich für die Entwicklung der Qualitäten erachtete: Wir versuchen, ein Umfeld zu schaffen, in dem unser Kind nicht ums Überleben kämpfen muss.

Das Manifestieren der Qualitäten

Das moderne Informationszeitalter hat – ähnlich der Ära der Industrialisierung im 19. Jahrhundert – mehr mentale Überlastung und mehr Wettbewerb in unser Leben gebracht. Mag sein, dass es notwendig ist, dass wir alle lesen und schreiben können, aber das gesellschaftliche System ist weit über das hinausgegangen. Überlastet man den Geist derart, dass junge Menschen das Gefühl haben, ihre Zukunft hinge einzig und allein vom akademischem Erfolg ab, so führt das zur Unterdrückung der Qualitäten. Ein Mehr an Informationen macht nicht glücklicher; es erzeugt beim Einzelnen nur die Illusion, sein Ego sei besonders gut entwickelt.

Das ausgeprägteste Merkmal unserer Qualitäten ist, dass man sie nicht lernen muss; sie sind einfach da. Es gibt nichts, was Sie dafür oder dagegen tun können; es gibt nichts, was man hinzufügen könnte, und man kann sie auch nicht üben. Wenn Sie wissen wollen, ob Ihnen eine bestimmte Qualität Eigen ist, so ist dies sehr leicht zu beantworten: Die Qualität ist nicht mit einem Lernprozess verbunden; sie impliziert weder Zeit noch Raum, die mit einer Leistung assoziiert werden könnten. Sie hat absolut nichts mit dem Erlangen von Fähigkeiten zu tun. Ganz einfach, sie kann entweder *unter*drückt oder *aus*gedrückt werden. Da die Qualitäten ein Seinszustand sind, so folgt daraus, dass immer dann, wenn sie sich nicht äußern dürfen, eine Reaktion eintreten muss, eine Rebellion. Sperrt man jemanden ein, so erzeugt dies lediglich Wut und Aggression. Erlaubt man Menschen jedoch nicht, selbst Entscheidungen zu treffen, so erzeugt dies Frustration und wird sich in politischer Hinsicht in Unruhen zeigen.

Auf geistiger Ebene gilt: Wenn die Essenz des Seins nicht zum Ausdruck kommen kann, wird sie sich andere Wege suchen, um sich zu äußern – beispielsweise körperliche Beschwerden, Krankheiten oder psychische Probleme. Wenn wir einen künstlichen Damm aufwerfen, um Wasser zurückzuhalten, wird das Wasser eines Tages überfließen, weil es sich seinen eigenen Weg sucht. Die Natur ist ein wunderbares Beispiel dafür, dass wir das Sein nicht zerstören können; wir können lediglich Barrieren um sie herum aufbauen. Höhere Energie durchdringt immer niedrigere Energie und nicht umgekehrt; das bedeutet ganz einfach, dass, was immer wir tun, wem immer wir widerstehen – höhere Energie letztlich triumphieren wird. Wir können die Essenz unseres Wesens bis zum letzten Atemzug unseres Daseins unterdrücken, doch dann wird die Energie frei sein. Ganz gleich, welche Schwierigkeiten wir erleben, sie sind nichts anderes als Symptome unserer Qualitäten, die versuchen, freigelassen zu werden.

Mit Erleuchtung ist gemeint, dass wir unserem Sein – das heißt, unseren Qualitäten – dankbar sind, dass sie da sind. Wir lassen uns selbst von unserer wahren Natur leiten; wir lassen uns frei.

Schlüssel zu innerer Freiheit

Innere und äußere Freiheit

Innere Freiheit ist der Teil von uns, für den ausschließlich wir selbst verantwortlich sind. In Wirklichkeit gibt es keine innere oder äußere Freiheit – innere Freiheit ist lediglich die Freiheit, die weder politisch noch gesellschaftlich mit der äußeren Welt verbunden ist. Wir haben in der äußeren Welt niemals die vollkommene Freiheit, das zu tun, was wir wollen. Wir verbringen eine Menge Zeit damit, uns über Dinge, die mit der Außenwelt zusammenhängen, Gedanken zu machen, und es ist schwierig, sich dabei frei – im Sinne von friedlich und glücklich – zu fühlen. Wenn wir ein gewisses Maß an Frieden und Ruhe erleben, was bedeutet, dass nichts Besonderes zu passieren scheint, dann entspannt sich der Geist nicht sofort, er sagt nicht: »Das ist genau das, wonach ich suche.« Was geschieht also tatsächlich, wenn wir diese Art Ruhe und Freiheit erleben?

Hindernisse für die innere Freiheit

Das Erste, was geschieht, ist, dass wir uns unbehaglich fühlen; daraufhin folgt ein Gefühl der Langeweile, und dann, wenn wir vollkommen aufrichtig sind, empfinden wir Angst. Weshalb werden wir, wo wir doch ständig auf der Suche nach innerer Freiheit, Stille, Frieden und Glück sind, ängstlich, sobald wir sie finden? Wenn wir über einen Seinszustand sprechen, in dem es Freiheit gibt, dann müssen wir ihn vom biologischen Standpunkt aus verstehen. Wir müssen das immense Problem der Sucht betrachten – nicht nur die Sucht nach Alkohol oder Drogen, sondern die Sucht nach Adrenalinschüben, die wir alle kennen.

Erinnern wir uns daran, dass Körper und Geist sich nicht trennen können; wir sehen, dass der Geist ständig Handlung benötigt, um uns das trügerische Gefühl zu verleihen, ganz wach zu sein. Wir sind mitfühlender und fürsorglicher gegenüber Menschen, die zu leiden scheinen, als gegenüber solchen, die glücklich und fröhlich sind. Filme, Fernsehprogramme und Sport – all das treibt unseren Adrenalinpegel in die Höhe.

Stellen Sie sich einen Augenblick lang vor, Sie liegen im Bett und sind ganz entspannt, allem zum Trotz, was in Ihrem Leben passiert. Die beste Art, Ihren Adrenalinausstoß jetzt zu erhöhen, ist, sich über irgendetwas, das Sie oder jemand anderen betrifft, Sorgen zu machen. Viele Probleme, deretwegen wir uns Gedanken machen, sind keineswegs wirkliche Probleme, sondern eine Methode, uns einen Adrenalinstoß zu verschaffen.

Wenn unser Adrenalinpegel in die Höhe steigt, fühlen wir uns wach, aufmerksam und lebendig, aber dieses Gefühl, wach zu sein, ist nicht die Achtsamkeit, von der Buddha sprach. Sie ist künstlich und macht süchtig. Solange wir uns gut fühlen, schlafen wir – symbolisch betrachtet – ein; wenn die Schuhe perfekt passen, spüren wir unsere Füße nicht mehr. Wir sind unseres Körpers nur gewahr, wenn etwas daran nicht in Ordnung ist.

Während des Golfkriegs, 1991, als die Iraker Raketen auf Israel schossen, zwei Tage vor dem ersten Angriff und drei Tage danach, entdeckte man, dass die Anzahl der natürlichen Todesfälle dort um fünfundvierzig Prozent anstieg. Im Laufe der darauf folgenden Woche ging die Todesrate wieder auf ihr normales Maß zurück. Die Menschen, die starben, lebten nicht in der Nähe der Gefahrenzone. Sie lebten in Tel Aviv oder Jerusalem, und es war sehr unwahrscheinlich, dass eine der Raketen irgendwo in ihrer Nähe gelandet wäre. Das zeigt, dass das Gehirn und seine Visualisierungskräfte derart viel Stress erzeugen können, dass der Körper auf irreparable Weise Schaden erleiden kann. Es zeigt, dass das Gehirn fähig ist, sich auf die Möglichkeit des Todes zu konzentrieren und sie zu beeinflussen, ohne dass wir uns dessen bewusst wären.

Wenn unser Adrenalinpegel zu hoch oder zu niedrig ist, haben wir ein Problem. Es gibt unzählige andere Beispiele dafür, dass der Geist einen Einfluss darauf hat, wann wir sterben, wie wir mit Angst und Sorgen oder mit Adrenalinsucht umgehen. Wenn wir uns die Frage stellen, weswegen es so schwierig ist, innere Freiheit zu erlangen, sehen wir, dass der Geist süchtig nach Adrenalin ist, was bedeutet, dass wir, psychologisch ausgedrückt, süchtig nach Angst sind. Jeder Mensch behauptet, er wolle frei von Angst sein, doch wenn keine Angst mehr da ist, fühlen wir uns unsicher. Wenn wir keinerlei Sorgen mehr haben, befinden wir uns im Zustand der Ruhe, aber der Geist wehrt sich dagegen und behauptet, das könne nicht sein.

Der Geist und das Überleben

Der Geist gibt sich einer Illusion hin, wenn er behauptet, er wolle frei sein – was Frieden, Ruhe und Glück bedeutet. Nähert er sich dem Moment, wo er sich hingeben und Frieden finden soll, versucht er sofort, zu fliehen. So beschwindeln wir uns ständig – beispielsweise haben wir Angst davor, uns auf eine angenehme Beziehung einzulassen, und ziehen es vor, uns mit der Frage herumzuschlagen, warum wir keine Beziehung haben, was nicht in Ordnung sein könnte usw.

Wenn Sie sehen können, dass Sie süchtig nach Adrenalin sind, werden Sie Ihre Probleme plötzlich aus einem anderen Blickwinkel verstehen. Sie werden begreifen, dass Sie, wenn Sie es wagen, Ihre Schwächen zu ignorieren, in Schwierigkeiten kommen, nicht weil die Schwächen ein Problem wären, sondern einfach, weil Sie »auf Entzug« sind, wenn Sie kein Adrenalin mehr in Ihren Kreislauf pumpen.

Der Geist (das Ich, das Ego) ist nicht da, um sich zu entspannen; er ist da, um zu überleben. Das Überleben ist eine Frage von Kampf oder Flucht oder Lähmung. Rein aufs Überleben ausgerichtet zu sein, bedeutet in erster Linie, ein überscharfes Bewusstsein zu haben, bei dem der Geist immer äußerst wachsam ist und sich vornehmlich auf das konzentriert, was schlecht laufen könnte. Wie soll ein Körper, der in Verbindung mit dem Geist ist und ständig nach dem Ausschau hält, was schief laufen könnte, imstande sein, sich zu entspannen? Und wie kann ein Körper, der von Adrenalinsucht vergiftet ist, sich von dieser Sucht befreien?

Wenn wir wirklich in einen Zustand des inneren Friedens und der Freiheit gelangen wollen, dann müssen wir uns von dieser Sucht lösen. Heutzutage gibt es darüber mehr Informationen als je zuvor, beispielsweise, wie wir lernen können, zu meditieren oder mit unserer Aggression umzugehen, wie wir beginnen können, andere zu verstehen, wie wir unsere Beziehungen verbessern und lernen können, bedingungslos zu lieben. Hat all dieses Wissen geholfen? Sehen wir nicht, dass im Falle einer wirklichen Nikotin-, Alkohol- oder Heroinsucht der Wille immer schwächer ist als die Sucht? Dasselbe gilt für das Adrenalin. Wenn Sie es nur mit dem Willen tun, können Sie noch so sehr versuchen, ein freundlicher, liebevoller oder versöhnlicher Mensch zu sein – es wird nichts ausrichten, und all die spirituellen Ratschläge, wie man sein sollte, werden lediglich zu einer moralischen Gewohnheit, wenn die zugrunde liegende Sucht nicht zuerst gemeistert wird.

Wie stark ist Ihre Adrenalinsucht? Wie schnell bekommen Sie Angst, wenn Stille oder Frieden oder Nichtsein herrschen, wie die Mystiker es nennen? Wie schnell geraten Sie in Erregung, wenn etwas passiert? Nehmen Sie zum Beispiel Fußball. Die Menschen geraten in Erregung, wenn ihre Mannschaft ein Tor schießt, aber wenn die permanent Tore schießen würde, würden die Fans sich bald langweilen. Die wahre Erregung entspringt der Angst, ihre Mannschaft könnte verlieren. Dies erzeugt den Adrenalinkitzel.

___Sucht und Angst

Auf der Ebene des biologischen Bewusstseins haben wir eine natürliche Angst, die mit dem Überlebensinstinkt zusammenhängt. Um zu überleben, benötigen wir eine Energiezufuhr, und die erfolgt durch das Adrenalin. Der Überlebensinstinkt ist unerlässlich. Eine andere Angst – auf der Ebene des psychobiologischen Bewusstseins – ist, nicht genug zu essen oder kein Dach über dem Kopf zu haben. Auf der psychospirituellen Ebene gibt es drei Ängste, die mit Gewohnheit und Sucht verbunden sind. Wir fürchten uns vor anderen Menschen, davor, von ihnen nicht geliebt und akzeptiert zu werden. Die meisten Menschen haben interessante Ideen, die meisten besitzen Kenntnisse, die sie in die Tat umsetzen könnten, aber die Angst, von den anderen nicht akzeptiert zu werden, blockiert ihr Potenzial und ihre Ausdrucksfähigkeit.

Wir haben Angst vor unseren eigenen Gedanken und Gefühlen. Wir fürchten, unser Wissen würde nicht ausreichen, oder wir könnten uns in unseren Überzeugungen irren. Wir haben so große Angst vor unseren Gefühlen, dass wir sie, selbst wenn es um Liebesgefühle geht, oft zurückhalten. Und wir haben Angst vor dem Tod und dem Sterben. Auf all dies reagieren wir, indem wir uns ständig mit irgendetwas beschäftigen – und dafür benötigen wir Adrenalin. Das Beschäftigtsein lenkt uns ab; es hindert uns daran, uns diese Ängste auf der psychospirituellen Ebene wirklich bewusst zu machen. Es ist eine hervorragende Strategie für den Geist, aber ein großes Hindernis für inneren Frieden, Freiheit, Ruhe, Liebe und Mitgefühl.

___Angst vor dem Tod

Die meisten von uns weichen der Konfrontation mit der Tatsache, dass wir eines Tages sterben müssen, aus. Wir alle sind Meister in der Kunst des Ausweichens. Wir wissen nicht, wann, wie oder wo wir sterben werden, und es ist eine der größten Ängste in unserem Leben. Selbst die Religionen bestärken uns darin, zu glauben, der Tod existiere nur in der Zukunft – wenn wir uns in diesem Leben unglücklich fühlen und an Reinkarnation glauben, können wir immer noch auf eine weniger mühevolle Existenz im nächsten Leben hoffen oder darauf, dass es einen Himmel gibt, in den wir nach dem Tode gelangen. Aber was ist, wenn es keinen Himmel gibt und keine Garantie für eine Wiedergeburt? Was ist das, von dem wir hoffen, dass es nach unserem Tod weitergeht?

Die Meinung, das Selbst sei festgelegt und unveränderlich und der Körper und das Ego seien ein und dasselbe, ist eine Illusion. Was ist dieses Wesen, das wir verteidigen? Wenn Sie sich beispielsweise wegen einer Bemerkung, die jemand an sie richtet, verletzt fühlen, wer und was ist da verletzt? Das Ego reagiert, aber es ist ein konstruiertes, im Laufe der Zeit aufgebautes Bild, das auf Ihren Reaktionen, Wahrnehmungen, Gefühlen, Gedanken, Einstellungen, Wertvorstellungen und Überzeugungen basiert.

Das Ego hat sehr große Angst vor dem Tod und versucht, ihn zu bekämpfen, aber letztlich kann das Selbst nicht verteidigt werden. Es gibt absolut keine Möglichkeit, sich davor zu schützen, verletzt zu werden, und wenn wir dies wirklich erkennen, so löst das ein starkes Befreiungsgefühl aus. Je mehr Menschen Sie kennen, desto wahrscheinlicher ist es, dass einige darunter sind, die Sie nicht mögen und die in irgendeiner Weise gegen Sie sind. Vielleicht meinen Sie, die Menschen würden Sie deshalb nicht mögen, weil Sie nicht gut genug seien oder weil etwas mit Ihnen nicht in Ordnung sei. Damit verletzen Sie nur sich selbst. Oder Sie haben jemanden gern, fürchten aber, dieser Mensch würde Ihre Gefühle nicht erwidern – und lassen ihn daher nicht einmal erkennen, was Sie für ihn empfinden.

Die Beschäftigung mit all dem zehrt fünfzig bis sechzig Prozent unserer Energie auf. Der Körper-Geist besteht aus Vergangenheit und schnellen Gefühlen, die Handlungen und damit eine Adrenalinzufuhr verlangen. Wie gehen wir mit dieser Sucht um? Wir brauchen unser Ego auf der biologischen und psychobiologischen Bewusstseinsebene, um unseren Alltag zu bewältigen, und es ist nichts falsch daran, Meinungen und Ideen zu vertreten, Dinge zu interpretieren oder Urteile zu fällen. Doch keines davon wirkt auf der psychospirituellen Ebene.

Wenn jemand Ihren Körper nicht mag, so teilt dieser Mensch Ihnen damit etwas über sich selbst und seinen Geschmack mit, nicht über Sie. Wenn Sie sich mit Ihrem Körper, Ihrem Wissen und Ihren Meinungen identifizieren, dann sind Sie verloren. Das Ego ist lediglich ein Teil Ihres unbegrenzbaren Wesens. Liebe, beispielsweise, hat nichts mit dem Ego zu tun. Alles, was mit dem Ego zu tun hat, kann gelernt, anerzogen und geübt werden und ist Teil einer Erfahrung oder entstammt der Vergangenheit. Liebe kann nie gelernt oder geübt werden, genauso wenig wie Sterben. Das Sterben gehört nicht zum Ego, weil es jenseits menschlicher Kenntnis ist. Wir müssen unterscheiden zwischen den verschiedenen Daseinszuständen, um zu sehen, dass das Instrument des Ego auf der biologischen Ebene wichtig, auf der psychospirituellen Ebene jedoch eine Katastrophe ist.

Bewusstseinsebenen

Was ist der Unterschied zwischen biologischem Bewusstsein und psychospirituellem Bewusstsein? Biologisches Bewusstsein und ein Teil des psychischen Bewusstseins sind eng miteinander verbunden zu der genetischen Struktur, die für das Überleben wichtig ist. Das biologische Bewusstsein ist einzig und allein mit dem Überleben beschäftigt. Ohne diesen Mechanismus wäre das menschliche Geschlecht schon lange ausgestorben. Liebe, Glück und Spiritualität sind für das Überleben nicht notwendig. Die psychospirituelle Ebene ist ein Luxus für die Existenz; sie erhöht die Lebensqualität, nicht die -quantität. Nicht nur die diversen spirituellen Lehren, sondern auch die moderne wissenschaftliche Gehirnforschung zeigt, dass man in gewissen Geisteszuständen eine Bewusstseinserweiterung erleben kann.

Wir müssen lernen, wie wir dieses Potenzial praktisch nutzen können, uns klar machen, wie wir funktionieren. Laut der modernen Physik besteht der Körper aus Atomen, und ein Atom besteht hauptsächlich aus leerem Raum. Aber selbst wenn der Körper großenteils Leere und das Ego eine Illusion ist, ist das, was Sie fühlen, sehr real; wenn Sie sich den Kopf anschlagen, werden Sie Schmerz empfinden.

Wir müssen unterscheiden zwischen den verschiedenen Bewusstseinsebenen.

Die psychospirituelle Ebene hat nichts mit dem Überleben zu tun, und das Ego hat nichts zu tun mit den Qualitäten. Der Körper existiert als Form und hat eine Innenseite, eine Außenseite und eine Grenze; das Ego assoziiert sich mit dem Körper und sieht sich selbst ebenfalls als Form. Daher gibt es sich der Illusion hin, es könne sich selbst schützen, sich verteidigen und Grenzen schaffen; aber es ist ganz und gar in Zeit und Dualität strukturiert. Das Ego ist ein Gefängnis – wird es immer sein – und kann nur auf der psychospirituellen Ebene transformiert werden. Nur wenn wir sehen, dass da etwas jenseits der Dualität ist, empfinden wir uns selbst als frei.

Sucht nach Bildern

Psychologisch gesehen sind wir süchtig nach Vorstellungen oder Bildern, wie wir sein sollten; diese modifizieren wir im Laufe der Zeit mit zunehmender Erfahrung und wachsenden Kenntnissen. Das Bild, das Sie beispielsweise vor zehn Jahren von sich hatten, unterschied sich wahrscheinlich erheblich von dem, das Sie jetzt haben. Wir alle sehen und erleben Dinge nicht so, wie sie wahrhaftig sind, sondern in verzerrter Weise – entsprechend unserem Selbstbild und unserer Wahrnehmung von dem Ereignis. Das Ego ist vollkommen abhängig von Bildern – im Grunde sind diese Bilder die Substanz des Egos.

Das Ego lebt in Bildern. Und diese Bilder werden ständig durch Adrenalin verstärkt. Je mehr Angst Sie haben, desto mehr Bilder werden Sie in Ihrem Geist erzeugen. Je mehr Adrenalin Sie brauchen, desto mehr werden Sie von Bildern beherrscht. Deshalb handelt einer der ersten Sprüche der Bibel davon, man solle sich »kein Bildnis« machen; deshalb ermahnen die hinduistische und die buddhistische Lehre, uns der Illusion und der Rolle der Bilder beim Vorgang der Anhaftung bewusst zu werden.

Die meisten unserer Gedanken und Ideen sind derart konditioniert, dass selbst ein und dieselben Worte unterschiedliche Bedeutung haben können. Wenn Sie beispielsweise sagen, dass Sie jemanden lieben, meinen Sie da das »Liebemachen«, was mit Lust, sexueller Erfüllung und Vergnügen zu tun hat, oder meinen Sie, dass Sie jemanden gern haben und sich um ihn sorgen? Und wenn Sie traurig sind, deswegen, weil Sie sich selbst leid tun oder weil Sie Mitleid für jemand anderen empfinden?

Wenn Sie eines der vielen Bücher über Chakren oder Energiezentren lesen, die heutzutage auf dem Markt sind, fangen Sie vielleicht an zu glauben, dass diese tatsächlich existieren und dass der Bereich des Solarplexus das emotionale Chakra darstellt. Vielleicht lesen Sie irgendwo anders, dass das Solarchakra mit der Angst zu tun hat. Was sollen Sie jetzt tun? Ihr Ego hat sich jetzt der Ansicht angeschlossen, der Solarplexus sei das emotionale Chakra. Und nun komme ich daher und behaupte, dass die Chakren nicht wichtig sind, weil die christlichen Mystiker erleuchtet waren, ohne etwas über sie zu wissen, und dass das emotionale Chakra sich im Bereich der Kehle befindet.

Es ist sehr leicht, sich mit einer Idee anzufreunden, die eine Form der Sicherheit erzeugt; denn dann müssen wir sie entweder verteidigen gegenüber konträren Ideen oder die ursprüngliche Idee für eine neue fallen lassen. Auf diese Weise wird eine Ideologie in ihrer extremen Form zum Faschismus – es ist die Überzeugung, dass nur wir Recht haben und die anderen Unrecht. Die schlimmste Form des Faschismus ist der spirituelle

Faschismus. Daher ist keine Freiheit möglich, wenn wir an Bildern, Ideen und einer unabänderlichen Vorstellung festhalten, wie die Dinge sein sollten. Wir achten sehr darauf, wie wir sein sollen, wie wir uns anderen Menschen gegenüber benehmen sollen. All das hindert uns daran, die Schönheit um uns herum wahrzunehmen. Um die Energie aufzubringen, uns in diesem Gefängnis zu halten, brauchen wir Adrenalin. Auf der biologischen Ebene ist die Adrenalinerzeugung notwendig, da es ein Überlebensmechanismus ist. Aber wenn wir diesen Überlebensmechanismus auf die psychospirituelle Ebene extrapolieren, dann verursachen wir Probleme.

Das Ego ist ein ständiger Abwehrmechanismus, der danach trachtet, seine Ideen, Bilder, Ideologien und Vorstellungen davon, wie die Dinge sein sollten, zu bewahren. Um frei zu sein, müssen wir uns von der Vergangenheit, dem Ego lösen. Wir müssen uns selbst von den vergiftenden Wirkungen des Adrenalins befreien und von dem ständigen Wunsch, das Bild, das wir von uns selbst haben, zu verteidigen.

Freiheit von Meinungen

Freiheit erlangen wir nicht, wenn wir unsere Ideen oder Überzeugungen ändern; Freiheit stellt sich ein, wenn wir alles integrieren, wenn wir alles ohne Werturteil anerkennen und wenn wir durchschauen, wie die Dinge wirklich sind.

Wenn wir etwas verteidigen, erzeugen wir eine Trennung zwischen dem, was gut, und dem, was schlecht in uns ist, zwischen dem, was da ist, und dem, was wir noch erreichen und ändern wollen; aber in Wahrheit ist da gar nichts zu ändern. Ändern Sie sich, und Sie werden trotzdem derselbe sein – nur der Inhalt wird anders sein. Die beste Art, Ihrem Ego mehr Macht zu geben, ist, immer wieder zu sagen, dass Sie sich ändern oder in irgendeiner Weise anders sein sollten, um einen Ehrgeiz zu befriedigen oder ein besserer Mensch zu werden – all dies, so lehrte Buddha, ist eine Form des Wünschens und Verlangens, die zu Anhaftung und Leiden führt.

Freiheit stellt sich ein, wenn auf der psychospirituellen Ebene keine Bilder oder Ideen mehr vorhanden sind. In dieser Hinsicht ist die Wissenschaft spiritueller als die meisten esoterischen Bewegungen, weil ein ernst zu nehmender Wissenschaftler sich nicht an das klammert, was bekannt ist oder was bereits entdeckt ist. Sein Ziel ist es, zu beobachten. Für uns ist es ungeheuer riskant, ohne Bilder, Ideen und Ideologien zu leben oder, wie Buddha sagte, »nicht an der Idee zu hängen, dass da etwas ist, das du bist« – das bedeutet im Grunde genommen, leben zu können ohne Vorstellung von einem Ego. Die Gesellschaft klammert sich an das Bestehende, das Bekannte und an die Geschichte, da sie darin Sicherheit wähnt, aber Freiheit stellt sich nur dann ein, wenn es keinerlei Sicherheit gibt.

Was auf der biologischen Bewusstseinsebene funktioniert, gilt nicht für das psychospirituelle Bewusstsein. Sicherheit ist ein Hindernis für das psychospirituelle Bewusstsein, weil sie das Bewusstsein blockiert. Das Ego und die festgefahrenen Vorstellungen führen in die Isolation. Wenn Sie Christ sind und glauben, durch Jesus komme die Erlösung und er sei Ihr Retter, dann laufen Sie Gefahr, sich von Menschen abzukapseln, deren Überzeugungen oder Religionsausübung sich von Ihrer unterscheidet. Das bedeutet, dass nicht nur eine Trennung zwischen Ihnen und mir besteht, zwischen Ihnen und jemand anderem, sondern sie besteht auch zwischen Ihrem idealisierten Ich und dem, wie Sie wirklich sind.

In dem Augenblick, wo Sie beginnen, sich selbst und die Dinge, die Sie an sich selbst nicht mögen, zu beobachten, erzeugen Sie eine Spaltung; und damit einen Konflikt zwischen dem Beobachter und dem Beobachteten, zwischen dem Vorgang, eine Veränderung herbeizuwünschen, und dem Vorgang, in dem Sie beurteilen, ob diese Veränderung stattgefunden hat oder nicht. Wer auch immer die Schwäche beobachtet, ist selbst die Schwäche, und genau dieser Konflikt ist es, der das Problem verursacht, nicht die Schwäche als solche.

In dem Moment, wo Sie sich auf das, was nicht gut an Ihnen ist, konzentrieren, brauchen Sie jemanden, der dies beobachtet, was zu Trennung und Isolation führt. Sobald Sie Isolation herbeiführen, stellt sich automatisch ein Schuldgefühl ein, das wiederum aus der Angst entsteht. In dem Augenblick, wo sich das Schuldgefühl einstellt, werden Sie zwangsläufig mit Aggression reagieren und diese Aggression gegen sich selbst richten. Vielleicht haben Sie das Gefühl, Sie hätten sich in Ihrem Handeln gar nicht nach der Vorstellung eines anderen Menschen gerichtet; aber auch gewisse Ideen, eine Ideologie, ein anderer Mensch oder ein bestimmter Teil des eigenen Ego können hier als Autorität fungieren.

Empfinden Sie Aggression gegen sich selbst, dann geben Sie sich die Schuld für etwas, das unzulänglich an Ihnen ist oder geändert werden muss. Dann beginnen Sie, sich selbst zu beobachten, und bestätigen das Vorhandensein Ihrer Schwächen. Das führt zu einer Vermehrung von Schuldgefühlen, Selbstanklage und Selbstzweifeln. Die Frage »warum?« führt immer zu einer Quelle, zu einem Menschen oder einer Sache, dem/der man die Schuld gibt. Dies wiederum hat noch mehr Trennung und Isolation zur Folge. Am Ende überzeugen Sie sich selbst davon, dass Sie aufgrund Ihrer Vergangenheit so sind, wie Sie sind. Sie schaffen eine

Struktur von Ursache und Wirkung; Sie verleihen dem Ego eine größere Macht sowie mehr Individualität, die Sie auf seine spezielle Geschichte zurückführen. Die Stäbe Ihres Gefängnisses werden nur noch verstärkt, nicht gelockert.

Aus der Geschichte austreten

Letztlich ist es nicht möglich, unsere Schwächen als charakteristisch für unsere Persönlichkeit anzusehen. Es gibt keine Schwäche, die nicht mit einer Qualität verbunden wäre. Es gibt keine Schwäche, die nicht Ausdruck des Menschseins wäre. Alle Schwächen sind unpersönlich; sie existieren in jeder Kultur, unabhängig von den jeweiligen Glaubenssystemen und der jeweiligen Erziehung. Deshalb ist es auch so wichtig für uns, unsere Probleme zu depersonalisieren. Ganz gleich, welche Schwäche wir haben und welchen Namen wir ihr geben mögen, wir haben die Wahl, sie auf unsere individuelle Geschichte zurückzuverfolgen – was dann unsere Isolation, unsere Schuldgefühle und unsere Aggression (all diese sind Symptome der Angst, vergessen Sie das nicht!) verstärken wird – oder unseren Geist dafür zu sensibilisieren, dass diese Vorgänge zum Menschen dazugehören. Hier haben wir die Möglichkeit, zu ganz anderen psychologischen Einsichten zu gelangen. Die Frage lautet nicht mehr: »Wem gebe ich die Schuld? Was ist die Ursache?« Die Frage heißt nun: »Was sind das für Prozesse?«

Wenn wir uns auf die Annahme versteifen, dass alles, was uns zustößt, von irgendetwas oder irgendjemandem verursacht worden ist, so werden wir, wie Buddha es ausdrückte, in einem endlosen Kreislauf von Geburt und Wiedergeburt gefangen sein. Wir müssen aus dem Muster von Ursache und Wirkung austreten, müssen beginnen, die Vergangenheit von uns abzutrennen, uns von den Forderungen des Ego befreien – die darum ranken, ob wir verletzt oder geliebt werden, ob wir zufrieden oder frustriert, glücklich oder unglücklich sind –, uns von all den Erwartungen, Hoffnungen und Pflichten lösen. Dann brauchen wir nicht mehr tun oder sagen, was nicht authentisch wäre. Das meinte Buddha, als er davon sprach, man solle frei von Identifikationen sein. Denken Sie daran, dass jede Form der Identifikation zwangsläufig Isolation mit sich bringt, da sie impliziert, dass man sich verteidigen und rechtfertigen muss. Dies erzeugt einen Konflikt, nicht unähnlich dem Konflikt, der in Ihnen zwischen der Schwäche und dem Beobachter, der die Schwäche beobachtet, und zwischen gut und schlecht besteht. Wer ist das eigentlich, der darüber entscheidet, was gut und was schlecht ist?

Es ist wichtig, hier klar und deutlich zu sagen, dass wir nicht versuchen sollen, das Ego loszuwerden oder irgendeinen Teil von uns selbst *loszulassen*. Vielmehr geht es darum, *sein zu lassen*, nicht störend einzugreifen und keine individuelle Geschichte zu kreieren. Es gibt kein Ich, das Freiheit sucht oder darauf wartet. Das Ich ist das Gefängnis. Also lautet die Frage, vor der wir letztlich stehen: Was für einen Ausweg gibt es, wenn ich nicht meine Geschichte für das, was ich bin, verantwortlich machen kann?

Drei Schlüssel zur Freiheit

Der erste Schlüssel, mit dem man sich selbst helfen kann, ohne einen Konflikt zu erzeugen, ist Verantwortlichkeit. Vielleicht denken Sie, Verantwortlichkeit habe mit Pflicht zu tun, aber wahre Verantwortlichkeit ist die Fähigkeit, zu antworten. Können Sie auf die Vergangenheit antworten? Können Sie auf die Zukunft antworten? Oder können Sie nur auf das antworten, was da ist?

Auf das zu antworten, was da ist – und das ist niemals die Vergangenheit oder die Zukunft –, heißt, sich verantwortlich verhalten. Sagen wir, beispielsweise, Sie haben einen rationalen und guten Grund, eifersüchtig oder wütend zu sein. Jedes Gefühl der Eifersucht ist eine Blume der Aggression und damit ein Symptom der Angst. Angenommen, Sie werden aus gutem Grund wütend. Darauf können Sie auf dreierlei Arten antworten: Die erste, die im eigentlichen Sinne von Verantwortlichkeit nichts mit *antworten* zu tun hat, wäre, herauszufinden, warum Sie wütend sind. Dabei würden Sie Ihre Energie in Ihre Vergangenheit lenken. Somit würden fünfzig Prozent Ihres Potenzials, verantwortlich zu reagieren, umgeleitet. Die zweite Reaktion bestände darin, die Wut oder Eifersucht auf einen anderen Menschen zu projizieren, das heißt, sie an jemand anderem auszulassen. Mit jeder Projektion überträgt man die verlagerte Aggression auf die Zukunft. Wenn Sie eine Emotion auf diese Weise ausagieren, fühlen Sie sich danach vielleicht erleichtert, aber das ist nur die Freisetzung des Adrenalins. Die Folgen dieser aggressiven Reaktion sind noch ein bis zwei Wochen lang in Ihrem Aurasystem spürbar und stören Ihren Organismus. Letztlich verletzt es nur Sie selbst.

Jesus sagt im Matthäusevangelium (5, 38): »Wer dich auf die rechte Backe schlägt – wende ihm auch die andere zu.« Das ist ein wunderschönes Symbol für das, worüber wir gerade sprechen: Vergeben bedeutet auch, keine Reaktion zu haben. Jeder Akt der Aggression hat eine Auswirkung auf Sie selbst. Nicht wegen irgendeines moralischen Gesetzes oder aus irgendwelchen karmischen Gründen, sondern einfach weil Sie dabei Ihr eigenes Energiesystem zerstören. Jedwede Reaktion, die Sie haben, hat eine Wirkung auf Sie selbst. Sie auf die Zukunft zu projizieren heißt, Ihre Energie zu blockieren.

Die dritte und zweckmäßigste Reaktion wäre, diese Wut nicht auf die Vergangenheit oder die Zukunft zu verlagern, damit Ihnen Ihre ganze Energie zur Verfügung steht, um mit den schnellen Gefühlen zurechtzukommen, wenn sie auftreten. Bei diesem Ablauf ist es möglich, die Wut in dem Augenblick wahrzunehmen, wo sie entsteht. Wenn Sie vollkommen eins mit der Wut sind, wird sie sich auflösen. Wohin ist sie dann gegangen? Sie ist lediglich dahin zurückgegangen, wo sie herkam – sie kam aus der Angst.

Sich selbst zu erkennen bedeutet also nicht, einfach nur meditierend dazusitzen und ein wenig darüber nachzudenken, wer man ist. Vielmehr bedeutet es, direkt zu beobachten, wie man von einem Augenblick auf den anderen reagiert. Reagieren, ohne dabei in die Vergangenheit oder in die Zukunft zu gleiten, ist die Bewegung der Liebe. Liebe ist kein romantisches Gefühl; Liebe stellt sich dann ein, wenn Sie aufhören, jemandem dafür, wie Sie sind, die Verantwortung zuzuschieben.

Dies bedeutet nicht, dass Sie keine Meinungen mehr haben dürften. Es bedeutet nicht, dass Sie niemals mehr wütend werden dürfen, wenn jemand etwas sagt, das Sie verletzt. Es bedeutet, dass Sie nicht mehr auf alles reagieren, das in Ihrem Umfeld geschieht. Wenn Sie sich so verhalten, werden Sie vermutlich erleben, dass Menschen zu Ihnen sagen, sie würden sich selbst dann von Ihnen geliebt fühlen, wenn sie etwas tun, das Sie verletzt. Das heißt: verantwortlich reagieren. Es heißt, über den Menschen hinaus zu sehen. Wenn Sie so »funktionieren« können, dann haben Sie in gewisser Weise bereits Freiheit erlangt.

Die Wurzeln des Verstehens

Der zweite Schlüssel hat mit Verstehen zu tun. Wiederum ist das ein Paradox, da das kognitive Gehirn auf der psychospirituellen Ebene keine große Hilfe ist. Es hat nichts mit Verstehen im Sinne von »etwas analysieren« zu tun – was bedeutet, etwas zu zergliedern und dann eine logische Ursache-und-Wirkung-Struktur zu schaffen. Die Wurzel des Verstehens ist eine gänzlich andere, und wenn Sie in einem Herkunftswörterbuch nachsehen, dann werden Sie entdecken, dass die Wurzel des Wortes *verstehen* das Wort *stehen* ist.

Nehmen wir einmal an, Ihre Nachbarin bittet Sie, sich um ihre Pflanzen zu kümmern, während sie in Urlaub fährt, obwohl Sie nicht die geringste Ahnung haben, wie man Pflanzen pflegt. Das Erste, was Sie tun müssen, ist zu antworten. Wenn Sie sich einverstanden erklären, ihr zu helfen, dann haben Sie tatsächlich die Verantwortung übernommen – Sie haben ihrer Bitte stattgegeben. Damit entwickeln Sie innerlich sofort ein Interesse an Pflanzen. Sobald Sie ein Interesse an etwas entwickelt haben, beginnen Sie, es zu verstehen. Sie haben eine Beziehung zu der jeweiligen Sache hergestellt, und sie *stehen* buchstäblich dafür *ein*.

Oder stellen Sie sich vor, Sie beginnen, auf Ihre eigene Energie zu antworten, ohne in die Vergangenheit oder in die Zukunft zu gehen. Sie fühlen, sehen, sind einfach aufmerksam dafür, was geschieht, und Sie entdecken, dass Ihr Herzchakra nicht etwas ist, das entwickelt werden kann; es ist immer da, voller Bereitschaft zu antworten. Sie begreifen, dass es in dem Maße in Ihrem alltäglichen Leben zum Ausdruck kommt, wie Sie Ihr Herz in das, was Sie tun, einbringen. Dann kommt jemand und sagt zu Ihnen, Sie müssten lernen, Ihr Herzchakra zu entwickeln und zu öffnen. Wenn Sie darauf in gesunder Weise antworten, weil sie allmählich verstanden haben, dass Sie für das, was Sie sehen, hören und fühlen, *einstehen* müssen, dann sagen Sie nicht zu der Person, sie habe Unrecht, ein Chakra müsse nicht entwickelt werden. Sie lassen dem anderen die Freiheit, zu sagen und zu glauben, was er will. Sie äußern nur dann Ihre Meinung, wenn Sie gefragt werden.

Zu verstehen – oder einzustehen für etwas, das Sie sehen, fühlen oder begreifen – bedeutet, dass Sie nur das ausagieren, was Sie in diesem Augenblick wahrnehmen, und dass Sie sich Ihrer Grenzen wohl bewusst sind. Dabei brauchen Sie keine Ideen oder Kenntnisse, um Verbindungen zu der psychospirituellen Ebene herzustellen – hier können die Dinge nicht auf dieselbe Weise verstanden werden, wie wir beispielsweise den menschlichen Körper zu verstehen versuchen. Derselbe Vorgang spielt sich bei der Liebe ab. Sie können die Liebe so intensiv studieren, wie Sie wollen; das wird Ihnen nicht wirklich dabei helfen, liebevoller zu werden. Doch indem Sie auf etwas in bestimmter Weise antworten, können Sie für die Liebe einstehen – und plötzlich erfahren Sie etwas über die Liebe.

Verstehen in diesem Sinne ist ein Gefühlsprozess, kein intellektueller Prozess. Ein Gefühl taucht auf, wenn ein Gedanke aktiv wird. Jeder Gedanke erzeugt ein Gefühl, und wenn Sie sich seiner gewahr sind, ehe er sich auf der körperlichen Ebene manifestiert, dann ist es ein Gefühl. Wenn Sie warten, bis sich der Gedanke auf der körperlichen Ebene manifestiert, und erst dann seine Existenz anerkennen, dann ist es kein Gefühl mehr – dann wird es zu einer Emotion. Ruhe bedeutet, dass man dessen, was um einen herum geschieht, sofort gewahr wird, ehe es sich auf der Körperebene als Emotion strukturiert. Es ist sehr wichtig, nicht zuzulassen, dass die Dinge sich auf der Körperebene manifestieren. Im Zusammenhang mit spirituellen Praktiken hören wir oft, man solle seinen Körper beherrschen, seinen Körper loslassen oder aus dem Körper austreten.

Die Trennungen zwischen Philosophie, Psychologie und Neurowissenschaft ranken um die Frage nach der Dualität zwischen Körper, Geist, Seele oder Einheit. Manche Menschen sind fasziniert von früheren Leben, trotz der Tatsache, dass sie damit noch mehr Geschichte »anhäufen«. Der Weg zur Freiheit besteht darin, aus der Geschichte herauszutreten. Freiheit stellt sich ein, wenn wir verstehen, wie wir uns von der Anhäufung von Bildern und damit von der Geschichte und der damit einhergehenden Isolation trennen können – wie wir aus der Ursache-und-Wirkung-Struktur, unserem zeitlich begrenzten Ego, aus dem endlosen Kreislauf von Geburt und Wiedergeburt aussteigen können. Dann erst bekommen wir eine Ahnung von Einheit und Schönheit und sehen allmählich auch die Schönheit in anderen Menschen.

___Vertrauen und Hingabe

Der dritte Schlüssel ist Vertrauen. Gehen wir noch einmal zu unserem vorigen Beispiel zurück: Wenn Sie der Bitte Ihrer Nachbarin entsprechen – das heißt darauf antworten – und die Verantwortung für die Pflege ihrer Pflanzen übernehmen, dann bekommen Sie mit der Übernahme der Verantwortung automatisch ein besseres Verständnis für Pflanzen. Vertrauen folgt immer dann, wenn wir für etwas einstehen, zu dem wir eine Beziehung haben. Wenn Ihre Nachbarin Sie später anruft und sagt, sie habe vergessen, ein paar weitere Pflanzen zu erwähnen, die in einem Zimmer im oberen Stockwerk stehen, dann werden Sie durch das Vertrauen und das Verständnis, das Sie erlangt haben, in der Lage sein, auch für diese Pflanzen Verantwortung zu übernehmen.

Durch Verantwortlichkeit verstehen Sie mehr, durch Verständnis entwickeln Sie mehr Vertrauen, und durch Vertrauen haben Sie mehr Verantwortung. Wir können mit Verantwortlichkeit, Verständnis oder Vertrauen beginnen. Für die christlichen Mystiker war es Vertrauen, für die Hindus war es Verständnis und für die Buddhisten war es Verantwortlichkeit. Es spielt keine Rolle, wo Sie beginnen, da sich alle drei ergänzen. Was tut denn der Geist (oder das Ego), wenn Unsicherheit herrscht? Er klammert sich sofort an das Bekannte – die Vergangenheit. Vertrauen impliziert, dass wir uns von der Vergangenheit lösen. Dabei klammern wir nicht an das, was wir kennen. Weisheit stellt sich niemals ein, wenn man sich an Wissen klammert; sie stellt sich dadurch ein, dass man sich für etwas öffnet, das man nicht kennt. Dies kann nur durch Vertrauen geschehen oder durch das, was im Buddhismus Hingabe genannt wird. Auch hier wiederum müssen wir uns genau ansehen, was es hier bedeutet.

Wie Buddha einst sagte: »Vor allem dürft ihr nicht glauben, was ich sage; prüft es, und wenn es eurer eigenen Erfahrung entspricht, so nehmt es an.« Hingabe bedeutet, dem Unbekannten größeren Wert beizumessen als dem Bekannten. Sich hingeben bedeutet, nach den christlichen Mystikern, vertrauen; allerdings geht es nicht darum, in einen Menschen oder in eine Idee Vertrauen zu setzen – obwohl dies automatisch geschieht, wenn wir aufhören, uns mit Bildern zu befassen.

Wir alle haben Angst davor, uns zu verlieben und verliebt zu sein, weil Liebe nicht kontrolliert werden kann – sie ist das Unbekannte. Aggression dagegen ist voraussagbar – wir können entsprechend unserer Aggression handeln. Liebe ist absolut nicht voraussagbar, und wenn wir uns für all das, was geschehen mag, öffnen, haben wir keine Garantie auf Erfolg; zudem lassen wir zu, dass wir verwundbar werden. Vertrauen heißt, sich völlig zu öffnen; doch wenn wir dies tun, werden wir manchmal mit Menschen in Berührung kommen, die uns ausnutzen. Aber es ist besser, von einem anderen betrogen zu werden, als sich selbst zu betrügen, da das Betrogenwerden durch andere uns energetisch nicht verletzt.

Betrügen Sie sich jedoch selbst, so wird Sie das verletzen, weil davon Bilder, das Ego, Emotionen betroffen sind. Eines sollten Sie nicht vergessen: Werden Sie im Leben einmal betrogen oder meinen Sie, Sie würden betrogen, dann hat dies nicht unbedingt etwas mit Ihrem Karma zu tun und ist keineswegs als Bestrafung für eine zuvor begangene Tat anzusehen.

Selbst in der Hingabe ist das Ego noch immer präsent, weil wir es brauchen, um auf der biologischen und der psychobiologischen Bewusstseinsebene zu funktionieren. Ohne das Ego wären wir nicht in der Lage, unser Leben zu führen; das Ego hat seinen eigenen Wert, und es beeinträchtigt die psychospirituellen Vorgänge nicht. Wenn diese drei Schlüssel: Verantwortlichkeit, Verständnis und Vertrauen zusammenwirken, stellt sich das Gefühl vollkommener, uneingeschränkter Freiheit ein.

Freiheit in Beziehungen

Erleben wir Verantwortlichkeit, Verständnis und Vertrauen, so sind wir in Berührung mit der Freiheit der gegenseitigen Verbundenheit; diese hat einen erheblichen Einfluss darauf, wie wir uns in der Außenwelt fühlen. Wir erfahren uns offener, sind gelassen und uns unserer Möglichkeiten bewusst; wir sehen, dass das Leben in Beziehungen unsere natürliche Seinsweise ist. Sobald wir jedoch Konflikte und Spannungen in einer Beziehung erleben, denken wir gewöhnlich, wir müssten die Lage analysieren und sie irgendwie »durcharbeiten«. Die meisten von uns, die eine Therapie machen, tun dies aufgrund von Beziehungsproblemen; letztlich entdecken wir, dass das wahre »Problem« darin besteht, dass wir keine Beziehung zu uns selbst herstellen können oder nicht einmal wissen, wer die Beziehung herstellen soll und wozu.

Bewusstsein und Meditation

Viele Menschen praktizieren Meditation, um ihre Lebensqualität zu verbessern. Was genau meinen wir mit Meditation? Es gibt verschiedene Formen der Meditation und verschiedene Techniken, die wir ausprobieren können: Wir können uns zum Ziel setzen, den Geist zu beruhigen, die Gedanken zum Schweigen zu bringen und Transzendenz zu erreichen, oder wir können eine Form der Meditation praktizieren, bei der wir lediglich beobachten, wie wir sind, und dadurch nach und nach eine bessere Verbindung zu uns selbst bekommen.

Die Abwesenheit des assoziativen Denkprozesses, der die Vergangenheit und die Zukunft miteinbringt, ist die wirksamste Form der Meditation, wenn wir die Beziehungen zu uns selbst und zu anderen verbessern wollen. Hier ist die Achtsamkeit auf das *Leersein* gerichtet; auf diese Weise geraten wir in einen ganz bestimmten Seinszustand. Woher kommen die Gedanken? Es ist leicht, den Anfang eines Gedankens zu beobachten, die

Bewegung seines Verlaufs und sein Ende. Denken ist immer die Beschreibung von etwas. Gedanken sind das, was wir »Blumen des Bewusstseins« nennen. Das Bewusstsein entspringt nicht dem Gehirn; es ist eine Beobachtungskette, die auf dieselbe Weise durch das Gehirn übermittelt wird, wie Übermittlungen auf einen Fernsehbildschirm gelangen.

Das Denken entspringt dem Bewusstsein, also kann es nur aus dem Potenzial, den Qualitäten kommen. Und das Bewusstsein ist ein Teil der Qualitätsaura. Wenn wir dies wahrhaft sehen, so hat das eine ungeheure Wirkung auf unsere ganzes Sein. Es bedeutet, dass alles, was wir tun, von einem Gedanken in Gang gesetzt wird – einem Gedanken, der eine Beschreibung ist. Bewusstsein wird – in Form von Erinnerungen – immer all das enthalten, was Sie jemals in Ihrem Leben getan haben – nicht in einer Struktur von Bestrafung und Belohnung, sondern als Teil des gesamten Bewusstseins. Ganz gleich, welche Schritte Sie in Ihren Bestrebungen unternehmen, sie werden zu der Atmosphäre des Bewusstseins beitragen.

Welche Folgen hat das? Es bedeutet, dass das Unbekannte oder die Angst davor einzig durch den Kontakt mit unseren Qualitäten aufgelöst werden kann. Jetzt wird auch verständlich, weshalb die Mystiker der Meditation eine so große Bedeutung beimessen. Meditation ist nicht nur die Abwesenheit vom Denken – es ist die Erkenntnis, dass Gedanken die individuellen Blumen des Bewusstseins sind und dass man, will man die menschlichen Vorgänge verstehen, sich nicht mit den Gedanken, sondern vielmehr mit dem Bewusstsein selbst befassen muss. Die Beschreibung, welche die Gedanken hervorbringen, kann etwas sehr Schönes sein, aber sie ist niemals die vollstandige Wirklichkeit. Meditation ist schlichtweg die Bewegung, dem Qualitätsteil des Bewusstseins mehr Raum zu geben als der Beschreibung.

Bewegung in der Stille

Kein noch so umfangreiches Wissen, keine Interpretation, keine Beschreibung und kein logisches Verstehen können jemals einen Menschen befreien. Nur die Bewegung in der Stille kann Freiheit hervorbringen. Der Geist jedoch nimmt Stille als etwas Gefährliches wahr und lebt in der Illusion, er verkörpere die Wirklichkeit. Stille erzeugt eine Offenheit, die uns sehen lässt, dass es nicht nur eine Wirklichkeit gibt. Das erschüttert das Sicherheitsgefühl des Geistes. Was können wir also tun, wenn nur Stille den Geist befreien kann, der Geist jedoch Angst vor der Stille hat? Der Geist kann sich nicht selbst befehlen, er solle sich entspannen und sich nicht vor der Stille fürchten. Tut er das, so wird er zwangsläufig mit Angst reagieren, weil Stille sein Sicherheitsgefühl ins Wanken bringt. Und jedes Mal, wenn Unsicherheit aufkommt – und sei es nur für eine Sekunde –, wird der Geist sofort versuchen, tausend Wege zu finden, um das Sicherheitsgefühl wiederherzustellen.

Wir können auf verschiedene Weise ein Sicherheitsgefühl erzeugen – beispielsweise, indem wir uns Glaubenssystemen oder Ideologien anschließen; wir können aber auch die Meinung vertreten, Stille an sich habe keinen Wert, da wir nur durch Denken, Reflektieren und Analysieren lernen könnten. Der Geist behauptet, Stille sei nichts – aber betrachten Sie einmal die Schönheit des Wortes *nichts* (engl. *nothing*). Kein Ding (engl. *no thing*). Was immer der Geist tut, er erzeugt stets ein Ding. Stille ist kein *Ding*. Glauben heißt nicht, das wirklich zu leben, woran man glaubt; der Akt des Glaubens ist ein Mittel, bestimmte Ideen im Geist zu bewahren. Stille nimmt all das fort.

Wenn Sie beim Meditieren eine bestimmte Technik benutzen, dann meditieren Sie nicht. Sie wollen selbst an etwas glauben, und Ihr Geist meditiert anhand einer bestimmten Technik. Selbst im Schlaf gibt es keine Stille. Unsere Träume zeigen das ganz deutlich. Das Gehirn könnte selbst während des Schlafes ohne Träume sein, zumindest ohne deren Deutung. Aber wir sind so unsicher, dass wir sogar das Bedürfnis haben, unsere Träume zu deuten; sie stellen jedoch nicht das gesamte Bild dar.

Wenn wir meditieren – eine Bewegung, bei der gleichzeitig Stille eintritt –, können wir nur dann ohne Interaktion oder Interpretation, Schlussfolgerung oder Identifikation dasitzen, wenn der motivative Denkvorgang aktiv ist. Es ist so, als wäre der assoziative Denkvorgang der Wagen, während der motivative Denkvorgang der Fahrer ist. Oder stellen Sie sich einen Seiltänzer vor, der in der Stille zentriert ist. Das Zentrum ist Stille.

Dies verlangt, dass man sich weniger auf Ziele konzentriert und den assoziativen Denkvorgang nicht übermäßig aktiviert. Der motivative Denkvorgang kann die Führung übernehmen. Im spirituellen Sinne bedeutet das Wort *Führung* übrigens nicht, abhängig von irgendjemand oder irgendetwas zu sein – es kommt von der Bewegung, die sich ergibt, wenn man einfach durch Stille in einem stetigen Fließen begriffen ist, ohne etwas erreichen zu wollen. So fließt zum Beispiel ein Fluss von dem Gebirge aus, dem er entspringt, ins Meer; in dem Augenblick, wo er seinen Lauf nimmt, ist er sich jedoch nicht bewusst, dass er im Meer enden wird. Er fließt einfach. Andererseits muss gesagt werden, wenn Sie zu entspannt sind, werden Sie vermutlich einschlafen oder Ihr Geist wird so von Fantasien bevölkert werden, dass Sie vergessen, was Sie tun.

Vollkommene Harmonie oder vollkommenes Gleichgewicht erreicht man, indem man bereit ist für das, was *dazwischen* ist, und dieser Zustand des Dazwischenseins kann einzig durch den motivativen Denkvorgang eintreten. Die Motivation besteht hier nicht darin, irgendetwas zu erreichen, vergessen Sie das nicht. Wenn man den Seiltänzer so betrachtet, bekommen seine Bewegungen plötzlich Eleganz. Auch der ganze Vorgang beginnt dann, leicht auszusehen. Immer wenn zu viel Konzentration oder zu wenig Konzentration an den Tag gelegt wird, und immer wenn es zu viel Motivation gibt, etwas zu erreichen, geht die Eleganz verloren. Bemühen Sie sich einmal, sich zu verlieben, und Sie werden am Ende fürchterlich verkrampft sein. Bemühen Sie sich, Liebe zu bekommen; bereits der Akt des Bemühens an sich wird Liebe verhindern. Die Motivation sollte vielmehr einfach da sein, zentriert in der Ruhe – wie der Seiltänzer –, und darauf ausgerichtet sein, sich ein kleines bisschen vorwärts zu bewegen.

Derselbe Vorgang geschieht im körperlichen Immunsystem. Der Körper kann ein hervorragendes Lernwerkzeug für den Geist sein. Ist das Immunsystem zu aktiv, wird es überreagieren. Ist es nicht aktiv genug, werden wir anfällig für verschiedene Arten von Krankheiten. Ein gut funktionierendes Immunsystem ist tatsächlich der perfekte Seiltänzer. Man kann immer von seinem Körper lernen, aber man ist nicht nur der Körper; ebenso kann man immer vom Geist oder der Aura lernen, aber man ist nicht nur Geist oder Aura.

Wenn wir nicht die richtige Einstellung zur Meditation haben, dann identifizieren wir uns entweder mit dem Körper, dem Geist oder dem Aurasystem. Der Seiltänzer kann sich nicht mit dem Fuß identifizieren, den er aufsetzt, weil er sofort den anderen Fuß in Bewegung setzen muss. Er kann sich nicht mit seinen Armen identifizieren, die er ausgestreckt hält; er muss vorwärts gehen, »fließen«, während er jeder Reaktion, jeder Empfindung und jeder Bewegung, die sich vollziehen, gewahr sein muss.

Wenn Sie sich mit dem Vorgang des Denkens auseinandersetzen, womit Sie alles und jeden in Ihre Beobachtung einschließen, dann haben Sie Chance, Teil des Bewusstseins zu werden. Wenn Sie vom Inhalt der Gedanken zu der Beobachtung des gedanklichen Vorgangs übergehen, dann werden Sie ganz plötzlich entdecken, dass Sie weder kämpfen noch sich rechtfertigen müssen, da Sie keinen persönlichen Standpunkt einnehmen. Wir können Stille und Depersonalisierung nicht voneinander trennen. Immer wenn sich Bewegung ohne Stille vollzieht, agieren wir aus unserem Selbstgefühl heraus. Ruhe erzeugt Raum. Ohne Stille können wir das Denken nicht erforschen.

Stille und Bewegung

Um uns darüber klar zu werden, wie wir sind und wie wir uns in der Welt bewegen, müssen wir Stille lernen – nicht nur die Stille in der Meditationsausübung, sondern auch in unserem alltäglichen Leben. Schon allein, sich abends ein paar Minuten Zeit zu nehmen, um hinauszugehen und den Himmel zu betrachten, kann uns helfen, zur Ruhe zu kommen, in der wir mit unserem wahren Bewusstsein und der Qualitätsaura verbunden sein können. Wenn wir uns beispielsweise verwirrt fühlen oder nicht weiterwissen und schließlich eine Verbindung zu unserem umfassenderen Bewusstsein herstellen, dann nehmen wir durch die Qualitätsaura – die Atmosphäre der Seele – Verbindung zu der Führung auf. Dies impliziert eine Bewegung in der Stille, das heißt, es vollziehen sich keine Denkvorgänge der Assoziation. Wenn Sie merken, dass Sie anfangen, nach Worten zu suchen, um es zu beschreiben, dann sind Sie wieder beim Denken. Lassen Sie das Denken vorbeiziehen, und beobachten Sie, was geschieht.

Der Beobachter, der den zeitlosen Beobachter beobachtet, ist kein Teil von Ihnen; er ist jene Instanz, die Sie überlebt. Sie »sind« der Körper, der Geist und die Aura. Der Beobachter ist auf irgendeine Weise mit der Qualitätsaura verbunden. Die Seele hat vielleicht eine Verbindung zu dem Beobachter, der den zeitlosen Beobachter beobachtet, aber sie hat absolut nichts Persönliches. Immer wenn Sie in Verbindung mit dem Beobachter sind, der den zeitlosen Beobachter beobachtet, sind Sie in Verbindung mit der Welt. Wie Krishnamurti so schön sagte: »Wir sind die Welt.« Wenn wir in Verbindung mit dem Beobachter sind, sind wir nicht nur in Verbindung mit den anderen – wir sind in Verbindung mit allem, das jemals war und jemals sein wird. Wir erkennen, dass unsere eigene Schönheit, unsere eigenen Schwächen auch von allen anderen Menschen geteilt werden und dass wir keiner moralischen oder theoretischen Strukturen bedürfen. Aus diesem Bewusstsein heraus entstehen Demut und Mitgefühl. Der Vorgang der Depersonalisierung und der Meditation – der richtungslosen Bewegung in der Stille, weg vom Persönlichen – bringt uns in Verbindung mit dem zeitlosen Beobachter: mit dem universellen Bewusstsein, dem Schöpfer, Gott, dem Tao oder wie immer Sie es nennen. Und genau das ist es, was mit Spiritualität gemeint ist.

Liebe und Kreativität

Der Kern, in dem unsere Qualitäten existieren, ist die Liebe. Es entspricht unserer Natur, zu lieben. Mein Sohn Fabian zum Beispiel ist liebevoll, weil er sich bereits der Natur der Liebe bewusst ist; er weiß, was es heißt, Liebe zu erfahren, und je mehr ich ihn liebe, desto mehr wird er es genießen, denn er hat die Freiheit, Liebe zu geben und zu empfangen.

Wartet man darauf, Liebe zu bekommen, und meint, man sei erst danach imstande, selbst Liebe zu geben, ist dies ein Zeichen dafür, dass die eigenen Qualitäten nicht frei fließen können.

Stellen Sie sich ein Gemälde mit einer ländlichen Landschaft vor, mit Feldern, Bäumen, vielleicht auch einem Fluss. In der Mitte dieses Bildes befindet sich zudem ein Engel. Auch ein Haus ist zu sehen, das mangels Pflege heruntergekommen ist und jetzt renoviert werden müsste. Dieses Haus symbolisiert alle Ihre Probleme und Schwächen – Ihre rebellischen Qualitäten. Das Gemälde umfasst also das vernachlässigte Haus, die pittoreske Landschaft und den Engel. Wenn Sie nun das Bild studieren – spielt es da wirklich eine große Rolle, ob Sie genau wissen, wann der Künstler einen bestimmten Teil malte und in welcher Farbe? Ist es nicht wichtiger, sich das ganze Bild anzuschauen?

Genau dasselbe gilt für die Qualitäten. Sie sind es sich selbst schuldig, Ihre Qualitäten zum Ausdruck zu bringen – es ist wie bei einem Kunstwerk: In dem Augenblick, wo es beendet ist, bedarf es nicht länger Ihrer Aufmerksamkeit. Die Liebe liegt in der Schöpfung selbst, mit all ihrer Unvollkommenheit. Das beendete Bild ist nicht notwendig für das Leben des Künstlers; er lebt nicht durch das Bild. Vielleicht ist wichtig für ihn, was es ihm finanziell einbringt, aber seine Qualitäten kommen durch den Akt der Schöpfung zum Ausdruck, nicht durch das Ergebnis.

Betrachtet man das Bild, ohne sich Zeit dafür zu nehmen, kommt man nicht in Berührung mit seiner Ganzheit, seiner Einheit. Sehen Sie sich das ganze Bild an: Sie werden es nur verstehen, indem Sie sich vollkommen hineinvertiefen, und nicht, indem Sie wissen möchten, wann welcher Teil geschaffen wurde. Denken Sie daran, dass der Geist glaubt, wenn er wüsste, wie das Bild erschaffen wurde, er es auch verstehe. Vom Blickwinkel des Energiekörpers aus gewährt der Geist einen Einblick in Teilaspekte des Bildes, aber dieses partielle Verstehen wird kein Empfinden und kein Verständnis für das gesamte Werk enthalten.

Das ganze Bild sehen

Als Energiekörper sind wir bereits durch die Schwerkraft, durch Raum und Zeit begrenzt. Identifizieren wir uns mit dieser Begrenzung, besteht die Gefahr, dass wir uns selbst noch mehr einengen, bis zu dem Punkt, wo das Vorhandensein des Energiekörpers nicht mehr gesehen oder gefühlt werden kann. Der Künstler, der das Bild malte, würde Ihnen vermutlich nicht sagen können, mit welcher Farbe er begonnen hat oder in welcher Reihenfolge er die einzelnen Elemente des Bildes malte. Picasso antwortete einmal auf die Frage, welches seiner Bilder er am liebsten hätte: »Was für eine Frage! Das, an dem ich gerade arbeite, mag ich am liebsten. Wenn ich die anderen lieber hätte als dieses, wäre ich nicht imstande zu malen.« Wenn er einmal nicht malte, wurde er depressiv – ein Zeichen, dass er seine Qualitäten dann nicht zum Einsatz brachte. Eine Beziehung kann ich nur zu einer Sache herstellen, mit der ich momentan beschäftigt bin, das heißt, nur zu etwas, das noch nicht beendet ist. Sobald es beendet ist, ist es fort, »freigelassen«.

Die Frage ist nicht, wie viel Liebe man bekommt, sondern, wie viel Liebe man gibt. Wenn Sie fühlen, dass jemand Sie liebt, dann müssen Sie bereits eine Vorstellung davon haben, was Liebe ist. Um imstande zu sein, die Vorstellung von Liebe zu nähren, müssen Sie zuerst Liebe in sich fühlen, müssen Sie die Erfahrung machen, dass Sie Liebe geben. Wenn jemand Sie nicht liebt, dann steht hinter Ihrer Angst, nicht geliebt zu werden, letztlich das Gefühl von Trauer – darüber nämlich, dass Sie nicht selbst die Chance bekommen, zu lieben. Man nimmt Ihnen die Gelegenheit, das Geschenk der Liebe zum Ausdruck zu bringen. Sie sind traurig, weil Sie fühlen, dass man Ihnen nicht erlaubt, Liebe zu geben, mit ihr nach außen zu gehen.

In dem Augenblick, wo Sie versuchen, Vollkommenheit zu erreichen, unterbrechen Sie die Verbindung zu Ihren Qualitäten. Liebe existiert im Zustand der Unvollkommenheit, und wenn Sie nach Vollkommenheit streben, zerstören Sie die Liebe. Die christlichen Mystiker nannten dies Bescheidenheit oder Demut. Es ist nicht notwendig, Vollkommenheit zu suchen; notwendig ist lediglich, die eigenen Probleme und Schwächen zu betrachten und zu erkennen, dass sie Zeichen dafür sind, dass die Qualitäten nicht wirklich zum Einsatz gekommen sind. Wenn Sie überzeugt davon sind, dass Ihre Vergangenheit, Ihre Geschichte, Ihre Kindheit der Grund ist, warum Sie jetzt so sind, wie Sie sind, dann sind Ihre Erinnerungen an das, was mit Ihnen geschehen ist, von dieser Überzeugung beeinflusst.

Das bedeutet, unser Leben ist viel weniger durch unsere Kindheit beeinflusst als durch die Bilder, Erinnerungen und Vorstellungen, die wir damit verbinden. Wir sind seelisch weniger durch unsere Kindheit geschädigt als durch die traumatisierende Weise, wie wir uns daran erinnern. Wenn Sie sich noch einmal das Beispiel von dem Bild mit dem Engel, dem heruntergekommenen Haus und der Landschaft vor Augen halten und wenn Sie glauben, dass Sie nur das Haus in Ordnung bringen müssen, um ganz zu werden, dann werden Sie den Engel nicht sehen. Sie werden nur das Haus sehen und das, was Sie tun müssen, um es herzurichten – was Sie zu Ursache und Wirkung führt.

Die Aktivität und der Prozess des Schöpfens ist eine Bewegung mit und hin zu etwas. Die Qualitäten arbeiten immer durch die Lebensatmosphäre oder die Seinswirklichkeit. Die Folge ist, dass beispielsweise ein Bild während des Malvorgangs mehr und mehr zu einem Ganzen wird; wenn Sie es allerdings auf die Zeit, auf Ursache und Wirkung beschränken, dann gibt es keine Verschmelzung zwischen der Qualität und dem eigentlichen Tun. Das Ganze, die Einheit ist in keiner Weise mystisch – es ist einfach die Bewegung der Qualität in Verbindung mit dem Tun; durch diesen Prozess wird die Einheit erzeugt.

Platon nannte es *eudaemonia*, es ist das griechische Wort für Seelenverbindung. So wie eine sehr offene, eine von Herz zu Herz führende Verbindung uns ermöglicht, Menschen so, wie sie sind, wertzuschätzen, so eröffnet uns eine Seelenverbindung eine zusätzliche Dimension. Wir sehen dann unsere Beziehung im Hinblick darauf, wie die Menschen sein könnten und wie wir selbst unter ihrem Einfluss werden könnten. Wenn wir jemanden lieben, wenn wir eine Herzensverbindung haben, so bezieht sie sich auf die körperlichen und die geistigen Bewusstseinsebenen. Konflikte auf der Herzebene führen zu Auseinandersetzungen über den Charakter. Haben wir jedoch eine Seelenverbindung, so werden unsere Qualitäten gefördert, denn sie können sich durch Liebe Ausdruck verleihen. Auf der seelischen Ebene entstehen keine Konflikte, und das Ausleben der Qualitäten wird unterstützt.

Freundschaft basiert auf einer Verbindung der Seelen, bei der die Qualitäten zum Tragen kommen und man sie in ihrer Ausdrucksgebung unterstützt; es muss jedoch nicht unbedingt eine körperliche oder sexuelle Verbindung sein. Damit eine Beziehung dauerhaft und bereichernd ist, genügt es nicht, lediglich auf der sexuellen und der Herzenergieebene zu harmonieren. Es muss ebenso eine Verbindung auf der Seelenebene geben, damit die Qualitäten unterstützt werden. Das ist auch der Grund, weshalb es so wichtig ist, Freundschaften und ein gut funktionierendes Netzwerk sozialer Kontakte zu haben.

Liebe und Trauer

Da Liebe das Vehikel ist, das die Qualitäten trägt, können sie in Erscheinung treten, wenn Liebe vorhanden ist – sie tun es aber nicht zwangsläufig. Sie können Ihren Partner lieben, aber das ist noch keine Garantie dafür, dass die Qualitäten zum Ausdruck kommen. Die Qualitäten werden nicht durch irgendeine bestimmte persönliche Handlung unterdrückt. Obwohl Sie lieben und geliebt werden, haben Sie vielleicht keine Verbindung zu Ihren eigenen Qualitäten, zum Energiekörper und dem Seelenbewusstsein. Eine Veränderung kann man nur herbeiführen, indem man das Muster durchbricht – ganz gleich, wie es aussehen mag –, damit die Qualitäten nicht weiterhin unterdrückt werden. Gehen Sie zurück zu der Quelle, nehmen Sie wieder Verbindung mit Ihrem Energiekörper auf, der die Qualitäten beherbergt.

Der Vorgang, in dem man sich hin zur Stille bewegt und die Forderungen des Ego für eine Weile vergisst, birgt Möglichkeiten zur Entfaltung sowie die Chance, eine Erweiterung der eigenen Grenzen zu erfahren. Unser Körper entspannt sich dabei, und wir fühlen uns psychisch weniger in Abwehrhaltung. Wir sind in einem Zustand, wo wir uns von etwas berühren lassen. Im Grunde sind wir alle süchtig nach Berührung – sei sie körperlich oder seelisch –, weil sie den Neurotransmitter Serotonin im Gehirn freisetzt.

Es ist schwierig, über einen längeren Zeitraum hinweg in diesem Fluss der Liebe zu bleiben, da der Geist stets rege ist. Die Vorgänge des Geistes stehen in Einklang mit dem biopsychologischen Bewusstsein, aber nicht unbedingt mit dem psychospirituellen Bewusstsein. Um mit der Quelle der Liebe verbunden zu bleiben, müssen wir mit unseren Gefühlen der Trauer verbunden bleiben. Trauer ist die Brücke zur Liebe. Manchmal werden Sie, wenn Sie im Zustand der Trauer sind, in einer Situation stecken, in der es absolut keine Möglichkeit des Entkommens gibt.

Wenn jemand, der Ihnen nahesteht, im Sterben liegt, so kann es sein, dass Sie, kurz bevor der Betreffende stirbt, Selbstmitleid überkommt. Sie grämen sich, weil dieser Mensch Sie verlässt, und Sie haben Angst davor, allein zurückgelassen zu werden. Nehmen Sie an, dass es absolut keine Hoffnung auf eine Genesung mehr gibt und dass der Mensch unausweichlich sterben wird. In dieser Lage wäre es ziemlich grausam, dem Sterbenden zu sagen: »Du wirst nicht sterben, es wird dir bald wieder besser gehen.« Wenn Sie ganz und gar in Einklang mit dem Sterbenden sein können, dann werden Sie eine völlige Veränderung Ihres Gefühls erleben. Sie werden zwar Trauer empfinden, gleichzeitig aber auch eine ungeheure Welle der Energie spüren, die weder Glück noch Freude ist. Sie sind selbst in einem Zustand, wo Sie wissen, dass es absolut nichts gibt, was Sie für oder gegen die aktuelle Situation tun können; und es ist dieser Zustand, den die Mystiker das *Sterben des Ego* nannten.

Wenn Sie ganz und gar in Einklang mit etwas stehen und sich nicht in irgendwelche Vorwände oder Ausreden flüchten, dann geraten Sie in den Zustand der Trauer. Diese Trauer markiert das Ende Ihrer Geschichte und damit den Weg zur Liebe. Liebe ist am Anfang, nicht am Ende Ihrer Geschichte. Liebe ist das »Blühen« des Erlöschens. Bevor Sie – bildlich gesprochen – sterben können (vergessen Sie nicht, dass der Vorgang des Sterbens der Vorgang der Trauer ist), müssen Sie in einem Zustand sein, wo Sie absolut nicht vor Ihren Problemen oder Schwächen davonlaufen. Der Schlüssel dazu ist das vollkommene Gewahrsein (und nicht nur das Akzeptieren) dessen, was Sie vor Augen haben, eine direkte Beobachtung dessen, was da ist, sowie des Prozesses, der vonstatten geht.

Sich auf die Liebe zubewegen

Liebe ist genau dieselbe Bewegung wie Trauer. Sie können Liebe nicht heraufbeschwören und auch nicht vermeiden können. Sie können Liebe nicht manipulieren. Es scheint, dass die Menschen mehr Angst vor der Liebe haben als davor, kritisiert zu werden. Liebe zerstört das Ego sogar noch mehr als Trauer. In einem Abschnitt des Buches *Ein Kurs in Wundern* ist zu lesen: »Es gibt nur Licht. Licht ist hier ein Symbol für Liebe. Wenn Menschen sich zum Licht hinbewegen, wird ihre Angst größer. Es sind nicht unsere Unterschiede, unsere Probleme, die wirklich Angst machen. Es ist das Licht.« Oder, um es mit den Worten Carl Gustav Jungs zu sagen: »Ein Mensch hat am meisten Angst davor, vollkommen zu werden.« Vollkommen sein bedeutet hier, wie jeder andere zu sein, und sich nicht mit den eigenen Vorlieben und Abneigungen, Kenntnissen, Einstellungen, Überzeugungen – und allem, was wir uns zusammenkonstruieren, um unser Selbstgefühl aufzubauen – zu identifizieren.

Trauer gehört zum Sterbeprozess des Ego. Mitgefühl – das ist Liebe in Verbindung mit Trauer – ist im Universum ständig präsent, und jeder von uns ist Träger dieser Flamme. Diese Trauer oder Liebe ist der Energiekörper, der aus der Qualitätsaura und der Seele besteht. Wir können die Qualitätsaura »Atmosphäre der Seele« nennen, ohne genau zu wissen, was die Seele eigentlich ist; es genügt, zu erkennen, dass sie eine höhere Schwingung hat, nicht im Sinne irgendeiner Wertigkeit, sondern bezüglich ihrer Frequenz. Es ist ein Naturgesetz, dass höhere Schwingungen oder höhere Energieebenen immer niedrigere Ebenen durchdringen und nie umgekehrt.

Schwächen haben eine niedrigere Schwingungsfrequenz. Zu Beginn unseres Lebens besteht eine riesige Anzahl hoher Frequenzschwingungen; später tritt der Körper-Geist in Erscheinung. Wir können nicht darauf hoffen, eine höhere Schwingung durch den Körper zu erreichen, aber höhere Energie kann auf subtile Weise niedrigere Energie durchdringen. Der Geist ist im Körper, aber er ist nicht der Körper selbst.

Das Aktivieren der Qualitäten

Wie lange wollen wir noch mit unseren Schattenseiten kämpfen? So kämpfte beispielsweise Paulus gegen Jesus und seine Lehre; auf seinem Weg nach Damaskus erfuhr er plötzlich Erleuchtung und Verwandlung. Erleuchtung ist ein Zufall. Wenn wir dazu ausersehen sind, diese Energie oder die Flamme durch unser Leben zu tragen, ist es ganz natürlich, dass sie versucht, sich mit allen verfügbaren Mitteln und in jeder nur möglichen Ausdrucksform so lange zu manifestieren, bis sie sich völlig ungehindert offenbaren kann. Daher sind alle psychischen Probleme und Schwächen ein Ausdruck, eine Antwort und ein Zeichen vom Körper-Geist, der sich mit der Qualität verbinden will. Immer wenn die Qualitäten, die zur Liebe gehören, nicht zum Ausdruck kommen dürfen, wird eine Reaktion oder ein Zeichen vom Körper-Geist erfolgen. Dies geschieht nicht nur aufgrund dessen, was in Ihrer Kindheit geschehen ist – obwohl dies eine gewisse Rolle spielen mag –, sondern hauptsächlich deshalb, weil Sie, wenn Sie Ihre Qualitäten nicht nutzen, sanft ermahnt werden, wieder Verbindung mit ihnen aufzunehmen. Wir müssen unsere Qualitäten zum Ausdruck bringen dürfen. Verlieben wir uns beispielsweise, so können wir unsere Liebe mit jemandem teilen, und achtzig Prozent unserer Schwächen und Probleme sind plötzlich verschwunden, weil unsere Qualitätsstruktur mit einem Mal aktiviert ist.

Jedes psychische Problem ist ein Versuch, zur Qualität zurückzufinden, ist ein Symptom, dass der Betreffende nicht mit seinen Wurzeln, seiner wahren Natur in Verbindung ist. Da das Wesen eines jeden von uns die Liebe ist, wird die Liebe stets irgendwie versuchen, »hindurchzuscheinen«. Sie ist wie die Sonne, die ständig versucht, die Wolken zu durchdringen. Sie gibt nicht auf, und die höhere Schwingung wird immer die niedrigere Schwingung absorbieren. Es gibt kein Energiesystem und keine Körperarbeit, die Liebe aktivieren könnten. Wenn wir uns dessen wirklich bewusst sind, beginnt der Geist Nachforschungen anzustellen: Was versucht die Schwäche zu erreichen, mit welcher Qualität will sie sich wieder verbinden? Welchen Teil der Qualitätsaura will sie zum Ausdruck bringen?

___In Verbindung mit der Seele treten

Die englische Mystikerin Evelyn Underhill sagte: »Solange du nicht in Verbindung mit der Seele bist, wird ein riesiges Feuer in dir brennen. Selbst wenn du die Seele erreichst, hast du immer noch dieses ungeheure Feuer in dir, weil du niemals weißt, ob die Seele, die du meinst, erreicht zu haben, wirklich die Seele ist (…) Daher muss man ganz und gar bei dem bleiben, was da ist, ohne Ausflüchte zu suchen.«[4]

Wenn wir mit den niedrigeren Schwingungen, das heißt, unseren Schwächen arbeiten, haben wir den Wunsch, die Schwäche loszuwerden, und zudem die Angst, dies könnte uns vielleicht nicht gelingen. Diese Angst nimmt alle Energie in Anspruch, die dazu genutzt werden könnte, sich mit den höheren Schwingungen zu verbinden. Manche Schwächen sind das direkte Gegenteil ihrer entsprechenden Qualität. So ist zum Beispiel Scheu (Zurückhaltung) eine Qualität, deren Merkmal es ist, nicht der Meinung zu sein, man wisse stets alles – eine hervorragende Qualität, die in der christlichen Terminologie als Demut bekannt ist. Ihre Bedeutung hängt von der spezifischen Atmosphäre und der persönlichen Struktur des Einzelnen ab und davon, wie der Betreffende mit alltäglichen Situationen in seinem Leben umgeht.

Jede Schwäche ist eine Manifestation, eine Antwort, mit der man versucht, wieder in Verbindung mit der Qualität zu kommen; daher müssen wir versuchen zu verstehen (wenn auch nicht im intellektuellen Sinne), was diese Qualitätsaura genau ist. Sie ist das, was Buddha mit dem Wort *Achtsamkeit* meinte. Liebe ist der Grund dafür, dass Ihr Körper-Geist funktioniert und lebendig ist. Daher werden Sie jedes Mal, wenn etwas geschieht, was der Liebe feindlich gesinnt ist, wach, achtsam. Wäre Ihr Ursprung nicht die Liebe, könnten Sie unmöglich wachsam für irgendeine Schwäche sein. Die Schwächen würden dann einfach keine Rolle spielen. Dass Sie sich der eigenen Schwächen überhaupt bewusst sind, bedeutet, dass Ihr Fundament die Liebe ist. Dass wir uns unserer Schwächen bewusst sind, ist allein schon der Beweis für das Vorhandensein des Energiekörpers oder der Qualitätsaura.

___Der Mut zur Präsenz

Wir müssen den Mut haben, das zu tun, was Jesus, Buddha, Krishna und all die großen Mystiker sagten: ganz und gar präsent sein, nur beobach-

4 Evelyn Underhill, *Practical Mysticism*, Ariel Press, 1987.

ten, was da ist, und eine Beziehung dazu herstellen. Immer wenn Sie mit den niedrigeren Schwingungen arbeiten, erzeugen Sie eine Distanz. Liebe ist die vollkommene Abwesenheit von Distanz. Die Abwesenheit von Distanz ist Erleuchtung. Jede Schwäche ist eine verzweifelte Suche des Körper-Geistes, wieder in Verbindung mit der Seele oder Qualitätsaura zu kommen – das heißt, wieder fähig zu sein, das Licht der Liebe auszustrahlen.

Liebe und Bewusstsein sind nicht dasselbe. Bewusstsein wird durch Liebe erzeugt; Liebe wird nicht durch mehr Bewusstsein erzeugt. Daher gilt: Was immer Sie tun, Sie können Liebe nicht »herstellen«. Wenn Liebe Energie wäre, dann würde Liebe durch einen sehr starken Energiefluss erzeugt, aber in Wirklichkeit geschieht dies nicht. Mehr Bewusstsein ist keine Garantie für mehr Liebe, Liebe ist jedoch eine Garantie für mehr Bewusstsein.

Der Prozess der Liebe

Bewusstsein und Verstehen gehen Hand in Hand. Jedes Mal, wenn Sie versuchen etwas zu verstehen, setzen Sie der Bewegung der Liebe Grenzen. Sie können Liebe nicht verstehen. Sie können einen anderen Menschen lieben, aber in dem Augenblick, wo Sie versuchen, ihn zu verstehen, schränken Sie die Liebe ein. In dem Augenblick, wo Sie versuchen, eine Schwäche zu verstehen, entfernen Sie das Element der Liebe, und damit kann die höhere Schwingung die Schwäche (oder das Problem) nicht absorbieren. Sie können so viel Bewusstsein anhäufen, wie Sie wollen, Sie werden dadurch nicht mehr Liebe in Ihr Leben bringen. Die Wahrheit ist, dass Liebe nicht an bestimmte Voraussetzungen gebunden ist. Sie ist bedingungslos. Wenn der Geist diesen Prozess sieht, tritt zum ersten Mal wahre Entspannung ein. Die Dinge fügen sich einfach zusammen. Es ist nicht ein Prozess des Loslassens. Denn wer würde denn loslassen? Es gibt ja kein Verlangen, sich zu widersetzen oder anders sein zu wollen. Es ist das *Tathata* des Buddha, was ganz einfach heißt: Es ist, wie es ist.

Genau in diesem Moment der Trauer kann die Qualitätsaura, kann die höhere Schwingung beginnen, den Körper-Geist zu durchdringen, und damit findet die Transformation zur Liebe statt. Liebe bedarf keiner Anstrengung. Eines der größten Missverständnisse ist, man müsse zuerst Liebe bekommen, ehe man sich selbst und andere lieben kann. Sich selbst zu lieben ist in Wirklichkeit die Bewegung, andere zu lieben, denn immer wenn Sie jemanden lieben, erkennen Sie, dass nur ein sehr kleiner Unterschied zwischen Ihnen und den anderen besteht. Plötzlich geht Ihnen auf, dass Sie dadurch, dass Sie andere lieben, sich selbst lieben, weil Sie begreifen, dass es derselbe Vorgang der inneren Ausdrucksgebung ist.

Ganz gleich, was da ist, beobachten Sie es einfach in aller Achtsamkeit. Fragen Sie nicht, warum es da ist, fragen Sie nicht, ob es Ihnen gefällt, fragen Sie nicht, ob es Ihnen irgendwie nützen könnte oder nicht. Treten Sie einfach aus der Zeit heraus. Was immer auftaucht, seien Sie einfach in Verbindung damit. Jedes Mal, wenn Sie in Verbindung mit dem sind, was da ist, selbst wenn es unerträglich ist, wird Liebe da sein. Immer wenn Liebe da ist, geschieht Transformation.

Bei der inneren Ausdrucksgebung geht es in erster Linie ums Beobachten und darum, es sich selbst mitzuteilen. Etwas beobachten und darin zu verweilen ist der Prozess der Liebe. Die Mystiker wussten, dass Liebe die Bewegung weg von sich selbst ist. Wenn die Bewegung zu sehr auf einen selbst gerichtet ist, wird sie zum Narzissmus, zur Selbstliebe, die destruktiv ist. Sich von sich selbst wegbewegen bedeutet wirklich, sich vom Körper-Geist wegbewegen, hin zum Energiekörper, und den Körper-Geist als das zu sehen, was er ist – ein wunderbares Instrument, das einen Zweck hat: die Flamme zu tragen, das heißt, den Energiekörper und die Seele.

Zuerst nehmen wir unseren Körper-Geist wahr, der einen Anfang und ein Ende hat und daher in der Zeit oder der Dualität strukturiert ist; dann sehen wir etwas, das nicht in der Zeit strukturiert ist: Liebe. Trauer ist die Brücke von der Dualität zur Nichtdualität. Liebe ist die Atmosphäre, in der diese Bewegung stattfindet.

Von der Angst zur Trauer

___Liebe ist unabhängig davon, wer wir sind

Ganz gleich, welche Empfindungen wir unserem Leben entgegenbringen, ganz gleich, was wir über unsere Fähigkeiten oder unsere Intelligenz denken, die Gefühle Glück, Liebe und Freude sind vollkommen unabhängig davon, wer wir sind. Ob wir in den Zustand des Glücks kommen, hängt lediglich davon ab, ob wir die Brücke von der Dualität zur Nichtdualität überqueren können, und diese Fähigkeit ist absolut unabhängig von Wissen. Alle langsamen Gefühle setzen weder Anstrengungen noch intellektuelles Verstehen voraus. Darum verlieben wir uns, trotz all unseren Schwächen; deshalb können wir, während wir in der Natur spazieren gehen, plötzlich ein Gefühl des Glücks erleben.

Unsere Gesellschaft basiert auf Wettbewerb und ständigen Vergleichen, selbst wenn es um Spiritualität geht. Das Einzige jedoch, das wir brauchen, sind wir selbst, so wie wir mit unseren Schwächen und Qualitäten sind. Liebe, Glück und Freude haben nichts mit Wettbewerb zu tun. Deshalb sollten Sie sich als Erstes vergegenwärtigen, dass Sie nichts anderes benötigen als das, was Sie bereits haben, um die Brücke von der Trauer zur Liebe zu überqueren.

___Der Mut, die Brücke zu überqueren

Warum ist es so schwierig, diese Brücke zu überqueren? Wenn trotz allen Schwächen Glücklichsein möglich ist, warum fällt es dann so schwer? Der Geist wird natürlich weiterhin bestrebt sein, es intellektuell zu verstehen, aber wiederum hat es nichts mit Verstehen zu tun. Denn wenn wir diesen Weg gehen, sind wir sofort wieder in der Falle des Wissens, des Lernens, der Leistung und des Wettbewerbs.

Das Einzige, womit wir uns wirklich zu befassen haben, ist die Angst, nicht geliebt zu werden – sie ist in Wirklichkeit die Trauer darüber, dass wir keine Gelegenheit haben, unserer Liebe Ausdruck zu verleihen, sie mitzuteilen und unser Potenzial und unsere Qualitäten in Erscheinung treten zu lassen. Jedes Mal, wenn wir uns vom Wissen oder von dem, was uns bekannt ist, wegbewegen, stellt sich natürlicherweise Angst ein. Sobald wir das erkennen, ist die Angst nicht länger unser Feind. Vielmehr ist sie das erste Anzeichen dafür, dass wir innerlich wachsen, dass wir uns von Bindungen lösen.

Von Buddha gibt es eine sehr schöne Aussage: Es sei ziemlich leicht, sich von materiellen Dingen zu lösen; viel schwieriger jedoch sei es, sich von unseren Glaubenssystemen, Gedanken und inneren bildlichen Vorstellungen freizumachen.

Wir treten erst dann wahrhaft aus dem Kreislauf von Geburt und Wiedergeburt heraus, wenn wir uns von unserem eigenen Bewusstsein lösen. Dies steht in völligem Gegensatz zu all dem, was wir landläufig über das Erlangen von Bewusstsein hören, und es erfordert Mut, dieses Wissen hinter uns zu lassen.

Loslösung und inneres Wachstum

Sich vom Bewusstsein zu lösen bedeutet, sein ganzes Dasein in Frage zu stellen, seine gesamte Existenz zu gefährden. Dies bringt automatisch Angst mit sich, da es impliziert, dass wir alles, was uns bekannt ist, hinter uns lassen müssen; es ist der Prozess, sich zum Unbekannten hin zu bewegen. Sich von unserem Bewusstsein zu lösen bedeutet, verwandelt zu werden, bedeutet Erleuchtung. Buddha drückte es in der *Majjhimanikaya* folgendermaßen aus: »Der Vollendete ist durch die Abweisung und Entäußerung aller Meinungen und aller Ichheit ohne Anhaften erlöst.« Man kann nur dann erleuchtet werden, wenn man imstande ist, mit der Angst zu leben. Daher erhebt sich die Frage: Sehen Sie die Angst als Feind oder als Zeichen dafür, dass Sie sich auf etwas Neues zubewegen? Ohne Angst gibt es keine Chance für eine Verwandlung oder für wirkliches inneres Wachstum. Wenn Sie Angst auf der spirituellen Ebene um jeden Preis vermeiden wollen, werden Sie nie spirituell werden, und Sie werden nicht imstande sein, in den Genuss langsamer Gefühle wie Freude oder Glück zu kommen. Und wenn Sie mit dem Tod konfrontiert werden, werden Sie sich an alles klammern, womit Sie sich identifizieren, und werden daher nicht in Frieden sterben können, weil Ihre verbleibende Energie mit der Angst kämpfen wird, anstatt sich der natürlichen Bewegung – die daraus besteht, sich auf der anderen Seite aufzulösen – hinzugeben.

Angst ist das erste Anzeichen dafür, dass Sie im Grunde auf dem richtigen Weg sind. Wenn sich Angst einstellt – das Zeichen, dass Sie sich auf das Unbekannte zubewegen –, machen Sie in Wirklichkeit einen Schritt heraus aus der Bindung, und an diesem Punkt ist es immens wichtig, nicht zu reagieren. Wenn absolut keine Reaktion da ist, erfolgt ein ungeheurer Zuwachs an Gewahrsein. Bekämpfen Sie dagegen die Angst, begrenzen Sie Ihre Perspektive; Sie werden dann nicht zu dem scharfsinnigen Wahrnehmungsinstrument, das Sie sein könnten. Kämpfen Sie auf der psychospirituellen Ebene gegen die Angst, so beschränken Sie sich auf das, was Sie jetzt sind. Was Sie jetzt sind, ist nicht das, was Sie morgen sein könnten.

Stellen Sie sich vor, Sie seien ein Samenkorn. Es spielt keine Rolle, welche Art Samen Sie genau sind, denn ein Samenkorn ist sich nicht dessen bewusst, was es später einmal sein wird. Aufgrund seiner Beschaffenheit ist sich ein Samen lediglich bewusst, dass er Samen ist – eine Metapher für Potenzial. Der Samen als Form – mit seinem Bewusstsein, ein Samen zu sein – muss sterben, wenn er wachsen will, um sein Potenzial auszuschöpfen, das heißt, um ein Baum zu werden, eine Pflanze oder was auch immer. Nehmen wir an, der Samen hat einen Geist, so wie wir, der sich entwickelt, sich aber gleichzeitig in einem Konflikt befindet – er hat das Gefühl, es gäbe irgendwo noch mehr Chancen für ihn, aber er weiß nicht, ob er ein Samenkorn bleiben und in diesem Wissen verharren soll, das er über sich selbst hat. Trotz größten Anstrengungen kann der Geist des Samenkorns nie wissen, was er werden wird. Nicht einmal im Augenblick des Sterbens wird er sich dessen bewusst sein, da er im Augenblick des Sterbens – dem Moment, wo er seine Form ändert – kein Samenkorn mehr ist und sich daher nicht mehr bewusst sein kann, was er ist.

Auch mit aller Mühe wird sich das Samenkorn nicht vorstellen können, dass aus ihm, nachdem es gestorben ist, ein Baum werden wird. Alle seine Vorstellungen über sein zukünftiges Selbst werden stets eine Illusion sein. Und dann, eines Tages, durchschaut der Samen die Illusion und sieht, dass er nur dann sein Potenzial ausschöpfen kann, wenn er Verwandlung zulässt.

Die Angst annehmen

Das Warten auf das Ende des Lebens, wo man körperlich stirbt und der Körper sich auflöst, ist nicht der Sterbeprozess, von dem wir hier sprechen. Wenn Sie warten, bis Sie im Sterben liegen, dann haben Sie das Ziel Ihres Lebens verfehlt. Sie haben es versäumt, Ihre eigene Schönheit in Ihrem Leben zu erfahren.

Keiner von uns weiß, wann er sterben wird; die einzige Gewissheit ist, dass es geschehen wird; der Tod an sich ist nicht wichtig. Die Bereitschaft des Samens zu sterben, ohne zu wissen, was aus ihm werden wird – darauf kommt es an. Das Durchlaufen des Verwandlungsprozesses macht Angst, und die Angst selbst *ist* der Prozess des Wissens, dass man auf dem Weg ist, sein Potenzial zu werden – selbst wenn man gar nicht weiß, was das sein wird. Kurz vor dem Augenblick der Verwandlung hat man nur noch das Bewusstsein, dass man Angst hat. Wenn alle Samenkörner sich so verhalten würden, wie unser Geist es tut, dann gäbe es kein Leben auf der Erde und die Welt wäre schon lange ausgestorben. Verwandlung geschieht nicht, weil man bestimmte Anstrengungen unternommen hat oder ein spezielles Bewusstsein hat; sie geschieht, wenn man die Angst annimmt und willkommen heißt. Angst ist immer der Prozess, ein Zeichen, dass Sie sich zum Unbekannten, zum Neuen hin bewegen. Wollen Sie lieber ein Samenkorn bleiben, das schön ist, aber eine begrenzte Form hat, oder wollen Sie sich verwandeln?

Ohne Angst kann es keine Verwandlung geben. Alle Mystiker sowie uralten Schriften geben uns Informationen über die dunkle Nacht der Seele, das Jammertal, das Stadium der Verwirrung. Der Geist will natürlich Verwandlung, ohne sich ins Unbekannte begeben zu müssen, so wie der Samen sofort ein Baum werden möchte; doch dies ist schlichtweg nicht möglich, es ist gegen die Natur.

Wenn der Geist aufhören kann, auf die Angst zu reagieren, verschwindet sie plötzlich. Sie ist einfach nicht mehr da, und es gibt nur noch Achtsamkeit, Gewahrsein. Sie stehen dann unwillkürlich am Rand der Brücke der Achtsamkeit. Es ist bekannt als wahllose Achtsamkeit oder wunschlose Achtsamkeit – ein Seinszustand, in dem die Achtsamkeit nicht auf einen spezifischen Gegenstand konzentriert ist, sondern reine Achtsamkeit ist.

Hin zur Achtsamkeit

Was geschieht, wenn Sie beobachten und das Bewusstsein nicht in zwei Teile spalten – das heißt, in die Person, die achtsam ist und beobachtet, dass sie gewahr ist, und in die Person, die diese Achtsamkeit ist?

Stellen Sie sich vor, Sie sitzen vor einer riesigen Wand mit Hunderten von Fernsehgeräten, und auf jedem Gerät läuft ein anderes Programm. Sie sehen nichts anderes als diese Bildschirme. Stellen Sie sich vor, dass diese Fernsehgeräte die Vorgänge in Ihrem Gehirn verkörpern. Im ganzen Raum gibt es zudem kein anderes Licht als das Licht, das von den Bewegungen auf den Bildschirmen erzeugt wird. Ab und zu gehen ein oder mehrere dieser Fernsehgeräte aus. Zunächst merken Sie keinen Unterschied; nachdem fünf Programme abgeschaltet worden sind, ist also noch keine Veränderung sichtbar. Noch immer sind dieselben Geräusche, eine Menge Informationen und viel Licht im Raum.

Wenn nun langsam ein Programm nach dem anderen abgeschaltet wird, wird Ihnen stärker bewusst werden, welche Programme noch laufen. Wenn Sie einen Punkt erreichen, wo nur noch sechs Fernsehgeräte angeschaltet sind, ist es sehr leicht, alle laufenden Programme zur Kenntnis zu nehmen. Plötzlich können Sie die Worte besser hören, ihre Bedeutung, die Musik, und Sie konstatieren, dass zudem weniger Licht vorhanden ist. Ein weiteres Fernsehgerät geht aus und dann noch eins, bis nur noch ein einziges übrig ist. Jetzt können Sie sich gut konzentrieren, können gut verstehen, sehen, und noch immer ist Licht da. Jetzt schalten Sie das letzte Gerät aus. Es herrscht Stille, es gibt keine Informationszufuhr und kein Licht mehr.

Exakt an diesem Punkt stellt sich Achtsamkeit, Gewahrsein ein. Plötzlich sind Sie ganz und gar bei sich. Es ist dunkel, es ist still, und es ist nichts zu sehen. Vielleicht denken Sie, etwas sei nicht in Ordnung, und versuchen, den Bildschirm des Geistes wieder anzuschalten. Wenn Sie jedoch Ihren Denkvorgang nicht neu aktivieren – dies dauert gewöhnlich zwei oder drei Minuten –, dann werden Sie wieder Licht sehen. Dunkelheit ist nur so lange Dunkelheit, bis sich das Gehirn daran gewöhnt hat. Das ist Gewahrsein. Gewahrsein, wenn es nicht aufgespalten ist, wird zu Stille. Stille ist die Abwesenheit von Angst. Stille ist das erste Zeichen dafür, dass Sie in etwas Neues eingetaucht sind, wo Sie nicht mehr an Wissen, Definitionen, Erfahrungen und Geschichte gebunden sind.

Was geschieht im Zustand des Gewahrseins und der Stille? Die Vergangenheit und das Bekannte existieren nicht mehr. Vielleicht haben Sie zum ersten Mal das Gefühl, dass Sie nicht von Ihren Mitmenschen getrennt sind und dass Sie wie alle anderen sind. Ihre Gefühle, auch die schnellen Gefühle, sind wie bei allen anderen Menschen auch nichts anderes als natürliche Prozesse. Ihre persönliche Geschichte verändert das Gesamtbild ein wenig, aber da sind immer noch die universellen Gefühle, wie Schuldgefühle, Aggression, Eifersucht, Habsucht, das Sichvergleichen mit anderen, Selbstmitleid, Zweifel, Schuldzuweisung, Verpflichtungsgefühl – all das gehört zum Menschen dazu. Befreiung bedeutet nicht, dass man sich von diesen Gefühlen, Emotionen und Vorgängen frei macht. Befreiung heißt, zu erkennen, dass all das nichts mit der eigenen Geschichte zu tun hat. Das ist gemeint mit »aus dem Kreislauf von Geburt und Wiedergeburt herausfallen«, aus dem Karma »herausfallen« – es geschieht nicht deshalb, weil wir nicht menschlich wären, sondern weil wir nicht länger auf unsere individuelle Geschichte beschränkt sind.

Gewahrsein ist die Fähigkeit, zu sehen, dass all das, was uns geschieht, jeden Tag auch Millionen anderen Menschen geschieht, ungeachtet der Gesellschaft oder Kultur, in der sie leben.

Die Atmosphäre der Trauer

Trauer ist nicht Kummer, Gram oder Selbstmitleid, nicht das Gefühl, nicht geliebt oder nicht akzeptiert zu werden. Trauer ist eine Atmosphäre, die aus der Erkenntnis hervorgeht, dass das Samenkorn, das heißt die eigene Geschichte, zu Ende ist. Der Samen ist unsere Geschichte, aber das Potenzial und die Ausdrucksgebung des Samens – der Baum – ist mehr als eine individuelle Geschichte. Jesus hat dafür das schöne Beispiel vom Aussäen des Samens gegeben, von dem ein Teil in den Dornbusch fällt, ein anderer Teil auf steinigen Boden und ein dritter Teil auf noch eine andere Stelle. Es geht nicht um den Samen an sich – jeden Tag werden Millionen von Samenkörnern ausgesät. Es geht um die Ausdrucksgebung des Samens in Form des Apfelbaumes. Es macht keinen Sinn, wenn der Apfelbaum lieber ein Birnbaum wäre. Es ist eben ein Obstbaum, seine Früchte sind gewachsen, um gegessen zu werden; es ist ein Lebenszyklus. Genauso wenig ändern unsere individuelle Ausdrucksgebung, unser unterschiedliches Äußeres, unsere Kultur, unser Geschlecht, unsere Geschmäcker und so weiter das allgemeine Ziel.

Welches Ziel? In dem Zustand des Gewahrseins und der Stille, wo Geschichte und Wissen keine Rolle mehr spielen, erkennen wir, dass die Trauer uns alle eint und uns das Gefühl gibt, universell miteinander verbunden zu sein.

Es ist nicht möglich, auf all das Elend und Leiden auf der Welt zu reagieren, aber wenn jemand, den wir persönlich kennen, leidet, empfinden wir Trauer. Stellen Sie sich vor, Sie haben eine Freundin, die eine Fehlgeburt hatte, und Sie sind traurig deswegen. Löst diese Trauer, die Sie für Ihre Freundin empfinden, negative Gefühle in Ihnen aus, deprimiert sie Sie – oder verleiht sie Ihnen ein Gefühl der Nähe, des Mitgefühls? Wenn Sie wirklich Trauer empfinden, wird Letzteres zutreffen. Erstgenanntes wäre Selbstmitleid. Trauer verleiht Ihnen ein Gefühl der Stärke, und dies ist der erste Schritt hin zur Liebe. Wenn wir wirklich glücklich sind, weinen wir dieselben Tränen, wie wenn wir traurig sind – sie können auch physiologisch nicht voneinander getrennt werden. Damit wir uns verwandeln können, müssen wir uns ständig von unserer persönlichen Geschichte lösen. Denken entspringt dem Bewusstsein, und das Bewusstsein gehört zum Qualitätsaspekt. Glück ist ein Seinszustand, in dem das Bewusstsein und die Qualitäten sich durch die Körper-Geist-Aura manifestieren.

Ist der Samen gestorben, kann der Baum nur dann Früchte erzeugen, wenn er sich von seiner »Samenhaftigkeit« löst – mit anderen Worten, um uns wirklich lebendig zu fühlen, müssen wir Gefühle, wie beispielsweise Fürsorge, haben, was bedeutet, dass wir uns von uns selbst lösen. Das Ich ist dann abwesend. Dies ist der Fall, wenn Stille und Achtsamkeit da sind, und das beginnt mit der Trauer. Sie macht einen hilflos – aber in einem positiven Sinn. Trauer lässt einen im Gegensatz zu Selbstmitleid buchstäblich »in Stille stehen«, da man mit den anderen fühlt – das ist Mitgefühl. Trauer erzeugt nicht das Bedürfnis, etwas zu tun. Es lässt einen »tatenlos«. Die chinesischen Meister nannten das *wu wei* – Tun im Nichtstun – ganz da sein, ohne etwas zu tun. Trauer kann sich dann zur Freude hinbewegen. Wenn Sie eine Kirche oder eine andere heilige Stätte betreten, können Sie folgende Beobachtung machen: Je intensiver die gesamte Atmosphäre, desto weniger haben Sie den Drang, zu agieren. Langsame Gefühle sind durchweg Atmosphären, in denen kein Handeln stattfindet. Liebe ist keine Bewegung des Tuns; sie ist eine Bewegung des Seins.

Stellen Sie sich vor, Sie besuchen jemanden, der im Sterben liegt. Wenn Sie nun ständig versuchen, ihm irgendwie zu helfen, dann werden Sie den Prozess stören. Besser ist, Sie sind einfach nur da; nicht, weil Sie dann leichter loslassen können, sondern weil Sie dadurch, dass Sie einfach da sind, die Brücke der Trauer überqueren. Das Nichtreagieren auf die Angst bringt einen direkt zum Gewahrsein und damit zur Stille und zu der Atmosphäre, die Trauer ist – die Fähigkeit, fürsorglich zu sein, voll und ganz da zu sein; und das Ergebnis all dessen ist Liebe, Freude und Glück.

Sobald sich all die langsamen Gefühle und die Trauer von der Vergangenheit wegbewegen, taucht aus dem Nichts das Glück auf. Glück hat keinen Grund und ist nicht in der Zeit strukturiert. Das Ego ist in der Zeit strukturiert, aber das Ego an sich ist nicht das Problem – das Problem ist, dass fälschlicherweise eine Bewusstseinsebene mit der anderen assoziiert wird; dies verursacht all unsere Schwierigkeiten. Wir dürfen niemals vergessen, dass wir auf verschiedenen Bewusstseinsebenen funktionieren – dem außerkörperlichen Bewusstsein, dem Geist-Gehirn-Bewusstsein und dem »Surfen« zwischen den beiden.

Die newtonsche Physik negiert nicht die Quantenphysik, doch beide sind auch nicht ein und dasselbe. Glück bedeutet, aus sich selbst herauszufallen, aus der Vergangenheit herauszufallen. Der Körper hat keine Angst vor dem Sterben. Auch der Geist fürchtet sich im Grunde nicht vor dem Sterben, ganz gleich, ob er es morgen oder in dreißig Jahren tun wird. Gewöhnlich projizieren wir lediglich die Angst vor dem Unbekannten auf das zukünftige Ereignis, das heißt, unseren physischen Tod.

Sich selbst hinter sich lassen

Im Grunde haben wir Angst davor, dass wir unsere Vergangenheit ganz und gar hinter uns lassen müssen; der Geist hat deshalb so viel Mühe damit, weil er nicht mit Leere umgehen kann; daher projiziert er Vorstellungen in die Zukunft und beginnt, ein Bild dessen, was er für den *wirklichen* Tod hält, zu entwerfen. Gleichzeitig kann der Geist sehen, dass diese Projektion in die Zukunft eine Täuschung ist. Wir können vor unserem biologischen Tod nicht wirklich Angst haben, da wir uns nicht richtig vorstellen können, wie er sein wird. Trotzdem hält der Geist an dieser Angst fest, obwohl er weiß, dass dies nicht die wahre Angst ist. Die wahre Angst besteht in der Diskrepanz zwischen diesem Bild des Todes und dem, was wir jetzt fühlen. Sie ist dieses Zwischending der Leere, des nicht Wissens. Also hält sich der Geist an dem fest, dessen er habhaft werden kann, um sich sicher zu fühlen.

Es geht nicht darum, die Vergangenheit zu analysieren; es geht darum, die Angst als das zu sehen, was sie ist. Wir müssen mit allen Identifikationen aufhören, denn sie haben notgedrungen mit der Vergangenheit zu tun. Jesus sagte, indem wir vergeben, befreien wir uns selbst. Der Tod ist kein Ende, er ist die Neuordnung einer Struktur, wie die Knospe einer Blume, die sich öffnet und damit in ständiger Veränderung begriffen ist. Die Form ordnet sich nur selbst neu. Unsere Schwächen bringen uns dazu, uns zu öffnen, führen uns zur Neuordnung; an diesem Punkt müssen wir unsere Schwäche annehmen, sie wirklich sehen und sie als eine Form der Stärke betrachten, die uns hilft, unsere Qualitäten zu erschließen. Die Raupe wird durch einen Umwandlungsprozess zum Schmetterling; die Evolution ist eine ständige Bewegung, die man nicht verstehen kann – man kann sie nur direkt beobachten. Beobachten Sie einfach alles, was da ist: Stärken, Qualitäten und Schwächen gleichermaßen. Wenn Sie die Schönheit an sich selbst sehen können, dann werden Sie auch mit einem Mal die Schönheit um sich herum wahrnehmen. Die Bewegung des Beobachtens dieser Schönheit ist Mitgefühl.

Wie können wir uns selbst helfen, das zu tun? Es gibt ein paar hilfreiche Leitlinien, die uns helfen können, die Brücke der Trauer zu überqueren, doch wenn wir uns zu sehr darauf fixieren (oder zu sehr daran binden), werden wir in einer weiteren Identifikation gefangen sein. Unsere Bindung an irgendein Modell, eine Technik oder eine Reihe von Leitlinien muss so locker sein, dass das, was neu und unbekannt ist, immer »hindurchscheinen« kann. Es ist möglich, den Prozess – die Bewegung von Angst zu Trauer und durch Stille und Achtsamkeit zu Liebe und Freude – in sechs Schritte zu unterteilen.

1. Lernen zu vergessen

Das ist der Prozess der Vergebung. Vergeben bedeutet, sich von der Vergangenheit zu trennen. Lernen zu vergeben bedeutet nicht, zu vergessen, wie man auf der materiellen Ebene funktioniert; es betrifft lediglich die Erinnerung auf der psychospirituellen Ebene. Die Erinnerung auf der psychospirituellen Ebene muss in regelmäßigen Abständen aus dem Gedächtnis schwinden. Sie müssen bereit sein, die Dinge jeden Tag neu zu sehen, zu fühlen und zu hören. Und so können Sie nur leben, wenn Sie sich ständig im Prozess des Vergessens befinden. Benutzen Sie Ihre Erinnerung nur dann, wenn es erforderlich ist. Wenn Sie mit Menschen in Kontakt sind, benötigen Sie die Erinnerung nicht (außer, um Menschen zu erkennen). Der Mensch, den Sie heute treffen, benimmt sich heute vielleicht ganz anders als gestern. Sie können die Dinge nur dann neu sehen, wenn Sie bereit sind, Ihre Vergangenheit und Ihre Geschichte zu vergessen.

2. Lernen, achtsam zu sein

Durch Achtsamkeit werden wir der Dinge gewahr. Achtsamkeit führt zu Achtsamkeit durch Achtsamkeit. Achtsamkeit bedeutet nicht, sich auf sein Bewusstsein zu konzentrieren; sie entfaltet sich in der Stille und stellt sich ein, wenn man etwas erlebt, was neu ist. Das, was neu ist, kommt nur dann auf einen zu, wenn man nicht auf die Angst reagiert. Stille ist die Abwesenheit des Bekannten.

3. In Beziehung sein

Ganz gleich, wie Sie derzeit leben, Sie sollten immer Beziehungen zu anderen unterhalten. Machen Sie es sich zur obersten Priorität, sozial aktiv zu sein. Es gibt Einzelbeziehungen (oder Primärbeziehungen) und soziale Beziehungen. Einzelbeziehungen sind nicht am wichtigsten, obwohl wir darauf konditioniert sind; besonders Frauen dürfen das nicht vergessen, da sie oft das Gfeühl haben, in ihrem Leben fehle etwas, wenn sie nicht in einer Paarbeziehung leben. Heutzutage versuchen sowohl Frauen als auch Männer, mit diesem »Manko« fertig zu werden, indem sie sich in ihre Arbeit stürzen. Eine Primärbeziehung ist nicht essenziell, doch wenn wir nicht in Kontakt mit anderen Menschen sind und keine guten Beziehungen zu unseren Freunden haben, dann stimmt etwas nicht. Beziehungen entstehen durch das Gesetz der Anziehung, die größer wird, wenn Sie Ihren sozialen Beziehungen die oberste Priorität einräumen.

4. Inneren Frieden haben

Was ist innerer Frieden? Viele Menschen suchen ihn, aber er ist nirgendwo zu »finden«. Innerer Frieden stellt sich ein, wenn man kein Bedürfnis nach Rechtfertigung hat und auf das, was da ist, nicht reagiert. Es gibt nur die direkte Beobachtung dessen, was geschieht, ohne jede Identifikation. Das impliziert, dass man sich in der Kunst übt, die Dinge nicht persönlich zu nehmen.

5. Nicht reagieren

Keine Reaktion zu haben ist immer mit innerem Frieden verbunden. Beides geht Hand in Hand. Die Tatsache, dass Sie keine Reaktion haben, bedeutet nicht etwa, dass Sie keinen Standpunkt haben, dass Sie zu allen Dingen Ja sagen, dass Sie nicht Ihre eigenen Grenzen setzen. Keine Reaktion haben bedeutet, nur durch die Atmosphäre der langsamen Gefühle zu reagieren. Es ist das *wu wei*, das heißt, das Tun im Nichttun. Es ist eine Sache des inneren Gleichgewichts.

6. Bescheiden sein

Manchmal befinden wir uns in einer Situation, in der wir erkennen, wie unbedeutend wir sind; dies erzeugt ein Gefühl der Demut. Wir erkennen, dass wir keinen Einfluss darauf haben, wie der Wind bläst, doch andererseits erkennen wir auch unser gewaltiges Potenzial. Wir erkennen, dass wir uns entscheiden können, wie wir die Segel unseres Schiffes – das unser Dasein, unser Leben ist – setzen. Dies erzeugt die langsamen Gefühle Glück und Liebe. Das Schwierigste bei all dem ist die Kunst, sich nicht zu verteidigen. Denn es ist eine natürliche Reaktion und gehört zu unserem Überlebensinstinkt, das, was neu ist, abzulehnen, und das, was alt und vertraut ist, zu schützen. Es mag den Anschein haben, dass wir damit auf Nummer sicher gehen, aber diese Reaktion kann destruktiv sein, weil sie inneres Wachstum verhindert. Wir schützen uns selbst, indem wir an den Dingen festhalten, indem wir blockieren, streiten, uns rechtfertigen, uns mutwillig ablenken und Süchten hingeben.

Dieses Sich-nicht-Verteidigen ist nicht nur wichtig im Umgang mit anderen Menschen und ihren Ansichten; es geht auch darum, sich in seinem Inneren nicht zu verteidigen – in jeder Zelle, jedem Muskel und in den verschiedenen Vorstellungen, die wir von uns haben. Sich-nicht-Verteidigen aktiviert die Seele oder den Energiekörper. Je weniger wir uns verteidigen, desto mehr Liebe ist da. Die Mystiker sprachen von Hingabe, aber das ist nicht dasselbe wie keinen Widerstand leisten. Man kann sich zum Beispiel bestimmten Überzeugungen widersetzen und sich dennoch in einer allgemeinen Atmosphäre des Sich-nicht-Verteidigens befinden. Es scheint sinnvoll zu sein, uns selbst, unser Heim, unser Land und unsere Werte zu verteidigen, aber alle diese Dinge sind vergänglich und können nur für ein begrenzte Zeit geschützt werden. Die Seele ist das Einzige, das es wert ist, geschützt zu werden, doch paradoxerweise wird sie am besten durch Nichtverteidigung geschützt. Nichtverteidigung, als Ausdruck von Liebe, ist letztlich die einzige langfristige Überlebensstrategie.

Die Qualitäten

Die Kunst der Wahrnehmung

Vielleicht haben Sie mittlerweile beobachtet, wie ungemein schwierig es ist, wirklich mit dem eigenen Potenzial verbunden zu sein. Wenn wir versuchen, mit den eigenen Qualitäten in Berührung zu kommen, springt der Geist sofort zurück in die Negativität und behauptet, es sei zu schwierig, in der Atmosphäre der Qualitäten zu bleiben; vielleicht haben Sie das Gefühl, dass Sie noch nicht genügend mit Ihren Qualitäten verbunden sind, oder auch, dass in Ihrem Inneren noch zu viele Blockaden bestehen. Der Grund, weshalb Ihr Geist Ihnen dies einreden will, hat schlichtweg mit dem Prinzip der Evolution zu tun, dem zufolge wir unsere Qualitäten nicht zum Überleben brauchen.

Unsere Qualitäten sind immer vorhanden. Sie können sie nicht entwickeln oder sie loswerden; Sie können nicht einmal das Verdienst dafür in Anspruch nehmen. Sie haben nichts mit Ihnen persönlich zu tun. Sie sind einfach nur ein Teil der Lebenskraft, unser *Qi*, und Sie wurden damit geboren. Der Kern ist daher viel weitreichender als das Problem.

Unsere Qualitäten wollen die Möglichkeit haben, sich auszudrücken, wollen zum Einsatz kommen und gelebt werden. Sobald wir in Verbindung mit unseren Qualitäten sind, begreifen wir, wie nutzlos es ist, Zeit und Energie in die Rückschau auf die Vergangenheit zu investieren.

Ein Mensch, der sagt, er habe durch seine Vergangenheit Schaden erlitten, und ernstlich glaubt, dass dies der Wahrheit entspricht, wird die Vergangenheit aus einer negativen Perspektive betrachten. Wir können unsere Vergangenheit nicht wirklich so sehen, wie sie war – was nützt es da also, darauf zurückzuschauen? Wenn Sie gesund und intelligent sind und keine Probleme haben, werden Sie die Vergangenheit so sehen, wie sie wirklich war. Funktionieren Sie jedoch aus einer neurotischen Struktur heraus, werden Sie nichts anderes sehen als das, was von einer neurotischen Struktur aus zu sehen ist. Das wird dann zu einem psychologischen Spiel.

Es gibt einen schönen Spruch von einem Stamm in Afrika: »Die Gesetze der Natur hören auf, bei dem Menschen zu existieren, der von Gott durchdrungen ist.« Mit anderen Worten, je mehr wir in Verbindung mit unseren Qualitäten sind, desto weniger haben wir es nötig, uns irgendwelchen Gesetzen anzuschließen. Gesetze oder Regeln sind eine Beschreibung von etwas, das wir beobachten. Dabei versäumen wir es zu erkennen, dass die Beschreibung nur in dem Augenblick der Beobachtung Relevanz hat und danach vielleicht nie wieder zutreffend ist.

Die Vergangenheit bedeutet die Abwesenheit von Qualitäten, da die Vergangenheit nicht in die Gegenwart projiziert.

In Wirklichkeit gibt es keine Trennung zwischen dem Unbewussten und dem Bewussten, oder den Qualitäten und Problemen. Wenn wir glauben, diese Trennung bestehe, dann sind wir in einem Kampf zwischen Qualitäten und Problemen gefangen. Es gibt nur einen Geist, von dem das Bewusstsein uns lediglich einen Teil zeigt.

Wenn Sie auf ein Bild schauen und Ihren Fokus immer wieder ändern, so können Sie niemals das Bild als Ganzes sehen. Sie werden es zu verschiedenen Zeiten unterschiedlich wahrnehmen, obwohl das Bild immer dasselbe bleibt. Was bewusst ist, ändert sich ständig.

Es gibt keine Grenze zwischen Bewusstem und Unbewusstem; es gibt nur Ebenen, wo der unbewusste Geist der Dinge weniger gewahr ist, weil der Geist durch das Denken Barrieren schafft. Diese Barrieren entstehen durch unsere Glaubenssysteme, und sie schränken die Perspektive ein. Wir werden nicht nur dadurch beeinflusst, wie wir die Dinge sehen, sondern auch dadurch, welches Bewusstsein wir haben. Die Art unserer Wahrnehmung hängt von unserer Aufmerksamkeit ab; sind wir beispielsweise müde, so haben wir eine andere Art der Aufmerksamkeit.

Das geschieht nicht, weil gewisse Anteile Ihrer Aufmerksamkeit unterdrückt oder unbewusst wären, sondern weil Ihre Gedanken einen Einfluss auf das haben, was Sie am meisten sehen wollen. Weder ist es so, dass die Qualität unbewusst und das Problem hier im Unbewussten wäre, noch besteht da ein unbewusstes Problem, wodurch die Qualität nicht präsent wäre – das alles sind nur Spiele des Geistes.

Die Musik der Qualitäten

Stellen Sie sich die Qualitäten als ein Orchester mit einer Geigerin, einer Pianistin, einem Trommler, einem Cellisten und einem Trompeter vor. Die Instrumente symbolisieren die verschiedenen Qualitäten, die Sie besitzen.

Sie spielen alle dasselbe Musikstück. Doch Ihr Geist ist imstande, von einem Instrument zum anderen zu springen. In einem Augenblick beobachtet er den Cellisten, dann springt er zur Geigerin über. Der Cellist ist noch immer da, und von der Geigerin geht der Geist nun vielleicht zur Pianistin über, was nicht bedeutet, dass die Frau, die die Geige spielt, nicht mehr da wäre. Sie spielt noch immer, aber der Geist konzentriert sich jetzt mehr auf die Frau, die Klavier spielt. Manchmal müssen wir das Klavier hören und manchmal die Geige. Und dann, wenn wir sie zu einem Orchester zusammenbringen, hören wir alle Instrumente, die gleichzeitig dieselbe Melodie spielen. Das ist die Atmosphäre der Qualitäten.

Wenn wir der Musik als Ganzes lauschen, wissen wir nicht, welches Instrument dominanter ist – es ist das Ganze, die Musik als solche, die Atmosphäre, auf die es ankommt. Was unsere Qualitäten betrifft, so sind wir vielleicht nicht in der Lage, sie voneinander zu unterscheiden, noch sind wir uns recht darüber im Klaren, welche Qualität bestimmend ist. Da wir uns mit keiner Qualität identifizieren können und weil es schwierig ist, der Atmosphäre zu lauschen, ziehen wir es vor, uns in die bequeme Identifikation mit unseren Problemen zu flüchten.

Nur durch die langsamen Gefühle können die Qualitäten ausgedrückt werden. Wenn die Qualitäten unser Kern sind, dann ist es jedes Mal, wenn wir langsame Gefühle unterdrücken, so, als nähme man der Qualität ihr Instrument fort – worauf sich automatisch Trauer einstellt. Immer wenn wir uns dieser Unterdrückung bewusst werden, kommt Trauer auf.

Der Seinszustand, bei dem man tief berührt von der Ekstase oder der Freude ist, kann sich nicht einstellen, ehe man diese Trauer nicht empfunden hat.

Sie können Trauer nicht erzeugen. Wenn wir das versuchen, bringen wir nichts anderes hervor als eine Art Ernst, etwas wie Trübsinn, aber nicht wirklich Trauer. In dem Augenblick, wo wir Trauer zu erzeugen versuchen, geraten wir in die »Ismen«, wie den Rassismus, den Sexismus und spirituellen Faschismus, aber wir kommen nicht in Verbindung mit der Trauer. Trauer ist nur möglich, wenn man sich jeglicher Identifikation enthält.

Wir müssen darauf achten, dass wir uns nicht mit einer Qualität identifizieren, denn sonst verdirbt sie. Falls Sie dies verwirren sollte, so wird es Ihnen helfen, wenn Sie sich eher auf die Atmosphäre der Qualität konzentrieren als auf die Qualität selbst. Um noch einmal auf die vorangegangene Analogie zurückzukommen: Konzentrieren Sie sich nicht auf das Klavier, die Geige, das Cello oder die Trompete; konzentrieren Sie sich nur auf den gesamten Klang des Orchesters. Das heißt nicht, dass alle Instrumente die ganze Zeit gleich bedeutend sind – das wäre unnatürlich; manche werden, der Situation entsprechend, die führende Rolle übernehmen.

___Die Merkmale der Atmosphäre

Der Geist wird immer genau wissen wollen, wie die Atmosphäre beschaffen ist und wie er wissen kann, wann er sich in der Atmosphäre der Qualitäten befindet. Es gibt dafür einige Indikatoren, weil die Atmosphäre ihre eigenen Merkmale hat, unabhängig davon, welche Qualität vorhanden ist.

Wenn Sie einem Orchester anhören, dann ist die Atmosphäre der Musik immer diesselbe, egal, ob die Geige dominanter ist oder die Schlaginstrumente fehlen – die Atmosphäre als Ganze zählt.

Achtsamkeit

Der Vorgang der Achtsamkeit erwächst aus unserer Beobachtung. Es ist die Trennung von alten Mustern und der konstante Prozess der Loslösens.

Achtung

Achtung haben ist der Wille, Dinge so zu sehen, wie sie sind – und zu dem, was da ist, nichts hinzuzufügen, noch etwas davon wegzunehmen. Achtung haben bedeutet, die Qualitäten nicht manipulieren zu wollen, sondern sie einfach so zu sehen, wie sie sind.

Anerkennung

Etwas anzuerkennen, bedeutet Ja zu sagen zu einer Beobachtung, ohne sie ändern zu wollen. Wir erkennen an, ohne zu be- oder verurteilen. Wir lassen die gegebene Situation zu und sind bereit, sie als solche hinzunehmen. Wir bestätigen, was wir sehen.

Dankbarkeit

Das ist ein Wort, das Buddha oft verwendete. Der Vorgang der Dankbarkeit besteht einfach darin, das Leben und seine Qualitäten zu akzeptieren, und nichts mehr.

Demut

Demut ist unser einziger wahrer Schutz gegen Machtspiele oder Egoismus. Es mag sein, dass wir uns Schutz durch andere Mittel, wie Rituale oder einen Glauben, erhoffen, aber gewöhnlich verstärken wir dadurch nur unseren Egoismus. Dem Gesetz der Anziehung zufolge können wir, solange wir demütig sind, nicht verletzt werden.

Einfachheit

Einfachheit ist der Vorgang, nichts zu dem Vorhandenen hinzuzufügen. Im christlichen Glauben bedeutet es, nicht zu lügen oder zu betrügen.

Wir erzählen eine Unmenge Geschichten und benutzen dazu unseren Geist, und obwohl die Hälfte dieser Geschichten, die wir erzählen, keine direkten Lügen sind, ist die andere Hälfte doch reine Fantasie. Gewöhnlich fügen wir etwas hinzu, damit wir ein bisschen besser aussehen, interessanter oder auch schlechter, als es tatsächlich der Fall ist. Einfachheit ist der Vorgang, nichts hinzuzufügen. Es klingt leicht, aber es kann äußerst schwierig sein.

Vertrauen

Vertrauen bedeutet, dass wir uns nicht an die Zeit klammern und versuchen, etwa geduldig zu sein; es verlangt, der Zeit keine Bedeutung beizumessen. Benutzen wir nur unseren Geist – der ja in der Zeit strukturiert ist –, so können wir niemals vollkommen vertrauen. Einzig wenn wir uns in der Atmosphäre der Qualitäten befinden, stellt sich Vertrauen ein.

Hingabe

Das Wort Hingabe wird oft missverstanden. Man denkt dabei sofort an Krieg und die Kapitulation vor dem Feind, an die Kapitulation vor einem Menschen, der stärker ist als man selbst, an die Kapitulation vor einer Regierung, vor dem göttlichen Geist. Sich hingeben ist schlichtweg der Vorgang, sich selbst zu vergessen; es ist Vertrauen. Sich hingeben bedeutet, ganz und gar in etwas vertieft sein. So wie wir nicht vertrauen können, wenn wir den Geist benutzen, so können wir uns auch nicht mit Hilfe des Geistes selbst vergessen. Wir können uns nicht selbst befehlen, uns zu vergessen.

Es geschieht nur in der Atmosphäre der Qualitäten, weil die Qualitäten nichts mit uns persönlich zu tun haben.

Verletzlichkeit

Verletzlichkeit ist die Fähigkeit, sich verletzen zu lassen. Es ist wichtig, sich zu erinnern, dass hier die Verletzlichkeit im psychospirituellen Sinn gemeint ist, nicht jene auf der körperlichen Ebene – hier soll keineswegs zum Erleiden von physischem Schaden aufgefordert werden. Vielmehr geht es darum, offen zu sein, dass manche Dinge uns verletzen und wir uns nicht gegen das verteidigen sollten, was vielleicht geschieht (oder auch nicht). Psychisch und spirituell verletzbar zu sein verleiht Stärke, wie sich in den Kampfkunstarten zeigt. Versuchen wir, stark zu sein, so erzeugen wir Schwäche, aber wenn wir einfach offen sind für das, was da ist, erzeugen wir Stärke. Um es mit den Worten des Lao Tzu zu sagen: »Ein Stein mag stark aussehen, aber ein stetiger Wassertropfen wird ihn zerstören.«

Wenn wir die verschiedenen ausgegrenzten Anteile unseres Lebens oder unserer selbst nicht integrieren, werden wir später unvermeidlich auf irgendeine Weise einen Zusammenbruch erleiden. Ein »beschwingter« Mensch – das heißt ein Mensch voller Schwingungen – zu sein bedeutet, ein frei fließendes Energiesystem zu sein, das verletzbar und offen für Neues und Unbekanntes und zudem lebendig und stark ist.

Liebe

Liebe sollte in jeder Atmosphäre zu finden sein und ist einfach die Bewegung hin zu dem, was neu ist. In dem Augenblick, wo wir aufhören, uns zu dem hingezogen zu fühlen, was neu ist, sind wir nicht länger im Fluss der Liebe. Wenn wir in einer Beziehung aufhören, den Menschen, der vor uns ist, als jemanden zu sehen, der gestern so war, morgen jedoch wahrscheinlich anders sein wird, dann schwindet die Liebe. Buddha nannte es *Loslösung* und Krishna nannte es *Nichtidentifikation*. Deshalb können wir uns selbst nicht als etwas Individuelles lieben. Wir müssen sehen, dass das Ego das verkörpert, was alt ist, und dass die Liebe immer die Bewegung hin zu dem ist, was neu ist.

Jede Qualität hat eine Atmosphäre, die aus diesen Merkmalen besteht, die wir spüren können und die unser Handeln bestimmen: Achtsamkeit, Achtung, Anerkennung, Dankbarkeit, Demut, Einfachheit, Vertrauen, Hingabe, Verletzlichkeit und Liebe. Ein Mensch, der sich in dieser Atmosphäre bewegt, geht nirgendwo hin – weder in die Zukunft noch in die Vergangenheit. Es existiert auch keine Beständigkeit, da alles in unaufhörlicher Veränderung begriffen ist. In dieser Atmosphäre wird ein Mensch frei, so dass seine Seele fliegen kann.

Annäherung an den Seinszustand

___Vom Feuer der Verwandlung

Wenn wir die verschiedenen Phasen der Entwicklung oder Erleuchtung durchlaufen, so gehen wir auch durch eine Phase, in der die Gefahr besteht, dass wir unsere Erfahrung wieder verlieren. Wenn etwas schnell passiert, dann ist das Risiko, die Erfahrung zu verlieren, noch größer – beispielsweise besteht immer das Risiko einer Depression, wenn die Erfahrung einer überwältigenden Liebe nicht völlig integriert werden kann. Die englische Mystikerin Evelyn Underhill drückt es so aus: »Es ist der letzte schmerzliche Bruch mit dem Leben der Illusion, das Herausgerissenwerden des Selbst aus der Welt des Werdens, in der all seine natürlichen Gefühle und Wünsche wurzeln, die seinem Intellekt und seinen Sinnen entsprechen, und sein Hineingestoßenwerden in die Welt des Seins, wo es, zuerst schwach und geblendet, nur eine Wüste in der Dunkelheit findet.«[5]

Es gibt keine Verwandlung ohne Feuer. Alle großen spirituellen Lehrer unserer Zeit bezeichnen übereinstimmend die drei Stadien aus Belastung, Drangsal und Einsamkeit als essenzielle Elemente des Weges, der von der Vielheit zum Einen führt, vom Leiden zur Liebe, von der Dualität zur Einheit, von der Trennung zur gegenseitigen Verbundenheit.

___Den Gezeiten vertrauen

Stellen Sie sich vor, Sie betrachten das Meer, und zwei Dinge fallen Ihnen auf: Eines ist das Wasser an sich, und das andere sind die Wellen.

Die Wellen entstehen aus dem Wasser und kehren zu ihm zurück, wobei sie vergehen, das heißt sterben. Stellen Sie sich vor, dass das Wasser das außerkörperliche Bewusstsein repräsentiert und das Kräuseln der

5 Evelyn Underhill, *Practical Mysticism*, Ariel Press, 1987.

Wellen das Geistbewusstsein oder die Gedanken. Das Wasser verkörpert den Energiekörper, während die Wellen für die Geiststruktur stehen.

Und jetzt malen Sie sich im Geist eine Gitarre mit ihren Saiten aus. Wenn Sie eine Saite berühren, so erzeugt das einen Klang, der nicht von der Saite selbst stammt, sondern von dem Klangkörper, auf den die Saite gespannt ist. Die Saiten verkörpern Ihre Gedanken, und der Klangkörper der Gitarre, der die Resonanz erzeugt, symbolisiert das Bewusstsein. Die Gitarre symbolisiert den Energiekörper. Jedes Mal, wenn die Welle oder die Gitarrensaite unabhängig werden möchte, oder jedes Mal, wenn die Saite glaubt, sie sei imstande, einen Klang ohne den Klangkörper zu erzeugen, wird dies zu Spannungen führen. Sie wird entweder zu locker sein, weil sie versucht, getrennt zu sein, und sich vom Körper löst, oder sie wird zu sehr gespannt sein und deshalb reißen.

Die Welle symbolisiert den spielerischen Aspekt des Bewusstseins, der das Wasser ist. Kann die Welle des Wassers gewahr sein, oder, mit anderen Worten, kann das Denken des Bewusstseins gewahr sein? Besteht wahres Gewahrsein, wenn sich das Bewusstsein des Denkens gewahr ist? Besteht wahres Gewahrsein, wenn das Wasser sich der Welle gewahr ist, wenn der Körper der Gitarre sich der Saite gewahr ist – oder ist es umgekehrt?

Verschmilzt der Wassertropfen, der in den Ozean fällt, mit dem Ozean, oder macht der Wassertropfen, der in den Ozean fällt, dass der Ozean zum Tropfen wird? Aus der Beobachtung können wir sehen, dass wenn das Denken sich des Bewusstseins gewahr wird, die Dinge zumeist komplizierter werden. Wird hingegen das Bewusstsein des Denkens gewahr, dann entstehen Glück und Erleuchtung.

Sagen wir beispielsweise, Sie sind bei einem Vortrag, und der Redner dieses Vortrags spricht über »Karma«. Sie wissen nicht, woher der Vortragende seine Ideen über das Karma abgeleitet hat, und Sie hören ihn Worte wie Liebe, Reinkarnation, Gott, Hass, Buddha, Seelen und Engel sagen. Der zuhörende Teil Ihres Bewusstseins, wenn er nur als Bewusstsein – oder Wasser – fungiert, beobachtet lediglich und lässt zu, dass die Information durchsickert. Wenn Sie hingegen von der Ebene aus zuhören, was wir oben als »Wellen«-Aspekt bezeichnet haben, dann hören Sie nicht mehr zu, um Informationen zu erhalten. Dann beginnt eine Debatte in Ihrem Geist, und am Ende des Vortrags werden Sie zu dem Redner gehen und ihm mitteilen, dass Sie andere Meister gehört haben, die sich in einer völlig unterschiedlichen Weise über das Thema Karma geäußert haben.

Wenn Sie andererseits im Zustand eines aufnahmebereiten Bewusstseins sind, dann denken Sie vielleicht: »Was kümmern mich andere Meister?«, nicht aus Mangel an Respekt für sie, sondern einfach, weil es keine Veranlassung gibt, sie in die gegenwärtige Situation einzubringen. Auch konzentrieren Sie sich dann auf Ihre eigene Beobachtung.

Wenn Sie alles lediglich als Information aufnehmen, bis Sie Ihre eigenen Beobachtungen gemacht haben, werden Sie nicht so sehr darum besorgt sein, eine Ideologie zu verteidigen. Was irgendjemand über irgendetwas sagt, ist nicht so wichtig wie Ihre eigenen Beobachtungen darüber.

Selbst wenn jemand, den Sie bewundern und respektieren, Ihnen anhand seiner Beobachtungen, die er von seiner eigenen Warte aus gemacht hat, erklärt, wie das Karma genau funktioniert, hilft Ihnen das kein bisschen, wenn Ihre eigenen Beobachtungen dies nicht bestätigen.

Vertrauen Sie Ihrer eigenen Beobachtung

Das erste Gesetz der Spiritualität lautet: Respektiere und achte jeden Menschen und seine Kenntnisse, verlasse dich aber nicht auf sie, selbst wenn der Betreffende ein Guru, ein Meister oder eine andere Autorität ist, da blinder Glaube dir nicht bei deiner Transformation helfen wird.

Einzig Ihre eigene Beobachtung kann Sie verwandeln. Wenn Ihre Beobachtung sich von der eines sogenannten Gurus unterscheidet, so wird das mehr zu Ihrer Verwandlung beitragen als sein Wissen, das Sie in Ihrem Kopf gespeichert haben. Nehmen Sie so viel Information wie möglich auf. Machen Sie sich jedoch klar, dass, wenn Sie Vorgänge beobachten, die nur diese Informationen untermauern, der ganze Prozess nur halb so viel wert ist, wie wenn Sie den Prozess zuerst selbst beobachten und anschließend eine Bestätigung dieser Beobachtung aus irgendeiner Informationsquelle erhalten.

Verlassen Sie sich nur auf Ihre direkte Beobachtung, unabhängig von jeder Information. In der Spiritualität geht es darum zu lernen, Fragen zu stellen, die nicht auf theoretischen, philosophischen, methodischen Strukturen basieren, sondern Ihrer eigenen, vollkommen unabhängigen Beobachtung entspringen. Sie können den Rest Ihres Lebens über die Liebe philosophieren. Einer wird behaupten, die Liebe bedeute dies, ein anderer, sie bedeute jenes. Es gibt Hunderte verschiedener möglicher Definitionen ... Liebe ist einfach die Bewegung hin zu etwas Neuem, und Sie werden Tausende Möglichkeiten finden, das mit rationalen Argumenten zu widerlegen. Es kommt darauf an, was Sie an sich selbst über die Liebe beobachten. Wenn es gemäß Ihrer Beobachtung in der Liebe darum geht, beim Alten, Vertrauten zu bleiben, dann wird dies die Handlung der

Liebe sein. Es spielt keine Rolle, wie Sie sie beschreiben: Die Handlung wird die Liebe prägen.

Jedes Mal, wenn das Denken mit dem Denken streitet, befasst es sich mit dem »Finger, der auf den Mond deutet«, nicht mit dem Mond selbst. Es konzentriert sich auf die Saite der Gitarre, statt zu sehen, dass die Saite nur das Medium für das Körper-Geist-Bewusstsein ist und ein Mittel zum Erzeugen von Musik. Die Welle ist einfach der spielerische Aspekt des Bewusstseins.

Können Sie Ihrem Geist erlauben, so wach zu sein, dass er auf seine eigene Beobachtung konzentriert bleibt – die das einzig Wertvolle ist, selbst wenn sie in völligem Widerspruch zu den Beobachtungen und Informationen anderer Menschen steht?

Buddha, Jesus, Mohammed und Krishna handelten aus ihren jeweiligen Beobachtungen heraus, selbst wenn diese in direktem Widerspruch zu dem standen, was alle anderen zu dieser Zeit behaupteten.

Eine Beobachtung ist immer revolutionär. Sein Denken an etwas anzupassen, das bereits feststeht, kann befriedigend sein, aber es hat nichts mit Transformation zu tun. Als wir die Bedeutung des Wortes Hingabe erörterten, haben wir gesehen, dass die Verbindung mit der Atmosphäre nicht bedeutet, sich einem Menschen, einem Meister oder Guru hinzugeben, im Sinne von »ausliefern«. Kein Mystiker hat je gesagt: Liefere dich mir aus. Hingabe bedeutet, seine Ideen nur auf das zu gründen, was man anhand seiner Beobachtung sieht, fühlt und denkt. Es bedeutet, dabei keinen Kompromiss einzugehen, ganz gleich, was andere Menschen sagen. Wahrheitsliebe – eine wunderbare Qualität – bedeutet nicht, aufzustehen und zu kämpfen, weil man glaubt, man habe Recht, und jeder andere sei im Unrecht. Es bedeutet, sich in seiner eigenen Beobachtung zu entspannen und zu ihr zu stehen, selbst wenn alle anderen behaupten, sie könne unmöglich stimmen.

Die Wissenschaftler sind die Mystiker von heute. Gute Wissenschaftler werden ihre Ideen immer zuerst auf ihre eigene Beobachtung gründen und sie dann anderen unterbreiten. Wenn die anderen nicht zu derselben Beobachtung gelangen, so stellt der Wissenschaftler deswegen seine Arbeit nicht ein, er gibt nicht auf. Die Kunst der Transformation braucht Mut – eine weitere Qualität der Beobachtung – und Authentizität, was bedeutet, bei seiner Beobachtung zu bleiben, selbst wenn sie vollkommen falsch zu sein scheint.

Wenn Jesus aufgehört hätte, seiner eigenen Beobachtung zu vertrauen, nur weil seine Lehre sich von der seiner Zeitgenossen unterschied, wäre dann der christliche Glaube entstanden? Und wenn Buddha, der ständig von Gelehrten, Philosophen und gläubigen Menschen seiner

Zeit angegriffen wurde, aufgegeben hätte, weil man ihn lächerlich machte und behauptete, seine Beobachtungen seien unsinnig, wo wäre der Buddhismus dann heute?

Vertrauen Sie Ihrer eigenen Beobachtungsgabe, nicht weil Ihre besser oder näher an der Wahrheit liegt als die eines anderen Menschen, sondern weil Sie nur dann Ihren eigenen Weg gehen und Ihre eigene Transformation erreichen können. Wenn die Gitarrensaite berührt worden ist – oder wenn wir einen Gedanken haben –, wird eine Schwingung erzeugt, so dass man den Klang hören kann. Der Klang ähnelt unserer Beobachtung und ist ein Teil des Bewusstseins, nicht des Denkens. Spirituell zu sein bedeutet daher, sich bei der eigenen Transformation nur auf sich selbst zu verlassen; es bedeutet rebellisch und revolutionär zu sein.

Die Atmosphäre ist eine Bewegung, bei der langsame Gefühle und Qualitäten zu einer Gemeinschaft, einer Ehe, einem Seinszustand zusammenkommen. Die Atmosphäre ist ein Seinszustand, und in dieser Gemeinschaft ist das Bewusstsein des Denkens gewahr – und dann stellt sich nicht das Gefühl der Liebe, sondern der Zustand der Liebe ein, nicht das Gefühl einer Qualität, sondern der Zustand von Qualität.

Fühlen und Sein

Es besteht ein Unterschied zwischen *Fühlen* und *Sein*. Ein Seinszustand hat kein Bewusstsein, das vom Bewusstsein getrennt ist. Wenn die langsamen Gefühle Liebe, Freude, Glück, Fröhlichkeit, Trauer und Mitgefühl mit der Qualität verschmelzen, erreicht man das, was man einen Seinszustand nennt. Ein Seinszustand impliziert nicht, dass Sie Gefühle haben – Sie sind ganz einfach. Sie fühlen dann nicht Liebe, Sie sind Liebe. Wenn etwas Liebe oder eine Qualität ist, so ist es ein Seinszustand, kein Gefühl; daher gibt es kein Bewusstsein davon. Sobald sich das Gefühl der Liebe einstellt, besteht eine Trennung zwischen dem Sichbewusstsein des Gefühls der Liebe und – im Gegensatz dazu – dem Bewusstseinszustand, der Liebe genannt wird. Sie geraten einfach in den Zustand des Bewusstseins. Wir sind weder der Aktive noch das Tun, wir sind weder das Gewahrsein des Liebens noch die Liebe.

Ganz gleich, wie kompliziert oder schwierig ein Problem sein mag, die Qualitäten beeinflussen und prägen fortwährend unser Wesen und unser Leben. Der Zwischenzustand – das Dazwischen – kann nicht ausgemerzt werden. Die Welle kann tun, was sie will; sie kann niemals vom Wasser getrennt werden. Es spielt auch keine Rolle, wie wir in der Welt leben – ob wir gut oder schlecht leben, wird keinen Einfluss auf die Seele haben. Weder die Seele noch die Qualitäten können durch unser Handeln verändert werden. Was auch immer wir tun – es ist Teil des Bewusstseins und wird nur noch mehr Bewusstsein erzeugen.

Der Einfluss der Qualität auf der einen Seite und auf der anderen Seite Sie, der Qualität entgegenstrebend – egal, welchen Weg Sie beschreiten –, erzeugen eine weitere Verschmelzung, einen weiteren Beitrag.

Können Sie einen Scharfblick dafür entwickeln, wie Sie mit Dingen umgehen? Wenn ein Mensch immer das Falsche tut, so bedeutet das, dass er (noch) nicht auf einer Bewusstseinsebene angelangt ist, die den Fehler verstehen kann. Fehler als solche sind das Ergebnis von Handlungen, die durch mangelnde Achtsamkeit entstehen. Jedes Mal, wenn wir handeln, ohne uns zuerst unserer Gedanken bewusst zu werden, besteht die Gefahr, dass unsere Handlungen, wenn wir sie im Nachhinein betrachten, wie Fehler aussehen.

Unsere tiefste Angst ist es, zu sehen, dass wir über jedes Maß hinaus mächtig sind. Wir sind untrennbares, freies, reines Bewusstsein, ohne Beschränkung und ohne Kontrolle. Unser Licht, nicht unsere Dunkelheit, erschreckt uns am meisten. Unsere Seele und die Qualitäten, nicht unsere Probleme, machen uns Angst. Dieser Seinszustand, der das Ende der Trennung zwischen Bewusstsein und dem Zustand bedeutet, der sich des Bewusstseins bewusst ist, ist die Kunst des Sterbens.

Das Ende der Trennung

Kann der Geist die ständige Bereitschaft zu sterben kultivieren? Sterben bedeutet weder, dass Ihr Selbstgefühl verschwindet, noch, dass Sie nur noch dahinvegetieren. Sterben ist eine einfache Verlagerung des Fokus, die sich vollzieht, wenn Sie begreifen, dass das, was Sie denken und fühlen oder wie Sie handeln, nur eine kleine Welle Ihres Bewusstseins als solches ist. Es bedeutet einfach, dass, egal, wem Sie begegnen, was Sie mögen oder nicht mögen, was Ihnen an einem anderen Menschen gefällt oder nicht gefällt – dass all dies lediglich spielerische, kleine Wellen des Bewusstseins sind. Sterben bedeutet nicht, dass wir aufhören, unsere eigenen Ansichten zu haben, sondern es bedeutet, dass wir wissen, dass dies bloß kleine Wellen sind, die zum Bewusstsein der Welt beitragen. Sterben ist nicht die Abwesenheit vom Ich; es vollzieht sich dann, wenn wir erkennen, dass das Ich ein Instrument ist, um dem Kern der Seele Ausdruck zu verleihen.

Die Kunst des Sterbens oder das Heraustreten aus der Zeit

Leitlinien für den Prozess

Wenn wir im Leben lernen wollen zu sterben, müssen wir mit dem in Verbindung treten, den wir als zeitlosen Beobachter kennengelernt haben. Wie wir gesehen haben, kann Achtsamkeit (Gewahrsein) nur dann entstehen, wenn man sich jeglicher Beschreibung enthält. In dem Augenblick, wo wir uns einer Sache gewahr werden, ist sie bereits Teil der Vergangenheit, und wenn wir anfangen, sie zu beschreiben, wird der Energiefluss blockiert. Es gibt sechs Feststellungen, die wir als Leitlinien verwenden können, während wir diesen Prozess an uns selbst beobachten.

1. Das Geistbewusstsein bewegt sich langsamer als der Energiekörper oder das außerkörperliche Bewusstsein; Sie sollten also nicht den Fluss blockieren, indem Sie sich auf das konzentrieren, was geschieht. Geistbewusstsein ist Achtsamkeit (Gewahrsein) plus Beschreibung. Jedes Mal, wenn Sie auf etwas aufmerksam werden, sollten Sie es daher nicht beschreiben, sondern lediglich zur Kenntnis nehmen; lassen Sie es zu einer verwandelnden Kraft werden.
2. Denken Sie daran, dass Aggression immer ein Symptom von Angst, Angst ein Symptom von Trauer ist und Trauer – über Stille – eine Brücke zur Liebe bildet.
3. Wenn Aggression ein Symptom von Angst und Angst ein Symptom von Trauer ist, benötigen wir keine Beschreibung und keine Interpretation. Achtsamkeit (Gewahrsein) ist ohne Beschreibung möglich. Nur dann kann direkte Beobachtung erfolgen, und von dieser Warte aus werden die Dinge viel leichter.
4. Wenn wir merken, dass der Geist sich einschaltet und versucht, die Wurzel des Gedankens zu beschreiben, dann erzeugt dies bloß einen anderen Gedanken. Versuchen Sie, sich nur auf den Denkvorgang zu konzentrieren, nicht auf den Inhalt. Wir können nur dann zu der Wurzel eines Gedankens gelangen, wenn wir uns jeder Beschreibung enthalten. Darum geht es in der Meditation. Erken-

nen Sie, dass wir niemals nur einen Gedanken haben. Alles ist da, aber nicht alles ist offenkundig; das heißt, vielleicht sind mehrere Gedanken im Hintergrund unseres Geistes, doch nur einer ist im Vordergrund.
Gedanken sind da, um unser biologisches System zu unterstützen und uns das Reflektieren zu ermöglichen, aber zuerst kommt der Denkvorgang, nicht die Reflexion. Alles, was wir tun müssen, ist, einen Prozess einfach nur zu beobachten, ohne darin einzugreifen, und später darüber nachzudenken – aber meistens tun wir genau das Gegenteil. Wir denken zuerst und hoffen auf einen Prozess, der sich aus unserem Denken ergibt. Die Vorstellung, dass sich eine Veränderung nur dann vollziehen kann, nachdem wir genügend Wissen gesammelt haben oder nachdem wir etwas vollkommen verstanden haben, ist falsch. Der Prozess erfolgt in umgekehrter Reihenfolge: Zuerst vollzieht sich die Veränderung und dann folgt das Verstehen.

5. Die Abwesenheit vom Denken erzeugt einen Seinszustand, in dem langsame Gefühle und Atmosphäre gegenwärtig sein können. Sobald die Beschreibung aufhört, können wir etwas spüren, das den Gefühlen ähnelt – genauer, den langsamen Gefühlen –, die mitten aus der Stille entstehen. Während Aggression aus dem Denken heraus entsteht, geht die Trauer aus dem Nichttun und der Abwesenheit von Denken oder Bewegung hervor. Jeder Gedanke erzeugt ein Gefühl. Alle Gefühle sind mit Gedanken verbunden; die Wurzel des Gefühls ist das Denken. Jedes Gefühl kann einen Gedanken hervorbringen und damit eine Bewegung der Zeit. Die Abwesenheit vom Denken erzeugt die Abwesenheit von Zeit. Die Abwesenheit von Zeit ist ein Moment der Stille; aus der Stille kommt die Bewegung der Liebe, und Liebe ist eine Bewegung hin zu etwas Neuem. Hakuin, einer der größten Zenmeister, sagte: »In dem Augenblick, wo du nicht mehr weißt, was du denken oder fühlen sollst, ist da plötzlich etwas, das mehr ist als Denken und Fühlen: Es ist Erleuchtung.«
6. Wir haben ein Gehirn- oder Geistbewusstsein und ein außerkörperliches Bewusstsein. Wir nutzen unser Gehirnbewusstsein für den Umgang mit den Gedanken und den Gefühlen; das außerkörperliche Bewusstsein besteht aus unserer Atmosphäre, die Teil unserer Qualitäten ist. Das Gehirnbewusstsein ist im Körper strukturiert, im Gehirn. Das außerkörperliche Bewusstsein ist im spirituellen Zentrum verankert, dessen Sitz über dem Herzen und dem Bereich der Kehle ist.

Erleuchtung ist das In-Kontakt-Sein mit der Atmosphäre (oder dem außerkörperlichen Bewusstsein und den Qualitäten). Erleuchtung ist die Abwesenheit des Ichs. Sie ist eine Atmosphäre jenseits von Liebe, Mitgefühl und Glück. Erleuchtung ist das Enden von Verstehenwollen. Während Sie jetzt diese Worte lesen, sollten Sie versuchen, ihre Bedeutung eher zu erfühlen, als darüber nachzudenken.

Diese sechs Feststellungen werden uns helfen, mit dem *zeitlosen Beobachter* in Verbindung zu treten. Wenn wir unsere Gedanken beobachten, werden wir Zeuge, werden wir zu einem Geistbeobachter, der zu unserem Gehirnbewusstsein gehört; der zeitlose Beobachter ist im außerkörperlichen Bewusstsein strukturiert, was eine ganze Reihe von Wahrnehmungen impliziert, die jenseits der Wahrnehmungen des Gehirns liegen. So schaffen wir die Möglichkeit der direkten Beobachtung. Liebe oder langsame Gefühle sind immer mit dem zeitlosen Beobachter verbunden.

Das außerkörperliche Bewusstsein

Unser Gehirnbewusstsein umfasst den Körper, den Geist und das Aurasystem, das neben der ätherischen auch die mentale Aura enthält. Alle Religionen und alle spirituellen Traditionen weisen auf die Existenz von etwas hin, das mehr ist als das Gehirnbewusstsein. Dieses Etwas ist das außerkörperliche Bewusstsein, die Qualitätsaura, das Potenzial, die Qualitäten und zudem etwas, das man Seele oder »andere Dimension« nennen kann.

Wir können die Qualitatsaura und die Qualitäten beobachten, aber wir können nicht wirklich die Seele beobachten. Der Teil, den wir beobachten können, ist der Energiekörper, und wenn wir sterben, besteht eine klare Trennung zwischen dem Gehirnbewusstsein und dem außerkörperlichen Bewusstsein. Solange wir lebendig sind, sind beide tief miteinander verbunden und hängen miteinander zusammen.

Wie wir gesehen haben, hat das Gehirnbewusstsein mit dem Überleben zu tun. Der Körper-Geist braucht keine Musik, keine Liebe oder Freude – er braucht lediglich die Voraussetzungen, um zu überleben. Nur auf der psychospirituellen Ebene oder in der Bewegung vom biopsychologischen Bewusstsein zum spirituellen Bewusstsein reagieren wir auf Liebe, Kunst. Um dies zu verstehen, müssen wir sehen, dass das Gehirnbewusstsein eine langsamere Schwingungsenergie hat als das außerkörperliche Bewusstsein. Ganz gleich, was wir erleben – in dem Augenblick, wo wir es registrieren, sind mindestens 0,5 Sekunden zwischen dem tatsächlichen Erleben und dem Gewahrwerden desselben vergangen; wenn wir also spüren, dass unsere Energie sich bewegt, und versuchen, das Erlebnis zu beschreiben, anstatt einfach darin zu sein, wird der Energiefluss unterbrochen, und wir erzeugen Dualität.

Schwächen erwachsen aus den Qualitäten – das heißt, sie entstehen, weil unsere Fähigkeit, die Qualitäten auszudrücken, irgendwie gestört wurde. Qualitäten sind immer eine Bewegung hin zu etwas Neuem und noch Unerforschtem, hin zur Vorzukunft. Das ist eine Bewegung, die wir nicht mit dem Geist erfassen können. Der Geist ist die Vergangenheit.

Das Ich ist die Vergangenheit. Wir sind fortwährend versucht, uns zu dem hin zu bewegen, was in der Vergangenheit gesehen werden konnte; unsere Interpretation der Schwächen gehört zur Vergangenheit. Auf diese Weise kehren wir immer wieder zu Maja (das heißt, zur Illusion) zurück.

Was geschieht wirklich?

Der Prozess des In-Verbindung-Seins mit dem zeitlosen Beobachter ist der Prozess des Sichlossagens von der Vergangenheit und des Sichöffnens für das, was wirklich geschieht, für die wahre Natur der Wirklichkeit. Das Einzige, was im Leben gewiss ist, ist unser Tod, und wenn wir lernen zu sterben, während wir leben, werden wir zwei Dinge tun: Wir werden den Prozess unseres tatsächlichen körperlichen Todes erleichtern (das bedeutet nicht, ihn zu fördern!), und wir werden den Qualitäten im Laufe unseres Lebens freien Ausdruck verleihen. Hierfür müssen wir lernen, uns der Identifikation mit unserem Körper zu enthalten, uns von Gedanken und Gefühlen zu lösen, so dass wir Verbindung zum Energiekörper, zur Qualitätsaura und zur Seele aufnehmen können. Und denken Sie daran: Wichtig ist nicht, definieren oder beschreiben zu können, sondern nur, die Qualitätsaura zu beobachten.

Schenken wir dem Körper oder den Gefühlen und Gedanken zu große Wichtigkeit, so schränken wir die Qualitäten ein; daher müssen wir uns von Ersteren lösen, gleichzeitig aber darauf achten, die Bedeutung des Körper-Geists nicht zu schmälern – wir trachten nicht danach, Eremiten oder Asketen zu werden, und wir wollen auch nicht so tun, als existiere unser Körper-Geist nicht. Wir versuchen, uns von der Angst vor dem Sterben zu befreien und – was noch wichtiger ist – von der Angst vor dem Leben. Das Problem ist nicht das Ego selbst, sondern, dass wir das Ego als Zentrum unseres Daseins betrachten und uns so verhalten, als wäre der Körper-Geist das Wesentliche in uns. Es ist ein bisschen so, als lebte man in einem Haus und würde dieses Haus fälschlicherweise für alles halten, was man ist.

Ja, wenn wir uns nicht bemühen, den Vorgang des Sterbens zu verstehen, können wir nicht darauf hoffen, unser Leben aus der Fülle heraus zu leben.

Sterben erzeugt keinen Konflikt. Sterben bedeutet, absolut keine Alternativen zu haben – und in diesem Augenblick der Erkenntnis entsteht Stille. Es ist möglich, diese Stille in unserem Leben zu erreichen, ohne körperlich sterben zu müssen, und zwar indem man sich auf einen Sterbeprozess einlässt. Tod und Sterben haben mit Geduld zu tun; wenn wir Geduld haben, hören wir auf, uns für die Zeit zu interessieren; wir leben dann ganz und gar im Hier und Jetzt, in der Vorzukunft.

Wir müssen einen Weg finden, jede Sekunde unseres Lebens so zu leben, als sei es unsere letzte, damit wir keine Energie mit sinnlosen Aktivitäten verschwenden oder es aufschieben, unsere Energie einzusetzen, weil wir nicht sicher sein können, dass wir in einigen Stunden überhaupt noch leben. Andererseits wissen wir niemals wirklich, wann wir sterben werden, und zögern es dennoch hinaus, wirklich zu leben, als wären wir sicher, dass wir hier, auf Erden, unendlich lange sein werden. Nächstes Jahr, sagen wir, werden wir unser Leben in Ordnung bringen. Bis dahin versäumen wir es, unsere Energie zum Leben einzusetzen.

Wenn wir lernen, schon während des Lebens zu sterben, gibt es keine Notwendigkeit zu konkurrieren, zu kämpfen, sich zu rechtfertigen, etwas zu erreichen oder nach etwas zu streben, weil es ganz einfach Energieverschwendung wäre. Ich sage das nicht von einem moralisierenden Standpunkt aus. Vielmehr führt das Heraustreten aus Zeit und Dualität und das Hineingehen in eine Einheit automatisch dazu, dass man gewaltlos wird – und zum Beispiel nicht nur an Gewaltlosigkeit glaubt. Sobald wir aus der Zeit ausgetreten sind, ist Liebe da, und wir alle wollen Liebe. Wir alle wollen lieben können.

Eine neue Erfahrung

Weshalb ist es so schwierig, aus der Zeit herauszutreten und in Verbindung mit dem Sterbeprozess zu gelangen? Was liegt zwischen Tod und Geburt? Worin besteht die Ähnlichkeit zwischen Tod und Geburt? Ein anderer Prozess, der dem von Geburt und Tod sehr ähnelt, ist derjenige der Beziehungen. Tod, Geburt und Beziehungen haben eine gemeinsame Struktur. Wenn wir geboren werden, wenn wir sterben und wenn wir eine Beziehung eingehen, ist dies immer etwas vollkommen Neues. Zur Zeit der Geburt können wir uns nicht auf vergangene Erfahrungen oder auf Kenntnisse stützen, die uns helfen würden, in der Welt anzukommen; wir haben nur unser Temperament und unseren Körper – beide gehören zu unserem Erbe. Wir können den Tod nicht »üben«, ebenso wenig wie wir das Leben üben können – daher ist es zwecklos, sich auf die eigenen Erfahrungen zu stützen. Selbst wenn wir die fundiertesten, umfassendsten Erfahrungen hinter uns haben, die uns alle Kenntnisse der Welt verleihen, können wir uns nicht auf sie stützen.

Geburt, Tod und Beziehungen sind völlig neue Erfahrungen, sind eine Reise ins Unbekannte. Für die meisten Menschen sind Beziehungen ein kolossales Abenteuer, denn wir können sie nicht planen, und wenn wir versuchen, eine Beziehung zu erzwingen, wird sie zerbrechen. Ebenso wenig können wir den Prozess von Geburt und Tod erzwingen. In Fällen von Selbstmord, bei denen es den Anschein hat, als sei der Tod erzwungen, ist der Betreffende lediglich in der Phase des Initiierens aktiv. Sobald sie durchlaufen ist, ist der Vorgang des Todes derselbe und außerhalb der Kontrolle. Niemand, der Selbstmord begeht, wird dafür bestraft oder muss dafür in die Hölle, genauso wenig wie alle anderen, die eines natürlichen Todes sterben. Der Prozess des Sterbens ist unabhängig von der Todesursache; es spielt also keine Rolle, ob der Tod aufgrund eines Autounfalls, einer Krankheit, Altersschwäche, eines Herzanfalls oder aufgrund von Selbstmord erfolgt.

Alles, was neu ist, erzeugt ein Gefühl von Angst; dies ist das Zeichen, dass wir uns auf etwas Neues hin zubewegen, in die richtige Richtung. Angst ist kein Feind. Stellen Sie sich vor, dass Sie auf etwas Neues zugehen und dass dies die einzige Möglichkeit darstellt, den nächsten Schritt in der Evolution zu vollziehen – und Sie kämpfen ständig dagegen an. Sind wir imstande, wirklich zu sehen, dass jedes Mal, wenn etwas völlig Neues und von unserer Geschichte Unabhängiges auf uns zukommt, sich der Prozess der Angst vollzieht, so werden wir religiös im wahrsten Sinne des Wortes (was nichts mit institutionalisierter Religion zu tun hat).

Alles Neue muss zwangsläufig Angst erzeugen, weil Angst die natürliche Bewegung der Evolution ist, die versucht, den Status quo aufrechtzuerhalten, wohingegen alles, was neu ist, immer droht, das Alte zu ersetzen, und daher Angst hervorrufen muss. Unser Körper-Geist kann nur dann verändert werden, wenn wir bereit sind, die Angst anzuerkennen. Dann wird die Identifikation mit dem Körper-Geist »loser«, wie Buddha es vielleicht ausgedrückt hätte. Die Bindung wird schwächer, und dies ist genau der Augenblick, wo wir das Empfinden haben, dass unsere Identifikation mit dem Körper-Geist nachlässt. Unser Bewusstsein beginnt, sich zu erweitern.

Vor der Erleuchtung oder vor dem Sterben – was die völlige Abwesenheit des Geistes bedeutet – wissen wir nicht genau, wohin wir gehen, weil die Angst alles verdeckt. Wir können die Angst nicht vermeiden, und es ist wichtig, dass wir sie nicht bekämpfen. Sobald wir eine Erweiterung unseres Bewusstseins erleben, beginnt der Prozess des Sterbens von Neuem. Jedes Mal, wenn sich unser Bewusstsein erweitert, beginnen wir, mehr zu sehen und zu fühlen, und alte Strukturen, Glaubenssysteme und Einstellungen zerfallen allmählich. Mit der Öffnung des Bewusstseins geht immer gleichzeitig der Tod dessen einher, was eine Ich-Identifikation erzeugt hat. Das Ego, das Ich oder der Körper-Geist werden ganz einfach umstrukturiert. Dieses Umstrukturieren ist der Prozess des Sterbens. Daher steckt in jedem Tod eine Geburt; wir öffnen uns dann für das Unbekannte, für neue Dinge in unserem Leben. Der Sterbeprozess hängt mit der Geburt von etwas Neuem zusammen. Der Tod vollzieht sich nicht, ohne gleichzeitigen Prozess der Geburt.

___Liebe fühlen

Was ist, energetisch betrachtet, die gemeinsame Basis der Dynamiken von Geburt, Tod und Beziehungen? Das Erste, was wir von einem Menschen zu sehen bekommen, wenn er zur Welt kommt, ist seine Qualitätsaura. Bis die mentale Aura sich vollständig entwickelt hat, verstreichen achtundzwanzig Jahre. Das Letzte, was wir von einem Menschen nach seinem Tode sehen, ist ebenfalls die Qualitätsaura. Angenommen, Sie fragen sich, wie Sie wissen können, ob jemand Sie liebt. Welche Bedingungen müssen erfüllt sein, ehe Sie sagen können, jemand liebt Sie?

Um zu glauben, dass jemand Sie liebt, müssen Sie imstande sein, es wirklich zu fühlen; lediglich zu hören: »Ich liebe dich.« genügt nicht. Wie können Sie wissen, dass dies seine wahren Gefühle sind? Wenn ich Ihnen erzähle, dass eine Zitrone sauer schmeckt, Sie aber noch nie eine Zitrone probiert haben, werden Sie nicht wissen, was ich meine. Erst in dem Augenblick, wo Sie eine Zitrone probieren, werden Sie wissen, was ich meine. Sie werden imstande sein, die Zitrone und ihre Säure zu schmecken, weil Sie Rezeptoren auf Ihrer Zunge haben, die einmalig und unabhängig von Ihrer Geschichte sind. Wenn man Ihnen diese Rezeptoren entfernte, würden Sie nicht wissen, wie eine Zitrone schmeckt, selbst wenn ich diese mit Worten zu erklären versuchte.

Um zu wissen, dass jemand Sie liebt, müssen Sie imstande sein, in sich selbst Liebe zu fühlen. Schon als Kind besitzen Sie die angeborene Weisheit der Liebe und können fühlen, ob Ihre Mutter Sie liebt oder nicht liebt. Diese Weisheit entstammt der Qualitätsaura, Sie tragen also bereits zu Beginn Ihres Lebens Liebe in sich, die Sie befähigt, sofort zu wissen, ob jemand Sie liebt oder nicht. Tatsächlich sind wir nichts anderes als die Flamme der Liebe. Sie werden geboren mit der Fähigkeit zu lieben, Liebe zu fühlen, so wie Sie geboren werden mit Rezeptoren auf Ihrer Zunge, mit denen Sie verschiedene Geschmacksrichtungen wahrnehmen können.

Wenn jemand Sie liebt, erkennen Sie es sofort an seinen Handlungen. Sie werden niemals Angst haben, nicht geliebt zu werden. Vielleicht sind Sie traurig, weil Sie nicht geliebt werden, und die Trauer darüber, nicht geliebt zu werden, ist im Grunde eine Trauer, dass der Mensch, der Sie nicht liebt, Ihnen nicht die Möglichkeit gibt, ihm Ihre Liebe zu schenken. Ziel dieses Körper-Geists ist einfach, die Qualität der Liebe weiterzutragen.

Die Qualitätsaura befindet sich keineswegs an einer schwer zugänglichen Stelle irgendwo in Ihrem magnetischen Feld; sie ist vielmehr die Atmosphäre, die wir um uns herum erzeugen. Jeder Mensch hat eine spezifische Atmosphäre, die auf der Ebene des Körperbewusstseins mit unserem Temperament oder Charakter zusammenhängt. Wenn es das Temperament eines Kindes ist, schüchtern zu sein, und seine Eltern ihm suggerieren, Schüchternheit sei etwas Negatives, dann wirkt sich das auf die Qualitäten des Kindes zerstörerisch aus. Zwischen dem Körper-Geist und dem Energiekörper ist Raum. In diesem Raum existiert das Potenzial aller Anlagen. Jedes Mal, wenn wir eine Verbindung zwischen den Qualitäten und dem Körper-Geist herstellen, erzeugen wir Energie. Raum erzeugt Energie. Wenn wir einem Menschen zu nahe kommen oder zu weit von ihm entfernt bleiben, ist keine Beziehung möglich.

Um uns selbst Ausdruck zu verleihen, benötigen wir alle ein gewisses Maß an Raum. Raum erzeugen ist die Bewegung der Beziehung, die sich ausdrückt. Sterben ist nur dann möglich, wenn genug Raum da ist, um sich auf etwas Neues zuzubewegen. Geburt ist nur dann möglich, wenn genug Raum für das da ist, was gerade geboren wird, aber noch unbekannt ist. Wenn ein Kind, das gerade geboren wird, ausdrücken könnte, was es fühlt, würde es sagen: »Ich habe soeben einen Sterbeprozess durchlaufen.« Aus unserer Perspektive dieser Geburt würden wir sagen, wir hätten einen Geburtsvorgang beobachtet. Jemand, der stirbt, ist sich bewusst, dass er sich im Sterbeprozess befindet. Das Wesen, das das Ganze vom Jenseits aus beobachtet, würde eine Geburt sehen. Beide Vorgänge brauchen Raum, so wie Bäume, die nebeneinander gepflanzt worden sind, imstande sein müssen zu wachsen. Der Raum ist die Atmosphäre.

Raum und Beobachtung

Wir alle wissen, dass wir in einer Beziehung Raum benötigen; aber es ist uns nicht besonders bewusst, wie wichtig es ist, auch in unsere Emotionen Raum zu bringen. Wir müssen lernen, unsere Emotionen und schnellen Gefühle – die immer mit Gedanken verbunden sind – zu beobachten, um so Raum zu schaffen. Wir müssen aufhören, uns mit dem Körper-Geist zu identifizieren, um genügend Raum zu kreieren, in dem die Qualitäten sich manifestieren können. Auf diese Weise schaffen wir die Voraussetzung, dass sich der fortwährende Prozess von Geburt und Tod ungehindert vollziehen kann.

Die Atmosphäre der Qualitätsaura (oder der Energiekörper) ist der Prozess von Geburt und Tod, die ständige Veränderung der Dinge. Wir können jetzt verstehen, warum Jesus sagte, dass wir nur Gäste *in* dieser Welt und nicht *von* der Welt sind. Das Ich ist Zeit, der Körper ist Form. Als Gäste müssen wir versuchen, so behutsam und unaufdringlich wie möglich zu sein. Was den Prozess des Sterbens und der Geburt angeht, so tragen die hinduistischen Begriffe *sat*, *cit* und *ananda* – *satchitananda* oder »Höhle des Herzens«, in die das Neue hineingeboren werden kann – dazu bei, all das zu verdeutlichen. *Sat* heißt das Endlose, was Nichtzeit bedeutet. Doch das Endlose kann nur erreicht werden, wenn man zulässt, dass Dinge enden. *Cit* bedeutet Weisheit, die nur durch Veränderung zu erlangen ist. Weisheit ist die ständige Erneuerung des Wissens. Und *ananda* bedeutet Glück; zu ihm kann man einzig durch Beobachten gelangen. *Ananada* ist kein unveränderlicher Zustand – er stellt sich ein, wenn wir im Zustand der Beobachtung sind.

Beobachtung ist der Schlüssel für die Prozesse von Geburt und Tod. Jedes Mal, wenn wir etwas zum Ausdruck bringen, das mit dem Vorgang des Sterbens zu tun hat, drücken wir auch die Geburt, das Werden aus. Geburt und Tod sind nicht voneinander zu trennen, und um diesen Prozess zu verstehen, müssen wir ihn aus der Perspektive des Beobachters betrachten. Die *Bhagavad Gita* spricht vom »transzendentalen Eigner«, dem *paramatman*, als der Atmosphäre der Qualitäten.

Die Frage »Was ist der Unterschied zwischen einem lebenden Körper und einem toten Körper?« ist damit zu beantworten, dass ein Körper nur dann lebt, wenn die Seele in ihm wohnt. Ein Körper ist tot, wenn die Seele nicht im Körper ist und wenn der zeitlose Beobachter da ist, aber den Körper nicht mehr benutzt. Aus der Perspektive des Beobachters sehen wir alles – auch unsere Angst und alle Aspekte unseres Menschseins –, aber wir reagieren nicht darauf. Bei Reaktionen kommt immer der Geist zum Einsatz, wohingegen Beobachtung bedeutet, dass wir in Verbindung mit dem Fließen, der Qualität oder Atmosphäre sind. Beobachtung ist unabhängig vom Geist. Alle Zenmeister betonten unablässig, Schwächen könne man nicht loswerden, doch sei es möglich, die jeweilige Schwäche zu beherrschen, indem man sie ohne Reaktion oder Beschreibung beobachte.

Dieser transzendentale Eigner oder zeitlose Beobachter ist immer da. Wir wissen nicht, was danach mit ihm geschieht, da wir ihn nicht nach dem Tod beobachten können; doch können wir das beobachten, was Hier und Jetzt ist. Wir können den Raum, die Atmosphäre jetzt beobachten. Dies ist unsere Buddhanatur, der Buddha in uns, oder unser Christusbewusstsein. Es spielt wirklich keine Rolle, welchen Namen wir hierfür benutzen.

Beginnen Sie zu sehen oder zu fühlen, dass es unabhängig von Ihrem Körper-Geist eine Atmosphäre gibt, die immer da ist und gelebt werden und sich verwirklichen möchte? Dazu müssen Sie vom Geistbeobachter, der den Körper-Geist ständig beobachtet, zum beobachtenden Beobachter überwechseln, zum zeitlosen Beobachter. Sie gehen vom Beobachten des Körper-Geists zur Beobachtung dessen über, was den Körper-Geist umgibt – die Atmosphäre des Energiekörpers, die Qualitätsaura, den transzendentalen Eigner.

Ganzheit

Warum ist es so wichtig, diesen Sterbeprozess vor dem Ende des Lebens zu erfahren, das in dreißig Jahren, aber auch schon in fünf Minuten erfolgen kann? In jedem Augenblick kann Ihre Lebenszeit enden, können Sie physisch tot sein. Wenn Sie im Laufe Ihres Lebens imstande sind, diesen Raum ohne Identifikation zuzulassen, dann erzeugen Sie eine gewaltige Menge Energie für Ihr Leben.

Die Heilung des Körpers, des Geistes und der Beziehungen – das, worauf das Leben aufbaut – und all die verschiedenen Formen der Liebe stützen sich voll und ganz auf diesen Prozess. Er ist immer eine individuelle Bewegung, gleichzeitig aber auch eine Vorgang, der bei jedem Menschen ähnlich verläuft. Das Gefühl von Ganzheit und Einheit oder Einigkeit entsteht gleichzeitig, wie in einer Beziehung, wo das *Ich* und das *Wir* gemeinsam auftreten. Das ist ungeheuer wichtig, weil die Nahrung, die wir für unser inneres Wachstum, für die Heilung von Beziehungen und für die Liebe benötigen, diesem Prozess von Geburt und Tod entstammt, den man ganz allgemein als Religiosität bezeichnen kann.

Das Erste, was wir begreifen, wenn wir im Prozess der Religiosität sind, ist, dass absolut keine Trennung zwischen dem Körper-Geist und dem Energiekörper besteht. Dies wird häufig mit »Wir sind alle eins« beschrieben; es ist unser Miteinander-verbunden-Sein. Was bedeutet das genau? Wenn es keine Trennung gibt, so bedeutet das, dass wir jedes Mal, wenn wir uns mit unserer Wut identifizieren, und jedes Mal, wenn wir sie rechtfertigen, eine illusorische Trennung erzeugen.

Jedes Mal, wenn wir uns mit jemandem vergleichen und frustriert sind, weil wir meinen, jemand anderes sei zum Beispiel besser qualifiziert oder intelligenter, so erzeugen wir eine illusorische Trennung. Es ist dasselbe wie die illusorische Trennung von Tod und Geburt. Durch Einstellungen wie Vergleichen, Feindseligkeit, Frustration und Selbstmitleid erzeugen wir Isolation. Im Grunde genommen bedeutet dies, dass unsere Wut, Eifersucht und Angst hauptsächlich deshalb entstehen, weil wir alle menschlich sind, und nicht aufgrund unserer persönlichen Geschichte.

So wie ich nicht in der Lage wäre zu fühlen, ob Sie mich lieben oder nicht, wenn ich nicht bereits die Struktur der Liebe in mir hätte, so kann ich nicht fühlen, was Sie meinen, wenn Sie sagen, dass Sie mich hassen, wenn ich nicht bereits die Struktur des Hasses habe. Aggression, Angst, Trauer, Liebe und Glück gehören zum Menschsein dazu. Die individuelle Geschichte oder der Inhalt, den wir um dieses Gefühl herum konstruieren, ist das, was die trügerische Trennung erzeugt.

Religiosität

Beim Prozess der Religiosität sind wir imstande zu erkennen, dass unser menschlicher Körper nur eine von vielen möglichen Formen ist, die sich im Universum manifestieren. Identifiziert man sich zu sehr mit seinem Körper, so stellt das nicht nur ein Problem für den Körper als solchen dar. Im weiteren Sinn erzeugt es Nationalismus, Rassismus und Grausamkeit gegenüber Tieren, die nicht dieselbe körperliche Form haben, und kann schließlich zu Fanatismus und Destruktivität gegen alles und jeden führen, der anders ist als man selbst.

Wir begreifen, dass jede Erfahrung einzigartig, aber auch begrenzt ist. Stellen Sie sich beispielsweise vor, jemand erzählt von einem Erlebnis, einer Erleuchtung, bei der ihm Jesus erschienen sei. Infolge dieses Erlebnisses glaubt der Betreffende nun, er sei immer im Recht und der Rest der Welt habe sich seiner Lehre anzuschließen. Ihm ist also nicht bewusst, dass die Einzigartigkeit einer jeden menschlichen Existenz auch mit einschließt, dass sie personengebunden ist, das heißt, dass sie ihre persönlichen Grenzen hat.

Auf eine Beziehung übertragen, heißt das: Etwas, das Ihr Partner getan hat, erleben Sie möglicherweise ganz anders als er selbst – beide haben Sie Recht, weil eine persönliche Erfahrung einzigartig ist, doch gleichzeitig ist diese auch auf Sie beschränkt. Wo Geburt ist, ist auch Tod. Wo Einzigartigkeit ist, ist auch Beschränkung. Jedes Mal, wenn wir die Atmosphäre unserer Qualitäten zum Ausdruck bringen, tragen wir zur Atmosphäre und Qualität aller Menschen bei. Mit der buddhistischen Terminologie ausgedrückt: Menschen, die als Bodhisattvas oder erleuchtete Wesen bekannt sind, treten absichtlich nicht aus dem Kreislauf von Geburt und Wiedergeburt heraus, sondern kehren immer wieder in ihre menschliche Form zurück, um anderen Menschen zu helfen, frei zu werden, um weiterhin ihren Beitrag zur Linderung des Leidens in der Welt zu leisten.

Die Grenzen der Wahrheit

Es ist wichtig zu begreifen, dass es letztlich keine Wahrheit gibt. Alles, was wir fühlen, denken oder hören, ist nur eine Teil dessen, was möglich ist. Es ist niemals die ganze Wahrheit, daher ist es nutzlos, jemandes Weisheit zu bewundern oder gegen neue Ideen zu sein und damit innere oder äußere Autoritätsfiguren zu schaffen. Es gibt absolut keine Autorität. Die destruktivste Autorität ist der eigene Geist mit seinen Identifikationen. Unser Wunsch, an die Existenz einer absoluten Wahrheit zu glauben, ist derart stark, dass wir dadurch den Prozess des Sterbens behindern können. Wenn keine absolute Wahrheit existiert, dann müssen wir im jetzigen Augenblick leben, bereit sein, alles im nächsten Moment aufzugeben, einfach weil alles, was wir hören, lediglich ein Teil der Wahrheit ist. Wenn wir akzeptieren, dass es etwas wie Wahrheit nicht gibt, dann stellt sich eine stetige Bewegung des Sterbens ein. Wir müssen ganz und gar lebendig sein. Wir können nicht einschlafen, weil wir mit der Unsicherheit zu leben haben, welche die Liebe ist.

Es gibt kein Wesen, das uns von oben be- und verurteilt. Der Einzige, der dies tut, sind Sie selbst. Wenn jemand zu Ihnen sagt, er könne Sie nicht leiden, dann verurteilt er sich selbst, indem er einen Charakterzug, den er an sich selbst nicht mag, auf Sie projiziert; er bringt seine Einstellungen, Überzeugungen und Wahrnehmungen zum Ausdruck. Wenn Sie sich dann durch seine Antipathie verletzt fühlen, bedeutet das, dass Sie anfangen, sich selbst zu verurteilen und zu beschränken. Für jede Situation gilt: Wenn etwas gesagt wird, das Ihnen missfällt, und wenn Sie dies sehen können, ohne es persönlich zu nehmen oder darauf zu reagieren, dann besteht ein Raum zwischen dem, was gesagt wurde, und Ihnen; damit sind Sie in der Lage, mit dem anderen zu fühlen, seinen Standpunkt zu verstehen und die Energie von Mitgefühl und Klarheit zu erzeugen.

Jesus sagte, wenn ein Samenkorn auf fruchtbaren Boden fällt – das ist die Atmosphäre der Qualitäten – und dort nicht sterben will, wird es allein sein. Wenn es stirbt, bringt es neues Leben hervor. Die Kunst des Lebens ist wie der Samen, der auf fruchtbaren Boden fällt. Sie besteht darin, in der Atmosphäre der Qualitäten zu sein und den Prozess von Geburt und Tod geschehen zu lassen. Dies macht ständigen Neubeginn möglich. Alles, was wir als Schwächen betrachten, sind Abwehrmechanismen oder Bezeichnungen für Aggressionsbezeugungen. Wenn wir in Verbindung mit der Atmosphäre unserer Qualitäten sind, hören wir auf, uns selbst zu be- und verurteilen; wir geben unsere Einstellungen und unsere Reaktionen auf. Dann sind wir im Zustand der Leere oder der Stille. Stille ist nicht die Abwesenheit von Geräuschen; es ist die Abwesenheit von Angst.

Von der Trauer zur Stille

Gefühle der Angst

Wir können unmöglich im Zustand der Stille sein, wenn wir auf unsere Gefühle der Angst reagieren. Und das tun wir, indem wir flüchten, die Vergangenheit interpretieren oder etwas in die Zukunft projizieren. Wenn wir uns in die Zukunft begeben, nehmen wir oft unsere Aggression mit, wohingegen wir uns, wenn wir in die Vergangenheit flüchten, wahrscheinlich an etwas festklammern oder jemand anderem die Schuld für die eigene Befindlichkeit zuweisen. Sobald wir aufhören, aggressiv zu sein, kommen wir in Verbindung mit der Angst. Angst ist ein Zeichen dafür, dass wir mit etwas Neuem und Unbekanntem in Verbindung kommen (obwohl wir, sobald Angst auftritt, reflexartig meinen, etwas sei nicht in Ordnung). Um mit der Angst zurechtzukommen, sollten wir uns an die drei Schlüssel: Verantwortlichkeit, Verständnis und Vertrauen erinnern. Dank dem Vertrauen laufen wir nicht vor dem Unbekannten davon.

Ganzheit und Trauer

Trauer ist weder Gram noch Selbstmitleid. Letzteres ist Trauer, die sich mit einer Ursache und deren Wirkung identifiziert, was uns in die Isolation führt. Wenn wir Selbstmitleid empfinden, ist unser Herz schwer. Wenn wir aus dem Ich herausfallen und erkennen, dass wir Teil des Ganzen sind, empfinden wir Trauer. Wenn wir bei der Trauer bleiben und erkennen, dass wir Teil des Ganzen sind, verliert unsere persönliche Geschichte an Wichtigkeit, und wir gehen von der Angst – die ein Symptom der Trauer ist – zur Trauer selbst über.

In bildlichen Darstellungen sieht Jesus immer traurig aus. Auch Krishna lehrte, dass wir nicht fürsorglich sein können, wenn wir keine Trauer empfinden. Die Griechen machten einen Unterschied zwischen Eros und Agape oder – in der Terminologie der christlichen Mystiker – zwischen Liebe und Mitgefühl. Liebe ist immer auf etwas hin orientiert.

So schön die Liebe auch sein mag, sie ist mit einem Verlangen verbunden. Wie lange hält unsere Liebe an, wenn wir nichts zurückbekommen? Die unpersönliche Struktur der Trauer dagegen bringt uns zur Fürsorge oder zum Mitgefühl. Die gemeinsame Bewegung von Liebe und Trauer führt zu Mitgefühl, und plötzlich kämpfen wir nicht mehr gegen unseren Körper oder gegen unsere Schwäche an. Wir sind traurig darüber, dass wir eine Geschichte – das heißt, unsere Individualität – »erschaffen« haben und uns selbst dadurch isoliert haben, und genau an dem Punkt öffnen wir uns für die Qualitäten. Wir bewegen uns auf das Mitgefühl, das heißt, auf die Liebe zu, die nicht objektorientiert ist. Trauer verstärkt immer Energie – sofern sie nicht personalisiert wird. Sie bringt uns immer wieder in Verbindung mit der Atmosphäre der Stille.

Heilung und Stille

Wenn wir in eine Kirche, eine Moschee oder eine andere heilige Stätte gehen oder wenn wir sehr in jemanden verliebt sind, sagen wir nicht mehr, wir seien verliebt; vielmehr sagen wir, wir seien bewegt. In beiden Situationen sind wir von Gefühlen beherrscht, und unsere Individualität löst sich auf. Wenn ein Kind geboren wird, sprechen wir nicht davon, wie viel Liebe wir für es empfinden, sondern wir sind ganz und gar davon beansprucht, bewegt zu sein. Und genau so geschieht Heilung. Heilung ist die Kunst, zu bewegen und bewegt zu sein.

Einen Partner zu lieben, erzeugt keine Ruhe – es erzeugt das Verlangen, mit ihm zusammen zu sein, etwas mit ihm zu teilen, geschlechtlich miteinander zu verkehren, das Leben gemeinsam zu genießen; und all das ist schön. Das Bewegtwerden kommt aus der Stille. In dieser Stille gibt es keinerlei persönliche Struktur, und Trauer ist möglich. Und genau in diesem Augenblick, in dem die Trauer sich vollzieht, werden wir, wenn wir darin verweilen können, entdecken, dass sie nicht wieder zu einem Symptom der Angst und in der Folge zu einem Symptom der Aggression wird. Dies schafft die Freiheit, die wir brauchen, und in dieser Freiheit steckt die Energie der Lebenskraft.

Diese Lebenskraft ist eine Kombination aus Weisheit und Mitgefühl, und wir alle haben in dem Augenblick Zugang dazu, wo wir aufhören, uns auf unsere Geschichte zu konzentrieren. Indem wir in Kontakt mit Weisheit und Mitgefühl sind, befreien wir uns selbst von den Bildern des Ichs (oder des Ego) und reagieren nicht mit Aggression, die immer ein Zeichen von Angst ist. Wenn wir aufhören können, auf unsere Vergangenheit zu reagieren, und stattdessen eine davon losgelöste »eigene« Geschichte kreieren, werden wir mit Sicherheit Glück und innere Freiheit erlangen. Das Ich transzendiert nur dann, wenn es nicht mehr das Bedürfnis hat zu reagieren. Spiritualität ist die Erkenntnis, dass sich nur dann Transformation oder Transzendenz vollzieht, wenn kein Bedürfnis mehr besteht zu reagieren.

Ursache und Reaktion

Ein Problem kann untersucht und verstanden werden, aber es lässt sich nicht verwandeln, indem man es mit Bezeichnungen oder Beschreibungen versieht. Man kann es nicht verwandeln durch die Illusion, unsere Geschichte habe einzig und allein mit uns selbst zu tun und unsere Gefühle der Aggression, Wut oder Angst beruhten nur auf persönlichen Erfahrungen. Gefühle werden häufig durch Situationen ausgelöst, die uns ermöglichen zu sehen, dass ein Unterschied besteht zwischen einer direkten Ursache und einer Reaktion auf irgendetwas oder irgendjemanden.

Psychologisch betrachtet gibt es so etwas wie eine Ursache gar nicht. Wenn ein Auto eine Panne hat, so hat dies gewöhnlich eine Ursache – der Benzintank ist leer oder der Motor ist nicht in Ordnung. Der Autopanne liegt also ein sehr einfaches mechanisches Problem zugrunde, und dies ist die Ursache dafür. Im menschlichen Geist sind die Dinge komplexer, und unsere Reaktionen setzen sich aus mehreren Faktoren zusammen – unseren Veranlagungen, der Art und Weise, wie wir uns selbst und andere wahrnehmen, und unserem konditionierten Verhalten in Beziehungen. Sagen Sie beispielsweise: »Ich habe ständig Angst, nicht genug geliebt zu werden, weil meine Mutter mich nicht genügend geliebt hat«, so erklärt das nicht, warum nicht auch andere Menschen mit einem ähnlichen Hintergrund Angst haben, nicht genug Liebe zu bekommen.

In der Psychologie ist die Theorie von Ursache und Wirkung nicht haltbar. Eine Mutter, die ihr Kind nicht liebt, verstärkt damit vielleicht ein bereits vorhandenes Serotoninproblem bei dem Kind, welches das Empfinden, es werde nicht genug geliebt, in ihm auslösen mag. Doch andererseits ist gut möglich, dass das Kind unter solchen Umständen selbstständiger wird; vielleicht geschieht dann Jahre später etwas in der Schule, was in ihm das Gefühl auslöst, es habe zu wenig Liebe bekommen. Gewöhnlich gibt es für jede Situation drei oder vier mögliche Ursachen. Angenommen, Ihre Mutter bestrafte einmal mit Liebesentzug, weil Sie ein Fenster eingeworfen hatten; als Reaktion darauf wies sie Sie zurück. Nehmen wir weiter an, Sie waren dafür bereits prädisponiert, sich zurückgewiesen, abgelehnt zu fühlen; und aufgrund dieses Erlebnisses reagierten Sie nun mit Trauer darüber, dass Ihre Mutter Sie zurückgewiesen hat.

Kinder erholen sich übrigens sehr schnell wieder von diesem Gefühl des Zurückgewiesenwerdens. Später in Ihrem Leben, sagen wir, als Sie zwanzig sind, haben Sie sich zum ersten Mal verliebt, und der Zufall will es, dass Sie ein Fenster im Haus Ihrer Freundin zerbrechen, worüber sie sich aufregt. Dies weckt in Ihnen sofort eine Assoziation zu Ihrer Erinnerung an die einstmals erlebte Zurückweisung – was in Ihnen möglicherweise eine emotionale Überreaktion als Abwehr auslöst. Ihre Freundin wird sie vermutlich später fragen, weshalb Sie sich so verhielten, denn sie sah keine Notwendigkeit, derart emotional zu werden.

Auch Krankheiten können Reaktionen auslösen: So gibt es Menschen, die, nachdem bei ihnen Krebs diagnostiziert wurde, beginnen, die Welt ganz anders zu sehen, weil sie sich von ihren gewöhnlichen Verpflichtungen befreit fühlen. Manche erinnern sich dann, dass sie als Kind unglücklich waren. Bei anderen, die ihre Kindheit als glücklich in Erinnerung haben, löst der Krebs möglicherweise Depressionen und Gefühle der Hoffnungslosigkeit aus. Ersichtlich wird, dass eine Depression nicht auf eine solch vereinfachende Weise erklärt werden kann. Es ist immer hilfreicher, nach dem möglichen Auslöser zu suchen als nach der Ursache.

Ebenso wichtig ist es, sich die Verbindung zwischen dem, was vorhanden, und dem, was manifest ist, anzusehen. Sämtliche Erfahrungen sind stets auf verschiedenen Ebenen vorhanden, aber da das Gehirn nur eine bestimmte Menge an Information verarbeiten kann, bleibt das meiste nicht erkennbar. Mittels der Achtsamkeit fangen wir an zu begreifen, wie viel mehr es über das Leben zu lernen und zu entdecken gibt. Beispielsweise ist eine Krankheit mit der allmählichen Entstehung einer Energieblockade verbunden, die einige Zeit währt. Das Gehirn beginnt sehr früh im Leben, diese Energieblockade herauszubilden, die schließlich den Zustand der Achtsamkeit erschwert und uns daran hindert, unsere ganze Energie der Beobachtung zur Verfügung zu stellen.

Die Grenzen der Manifestation

In der Tat ist nicht alles für uns in unseren gewöhnlichen Erfahrungen offenkundig oder erreichbar. Wenn wir uns nur auf das konzentrieren, was offenkundig ist, und behaupten, dies sei die Gesamtheit unserer achtsamen Beobachtungen, dann verfehlen wir unser Ziel. Wir müssen dem, was offenkundig ist, einen Schritt voraus sein; wir müssen in einem Seinszustand sein. Was vorhanden ist, muss immer mehr sein als das, was sich manifestiert – die Mystiker nannten dies Holismus. Es gibt ein Ganzes, aber ein Teil davon ist verborgen oder verschleiert durch unsere Identifikation mit einer Theorie oder Konvention, durch unseren Zynismus und unsere Sucht nach Sicherheit oder durch das, was wir zu wissen glauben. Aber wenn wir nur das sehen, was offenkundig ist, entgeht uns die Atmosphäre, die das umgibt, was da ist.

An dieser Stelle ist es wichtig, sich daran zu erinnern, dass Achtsamkeit (Gewahrsein) plus Beschreibung das Geist- oder Gehirnbewusstsein ist. Jedes Mal, wenn wir Bezeichnungen schaffen oder Dinge beschreiben – ein der Depersonalisierung entgegengesetzter Prozess –, erzeugen wir Geistbewusstsein.

Verbinden sich Achtsamkeit und die Abwesenheit von Beschreibung, so entsteht direkte Beobachtung. Wiederum verlangt Achtsamkeit nicht von uns, dass wir unser Wissen einsetzen, dass wir beschreiben, abschätzen und vergleichen. Betrachten wir ein sehr einfaches Beispiel beim Musikhören: Es ist keine Beschreibung erforderlich, damit wir Musik aufnehmen. Es verlangt Achtsamkeit, sich ein Musikstück anzuhören, aber wenn Sie gleichzeitig versuchen, zu beschreiben, was Sie hören, werden Sie die Musik nicht genießen. Wenn dies geschieht, dann wird dieses Erlebnis von Ihnen abgetrennt – es gehört dann nicht mehr zu Ihrem Prozess der Achtsamkeit; vielmehr ist es zu einer künstlichen, unabhängigen Einheit geworden. Leider haben viele Menschen genau diese Art Verhältnis zu ihrem Körper – sie trennen ihren Geist von ihrem Körper, indem sie sich auf ihren Körper konzentrieren und beschreiben, was sie fühlen. Der Körper-Geist kann nicht getrennt werden. Gefühle manifestieren sich durch den Körper, aber Gefühle sind mehr als der Körper. Jedes Mal, wenn wir etwas beschreiben, das im Körper geschieht, blockieren wir den Energiefluss im Körper. Genau derselbe Prozess vollzieht sich, wenn wir das sogenannte Bewusstsein erzeugen und der Fluss unterbrochen wird.

Wir müssen lernen, achtsam zu sein und uns dabei jeglicher Beschreibung zu enthalten. Bewusstsein ist nicht das Problem. Wie Buddha sagte: »Der schwerste Schritt beim Loslösen besteht darin, sich vom Bewusstsein zu lösen.« Auf die Frage »Wird jeder Mensch zur Erleuchtung kommen?« antwortete Buddha: »Wenn wir zur Erleuchtung gekommen und sie verstanden haben, ist die Erleuchtung nicht mehr das Problem. Dieses Sich-der-Erleuchtung-bewusst-Sein gehört noch immer in den Bereich des Ego.«

Er will damit sagen: Der Prozess des Gewahrwerdens von Erleuchtung verlangt nach Beschreibung, und eine Beschreibung von etwas kreiert immer eine Trennung, die wiederum eine Verlangsamung des Energieflusses erzeugt. Immer wenn wir etwas nicht beschreiben können, befinden wir uns in einem Raum der Atmosphäre, wo wir kein Geistbewusstsein haben.

___Außerkörperliches Bewusstsein

Wenn wir uns in einer bestimmten Atmosphäre ausruhen können, zum Beispiel in dem Gefühl, das uns der Raum in einer Kirche vermittelt und das auf unerklärliche Weise besonders ist, dann sind wir an einem Ort des außerkörperlichen Bewusstseins oder des Nichtbewusstseins. Die Atmosphäre und die Bewegung des Seins in der Atmosphäre führt dazu, dass man sich jeglicher Beschreibung enthält: Sie wird zum Akt der Depersonalisierung.

Wenn wir ein Energiefeld betreten und versuchen zu fühlen und gleichzeitig zu beschreiben, was wir fühlen, werden wir es niemals voll und ganz erspüren. Die Beschreibung erzeugt Blindheit und beeinträchtigt die direkte Beobachtung. Wir hören auf zu fühlen, sobald wir beginnen zu beschreiben. In dem Augenblick, wo ich beispielsweise meine Frau beschreibe, kann ich keine Liebe für sie empfinden. Beschreibung tötet die Atmosphäre. Wenn wir bei einem soeben verstorbenen Wesen sind, ist dem Körper des Betreffenden keine spezielle Veränderung anzusehen. Der einzige Unterschied zeigt sich im Sitz seines Energiefelds (oder seiner Qualitäten); beim lebenden Körper befindet sich dieses über dem Bereich des Herzzentrums. Nach dem Tod ist der Energiekörper nicht mehr im Körper verankert – er ist nur im Raum vorhanden. Er hat sich nicht verändert, aber wir erleben ihn anders, und es fällt uns schwer, diesen Unterschied zu beschreiben.

Wenn wir aufhören, zu beschreiben und zu personalisieren, sind wir in der Atmosphäre – was immer bedeutet, in Verbindung mit den Qualitäten zu sein. Dann können wir beginnen, mit anderen zu verschmelzen, unser Gefühl der Distanz zwischen uns und den anderen aufzugeben und die Vorstellung, von ihnen getrennt zu sein, hinter uns zu lassen.

Wir wissen vom Körper, dass er Form ist, was im Wesentlichen bedeutet, dass er sich selbst verteidigen kann. Das Ich ist Zeit und kann sich daher nicht selbst verteidigen, und jeder Versuch, es zu tun, würde auf einer Illusion beruhen. Wir glauben, wir müssten Grenzen oder Abwehrmechanismen schaffen, und sind entsetzt über jedes Eindringen in unsere Privatsphäre. Doch das Getrenntsein aufgeben heißt nicht den eigenen Raum aufgeben – im Gegenteil, dieser Raum ist notwendig, damit der Verschmelzungsprozess stattfinden kann.

Im Fluss sein

Verschmelzen ist nicht dasselbe wie Auflösen. Die Auflösung kennzeichnet das Ende des Sichbewusstseins. Eine Bewegung zu erzeugen, bei der zwei Dinge miteinander verschmelzen, bedeutet, dass man nicht länger beschreiben kann, was sich auflöst oder ob es dies überhaupt tut. Dies ist das Prinzip des In-der-Atmosphäre-Seins. Wenn Sie beispielsweise beim Eingehen einer Beziehung und beim völligen Aufgehen darin fürchten, Ihr Ich, Ihr Körper und Ihr ganzes Wesen würden sich auflösen, dann wird es schwierig werden, eine Atmosphäre zu erzeugen, in der Sie den anderen wirklich spüren und in der Sie wirklich Liebe für ihn empfinden.

Dasselbe gilt für die Psychotherapie. Viele Psychotherapeuten und Vertreter der klassischen Psychoanalyse wahren absichtlich eine gewisse Distanz zu ihren Klienten: Sie geben ihnen nicht die Hand, reden sie nicht mit dem Vornamen an, ja, sie sprechen nicht einmal in freundlicher, einfühlsamer Weise mit ihnen. Es wird oft behauptet, diese Distanz sei notwendig, um zu viel Übertragung zu vermeiden. Aber wie können wir uns angesichts einer solchen Distanz in den anderen hineinversetzen – der einzige Weg, Mitgefühl und Empathie zu empfinden und das Leiden eines anderen Menschen wirklich zu fühlen und zu verstehen?

Hat ein Mensch beispielsweise starke und chronische Schmerzen, so sind wir vielleicht traurig, weil wir sehen können, dass er leidet – aber können wir seine Schmerzen wirklich nachempfinden? Wenn wir nicht zu diesem Menschen werden – wie können wir seinen Schmerz fühlen? Selbst wenn wir dieser Mensch werden, wird es uns schwer fallen, den Schmerz in ganzem Ausmaß zu fühlen. Wenn wir jedoch in der Atmosphäre des Schmerzes sein können, spüren wir ihn vielleicht nicht wirklich, aber wir können nachempfinden, wie der Mensch sich fühlt. Dafür müssen wir uns jeder Beschreibung strikt enthalten; mit den Worten des Lao Tzu: Wir müssen »im Fluss sein«. Das bedeutet ganz einfach, dass es niemals einen Punkt gibt, an dem wir behaupten können, »angekommen« zu sein. Jedes Mal, wenn wir uns einer Sache bewusst werden, ist sie bereits ein Stück weiter geflossen.

Deshalb ist es wenig hilfreich, die Moleküle des Wassers, das uns umgibt, beschreiben zu wollen; dies würde lediglich den Fluss unterbrechen. Wenn wir das Beschreiben einstellen und damit den Depersonalisierungsprozess ermöglichen, so erzeugen wir Atmosphäre: Wir hören auf zu beschreiben und werden selbst zu dem Prozess, und wenn wir zu dem Prozess werden, gibt es keine Distanz mehr. Und es gibt keine Beschreibung der Angst mehr; es gibt das *Ich bin die Angst*, und darin liegt die Schaffung einer Atmosphäre. Die Depersonalisierung zeigt uns, dass Achtsamkeit (Gewahrwerden) ohne Beschreibung möglich ist.

Wenn es ein Gewahrwerden ohne Beschreibung gibt, so wird nicht nur der Radius der Ausdrucksgebung erweitert; zudem befinden wir uns in direkter Beobachtung, wo es keine Ursachen, nur Auslöser gibt. Wenn die Beschreibung aufhört, ist plötzlich die Atmosphäre da. In dem Augenblick, wo wir anfangen, die Qualität zu beschreiben, verlangsamt sich ihre Energie. Was Sie hier gerade lesen, ist Beschreibung; es ist wie das Deuten auf den Mond. Konzentrieren Sie sich nicht auf den Finger, sondern darauf, den Mond zu suchen – ansonsten könnten Sie leicht die Beschreibung der Trauer mit der Trauer selbst verwechseln.

Was ist also Trauer? Was ist diese gewaltige Energie, die Angst und Wut erzeugen kann, wenn sie personalisiert oder beschrieben wird? Aggression ist ein Symptom der Angst, und Angst ist ein Symptom der Trauer. Wenn wir Aggression oder Angst wirklich verstehen wollen, dann müssen wir Trauer verstehen.

An der Brücke stehen

Stellen Sie sich vor, Sie stehen an einer Brücke. Es spielt keine Rolle, unter welchen Bedingungen Sie es tun und mit welchen Gefühlen. Sie stehen einfach am Rande einer Brücke, und auf der anderen Seite ist die Landschaft der Liebe. Auf der anderen Seite sehen Sie das Paradies, die Atmosphäre der Liebe. Doch Sie können die Brücke nicht überqueren; etwas hindert Sie daran, auf die andere Seite zu gehen. Sie wollen das nicht erörtern oder verstehen – Sie stehen einfach da, unfähig, die Brücke zu überqueren, und Sie können sehen, dass auf der anderen Seite Liebe ist. Das ist das Einzige, dessen Sie gewahr sind. Es gibt keinen Menschen – ungeachtet seiner Geschichte –, der nicht Trauer empfindet, wenn er an diesen Punkt gelangt, wo er die Brücke nicht überqueren kann und nicht mehr imstande ist, es zu beschreiben.

Trauer stellt sich ein, wenn man etwas nicht tun kann und darum weiß. Wenn Sie gewahr werden, dass es keine Chance gibt, etwas Bestimmtes zu tun, keine Chance, es zu erreichen, keine Chance für eine mögliche Handlung, nicht einmal für die »Handlung« von Angst und Wut, dann kann sich Trauer einstellen. Ohne die Trauer werden Sie nicht sterben können. Sterben ist zuallererst die Erkenntnis, dass Sie, während Sie in Ihrem Körper sind, das Paradies nicht erlangen können. Dann folgt die Erkenntnis, dass all Ihre Vorstellungen und all Ihr Wissen Teil der Barriere sind, die Sie daran hindert, die Brücke zu überqueren.

Danach folgt die Erkenntnis, dass, wenn Sie versuchen, den Körper, die Gedanken und den Geist loszulassen, dieser Vorgang des Loslassens ein Handlungsprozess ist und Ihnen daher nicht helfen wird, die Brücke zu überqueren. Mit dieser Erkenntnis kommt die Trauer, und ehe Sie es genau wissen, sind Sie auf der anderen Seite der Brücke. Sie können nicht über diese Brücke gehen, weil das ein Akt des Handelns wäre. Sie können keine Wege oder Lösungen aufzählen (das heißt beschreiben), wie die Brücke vielleicht zu überqueren wäre, weil dies ebenfalls ein Akt des Handelns wäre.

Es ist diese plötzliche Abwesenheit von Tun, das die gewaltige Energie der Trauer erzeugt. Wenn dies eine akkurate Beschreibung davon ist, wie die Dinge sind, dann ist Trauer Stille. Diese direkte Stille stellt sich ein, indem man weder personalisiert noch beschreibt. Sie erfolgt, wenn man nicht handelt, aber nicht, wenn man den Akt des Handelns unterbricht und aufhält. Das ist ein typisches Paradox: Der Geist kann nicht aufhören zu handeln, da dies eine Beschreibung dessen wäre, wie man aufhört zu handeln – was wiederum eine Form des Handelns wäre. Dieses Nichthandeln folgt auf natürliche Weise, wie das Hören von Musik; es ist reines Gewahrsein. Wir können sagen, dass durch die Depersonalisierung die Trauer sofort in Ruhe verwandelt wird.

Dabei empfindet man eher Mitgefühl als Trauer. Trauer ist vorhanden, aber sie ist nicht offenkundig. Solange die Trauer als Trauer erkannt ist, wird sie keine Kraft zur Verwandlung sein, und zwar deshalb, weil der Geist schnell Trauer in die Beschreibung von Selbstmitleid verwandelt; so wird zum Beispiel die Trauer, die auf den Tod eines Menschen folgt, keine Transformation per se bewirken.

Sie müssen dies von innen her betrachten. Anhand der Beschreibung lässt sich das nicht verstehen. Klammern Sie sich nicht an die Beschreibung. In der Trauer gibt es keinerlei Handeln. Und wo kein Handeln ist, da ist direkte Stille.

Voller Leere

Wenn Trauer in Stille verwandelt wird, fühlen wir die Trauer nicht mehr; es gibt dann nur noch die atemberaubende Leere, von der die Mystiker oft sprechen. Es ist keine Leere, die überhaupt nichts enthält, sondern eine, die eine Art Gesamtheit aufweist. Sie ist mit Energie gefüllt, die nicht auf irgendein Handeln ausgerichtet ist – es ist Energie, die für nichts verwendet wird. Diese Energie, die in Fülle vorhanden, aber für keine bestimmte Handlung eingesetzt wird, ist das Mitgefühl. Obwohl Mitgefühl immer Trauer mit einschließt, manifestiert es sich nicht als Trauer. Es sind Trauer und Stille, die das Ego und den Geist verwandeln. Wenn der Geist verwandelt ist, dann ist auch ein Teil des Gehirns verändert. Es ist nicht so, dass das Ego dann nicht mehr vorhanden wäre – unser Geist hat nicht aufgehört zu arbeiten, aber er hat sich verändert. Wir entdecken, dass der Kortex nun aktiver ist und dass das Gehirn auf eine mehr holistische Weise reagiert. Dieses »neue Ego« ist aktiv, aber es funktioniert anders.

Das neue Ego trägt Liebe in sich. Wir haben nun die Brücke überquert. Nicht Liebe verwandelt das Ego. Liebe ist der Ausdruck der Verwandlung. Zuerst müssen Trauer und Stille da sein, danach folgt die Verwandlung des Geistes; und dann stellt sich die Liebe im Handeln ein. Die Auffassung, wonach Liebe fähig sei, das Ego zu verwandeln, ist unrichtig, weil sie auf Beschreibung basiert.

Liebe ist der Ausdruck des neuen Ego, des neuen Geistes, des neuen Gehirns. Das Schöne daran ist, dass dies auf zweierlei Weise geschehen kann. In der buddhistischen Tradition gibt es eine Lehrmeinung, die besagt, das Erlangen von Erleuchtung brauche Zeit, und eine andere besagt, Erleuchtung könne sich in einem einzigen Augenblick vollziehen. Das ist sehr einfach zu erklären: Die Bewegung hin zur Trauer, die sich in Stille verwandelt und einem ermöglicht, die Brücke zu überqueren, dauert nur eine Sekunde und verschwindet dann wieder. Dies ist der Moment, in dem wir vollkommen mit der Atmosphäre verbunden und mit allem im Frieden sind. Es kann umfassend und plötzlich geschehen und uns damit völlig verwandeln, aber bei den meisten Menschen ereignet es sich nicht auf einen Schlag. Bei den meisten Menschen ist damit eine verstärkte Gehirnaktivität verbunden; der Geist ist ganz und gar in dem neuen Ego, und dann verfällt er wieder in die alten Muster.

Die Gefahr zu verstehen

Es spielt wirklich keine Rolle, auf welche Weise dieser Transformationsprozess geschieht – solange er geschieht. Stellen Sie sich vor, Sie sind im Zustand der Trauer und erinnern sich, dass Trauer die Abwesenheit jeglichen Handelns ist. Sie beginnen vielleicht zu beschreiben, dass Sie weder im Zustand der Wut noch im Zustand der Angst sind. Vielleicht fühlen Sie, dass Sie auf dem richtigen Weg sind. Doch all dies wird Sie wieder der Stille entreißen. In dem Augenblick, wo Sie beginnen, Trauer zu beschreiben, kann sie nicht zur Stille werden. Sie kann nicht Kraft zur Transformation werden. Die Beschreibung wird Sie sofort zurück auf die Ebene der Angst oder der Aggression ziehen.

Beispielsweise gibt es eine Art Trauer, die Sie bei Menschen beobachten können, die meinen, sie würden alles verstehen, wie jene, die an die absurde christliche Theorie glauben, wir könnten nur durch Leiden frei werden. Wenn wir aus dieser Motivation heraus für andere Menschen traurig sind, dann laufen wir ernsthaft Gefahr, nichts anderes zu tun, als das alte Ego wieder aufzubauen. Hier findet keine Verwandlung in Energie oder bezüglich der Funktionsweise des Gehirns statt. Trauer verlangt keinerlei Handeln. Trauer ist – wie das Musikhören – Achtsamkeit ohne Beschreibung. Jedes Mal, wenn wir ganz und gar präsent sind, sind wir uns der Trauer, der Stille und des Mitgefühls nicht einmal bewusst. Uns ist nicht im mindesten bewusst, dass wir die Brücke überqueren.

Martin Buber, einer der großen deutschen Mystiker, sagte, wenn wir nicht für die Welt leiden können, wissen wir nicht, was Mitgefühl ist. Aber das Kreuz zu tragen und gewahr zu sein, dass wir die Last der Welt tragen, ist nichts Schönes – der Akt des Kreuztragens, während man in der Freude ist, ist Erleuchtung. Es ist schwierig für den Geist, einfach in Trauer zu bleiben. Der Geist will immer Ausschau halten nach Methoden, um Trauer zu *erreichen*, und nach Hinweisen dafür, ob er auf dem richtigen Weg dazu ist.

Wieder in Verbindung

Was hebt uns auf jene Ebene, die uns erlaubt, angstfrei zu sein? Was führt uns weg von der Angst und hin zur Trauer? Vergessen Sie nicht, dass Angst eine »Strategie« ist, der Trauer zu entkommen. Der Schlüssel, von der Angst weg und hin zur Trauer zu gelangen, ist das *Bewegtsein*. Dies ist etwas anderes als Mitgefühl, das sich einstellt, sobald wir schon im Zustand der Trauer sind – Trauer in ihrer Leere ist Mitgefühl. Bewegtsein ist die Bewegung, das Ich, das Ego zu vergessen. Es impliziert eine Erweiterung der Grenzen.

Wir können nur dann bewegt werden, wenn wir uns nicht verteidigen – wenn es keine Schutzmaßnahmen mehr gibt. Wir können nur etwas verteidigen, das wir als Wesen geschaffen haben – sprich eine Beschreibung gebildet haben. Das Verteidigen unseres Egos trägt nicht wirklich dazu bei, das Ego zu verwandeln; es macht es nur stärker.

Wenn durch das Nichtverteidigen Grenzen im Gehirn aufgelöst werden, so erzeugt dies eine gewaltige Zunahme von Serotonin. Viele Menschen nehmen heutzutage Medikamente oder pflanzliche Heilmittel gegen Depressionen, die den Serotoninspiegel heben sollen. Jedoch sind diese häufig nicht so wirkungsvoll, wie sie sein könnten, weil viel von dem

Serotonin durch die Verteidigung des Ego aufgebraucht wird. Wir können uns nicht von Grund auf ändern, und die Depression wird nicht einfach dadurch verschwinden, dass wir Serotonin nehmen. Es mag dazu beitragen, dass wir uns besser fühlen, aber sobald wir aufhören, es zu nehmen, fallen wir wieder in die Depression zurück.

Bewegt zu sein ist nicht möglich, wenn wir von Angst durchzogen sind oder an ihr festhalten; wir versuchen vielleicht sogar zu vermeiden, körperlich berührt (engl. *touched)* zu werden. Wenn eine Freundin Ihnen erzählt, sie habe Angst, durch eine Prüfung zu fallen, und Sie sich mit ihr identifizieren, dann verbinden Sie das, was gesagt wird, mit Ihren eigenen Erfahrungen. Wenn Sie sich mit etwas, das gesagt wurde, identifizieren, flüchten Sie sich in Erinnerungen und Gedanken, die das Bewegtsein automatisch ausschließen – Sie vermeiden damit sozusagen, bewegt zu werden.

Bewegt zu sein ist die Abwesenheit von Beschreibung. Um bewegt sein zu können, benötigen Sie die Erfahrung der Angst, zu versagen. Wenn Sie bewegt sind, während Sie diese Angst erleben, werden Sie in Verbindung mit der Trauer sein. Es ist sehr schwierig für den Geist, bewegt zu sein, weil er dann keine Wahl hat. Der Geist muss wählen können, um den Eindruck oder die Illusion zu gewinnen, alles unter Kontrolle zu haben. Auf körperlicher Ebene ist dies angebracht und notwendig.

Wenn ich beispielsweise sehr laut Musik spielen würde, aber niemandem erlaubte, den Raum zu verlassen, selbst wenn den Betreffenden das Geräusch unerträglich wäre, so würde ihr Immunsystem um dreißig bis vierzig Prozent geschwächt. Wenn sie sich dagegen die Musik anhörten, solange sie es ertragen könnten, gleichzeitig aber die Freiheit hätten, den Raum zu verlassen, wenn es ihnen passte, würde ihr Immunsystem überhaupt nicht geschwächt. Das Problem beginnt, sobald wir von etwas besessen sind, denn dann schränken wir unsere Wahlmöglichkeiten ein. Es ist wichtig, den Unterschied zwischen dem Körper, dem Geist und der psychospirituellen Ebene zu kennen – und dies können nur wir selbst erforschen. Alle drei Elemente interagieren miteinander, aber sie sind unabhängig voneinander. Auf der psychospirituellen Ebene darf keine Abhängigkeit von der Beschreibung existieren – hier muss Stille herrschen.

Bewegt zu sein bedeutet, dass man keine Wahl hat. Doch der Körper braucht diese Möglichkeit. Der Geist braucht die Illusion der Wahl; er benötigt in Wirklichkeit gar keine echte Wahl, sondern, um stabil bleiben zu können, braucht er die Illusion der Wahl. Auf der psychospirituellen Ebene gibt es keine Wahl, und hier können wir – mit der christlichen mystischen Terminologie ausgedrückt – die Verbindung zum Glauben sehen.

Glauben, im mystischen Sinne, bedeutet nicht, blind an den Gott der jeweiligen Kultur zu glauben, in die wir eben hineingeboren worden sind. Ein Mystiker weiß, dass es auf der psychospirituellen Ebene keine Wahl gibt. Wir suchen uns nicht aus, wovon wir seelisch bewegt werden – es kann jemand sein, der schön und angenehm oder hässlich und wenig erfreulich anzusehen ist, und es kann in einer Situation geschehen, wo wir es zuletzt erwartet hätten.

Stellen Sie sich vor, Sie stehen inmitten eines Schlachtfelds, in einer neutralen Position zwischen Hunderten von albanischen Flüchtlingen einerseits und serbischen Soldaten andererseits. Wenn Sie das Leiden der Flüchtlinge sehen, sind Sie bewegt. Wenn Sie das Leiden der serbischen Soldaten oder ihrer Familien sehen, die vielleicht ihre Söhne verloren haben, sind Sie ebenfalls bewegt. Betrachten Sie diese Situation vom Standpunkt von Ursache und Wirkung aus, werden Sie ungerecht handeln, weil Sie sich zwangsläufig zugunsten der einen Seite entscheiden werden. Für eine arme Flüchtlingsfamilie beispielsweise sind die Serben die Ursache ihrer Misere. Wenn Sie Serbe sind, werden Sie die Ursache für das Leiden einer anderen Instanz zuschieben. Wenn wir die Ursache gänzlich ausklammern können, werden wir genauso bewegt sein von einem serbischen Kind, das seinen Vater bei der Verteidigung des Landes verliert, wie von den Albanern, die aus ihren Häusern vertrieben werden.

Bewegt zu sein hat nichts zu tun mit Logik oder einem Urteil; es impliziert weder eine Wahlmöglichkeit noch Vorstellungen von richtig oder falsch. Entsprechend dazu sind auch der Trauer keine Regeln, Ideologien oder Beschreibungen Eigen. Daher ist es hilfreich, einen Seinszustand zu kultivieren, in dem die Zeit abwesend ist. Wie wir gesehen haben, ist das Ich Zeit, und unsere Gefühle müssen ganz und gar vom Inhalt, von der Geschichte oder der Interpretation getrennt werden, so dass nur der Vorgang der Beobachtung übrig bleibt. Wenn wir bewegt sind, gehen wir von der Angst zur Trauer. Das ist das Wesen der Trauer, und in der Trauer gelangen wir zu Stille und Liebe.

Austreten aus der Zeit und ins Herz

Die Bewegung des Werdens

All das bedeutet, dass wir unsere Einstellungen radikal ändern müssen, wenn wir frei werden wollen. Mit unserem rationalen Geist fragen wir uns vielleicht sogar, warum es überhaupt Qualitäten gibt. Ohne hier im Detail auf die Philosophie, Religion oder selbst Wissenschaft einzugehen, können wir anhand direkter Beobachtung sehen, dass die Antwort auf diese Frage mit der Evolution zu tun hat.

Wir können Gott nicht sehen, aber wir können etwas sehr Einfaches in der Natur wahrnehmen, da jede Blume versucht, zu blühen und ihr Potenzial zu entfalten, und jeder Obstbaum versucht, Früchte hervorzubringen. Jeder Samen hat seine Energiemuster, seine grundlegende Evolutionsbewegung, was bedeutet, dass er ein klares Ziel hat – seinen Daseinsgrund –, nämlich das zu werden, was er in sich trägt.

Die Evolution ist ganz eindeutig die Bewegung des Werdens, nicht im Sinne von Wissensansammlung oder dem Erreichen einer Leistung, sondern im Sinne der Entfaltung dessen, was in uns schlummert. Darin, dass der Baum die Frucht hervorbringt, und in der Knospe, die sich öffnen will, können wir die Bewegung der Liebe sehen.

Der Prozess der Liebe

Jeder von uns ist nichts anderes als die Bewegung der Liebe selbst. Die Qualitäten sind die Instrumente, durch die sich diese Liebe manifestiert. Jedes Individuum hat verschiedene Möglichkeiten, die Bewegung der Liebe auszudrücken, aber wir alle sind eingebunden in eine allgemeine Bewegung der Natur, die danach trachtet zu blühen, zu teilen und in Verbindung mit dem zu kommen, das mehr ist, als es offenbart. Selbst der Körper versucht ständig, in Kontakt zu anderen Körpern zu kommen.

Ein Korper, der berühren und von anderen berührt werden kann, hat Leichtigkeit und Ausstrahlung. Das Immunsystem eines Menschen, der andere berührt und berührt wird, ist viel stärker als das von jemandem, der diese Art von Kontakt nicht hat oder nicht will. Kinder sind wie die Öffnung einer Blume, ein wunderbares Beispiel für die Bewegung der Liebe. Die transformierende Kraft, welche die Evolution vorantreibt, ist in Wirklichkeit Liebe. Energie, wie die Evolution selbst, ist nichts anderes als Liebe.

Die Bewegung der Liebe ist ein Prozess der Entfaltung. Er vollzieht sich mit Hilfe des Gehirns, das als Transmitter fungiert, als Vermittler oder Zwischenglied. Vielleicht fragen Sie jetzt, wie der menschliche Geist je frei wird, wenn er in Beschränkung strukturiert ist. Tatsache ist, dass Freiheit unsere wahre Natur ist; dies ist verschleiert und vergessen worden. Wir können sehen, dass alle biologischen Organismen miteinander verbunden sind. So blüht jede Blume nicht nur in dem Bemühen, ihr eigenes Schicksal zu erfüllen; sie spielt gleichzeitig auch eine Rolle im weiteren Zyklus der Natur. Wenn wir häufiger beobachten würden, was in der Natur geschieht, würden wir begreifen, welche Möglichkeiten wir besitzen, um die Funktionsweise unseres Geistes radikal zu ändern.

Wie transzendiert (verwandelt sich) beispielsweise eine Raupe, um ein Schmetterling zu werden? Würden wir eine Raupe fragen, ob sie ein Schmetterling werden könnte, so würde die Raupe sagen, dies sei unmöglich. Und sie hätte Recht, weil sie als Raupe nur aus der Perspektive ihres Raupenbewusstseins antworten könnte, und damit die Verwandlung stattfinden kann, muss ihr Raupenbewusstsein sterben. Doch wie wir gesehen haben, ist Sterben kein Prozess, der nur am Ende unseres Lebens geschieht, wenn unser Körper-Geist neu geordnet wird. Mit dem biologischen Tod stirbt nichts wirklich – die Struktur wird lediglich neu geordnet. Wahres Sterben geschieht, wenn unser Geist zu sehen beginnt, dass er auf anderen Ebenen nicht gebraucht wird – zum Beispiel auf der psychospirituellen Ebene. Die Gefühlsebene muss nicht gebunden, erfasst und verstanden werden – der Geist wird dann ein Schmetterling, oder er wird sich seiner wahren Natur bewusst, was als Evolutionsprozess zu erkennen ist. So wie der Samen den Baum in sich trägt und aus dem Baum die Frucht erwächst, kann der Körper-Geist als Samen betrachtet werden.

Wir alle machen den weit verbreiteten Fehler zu denken, sobald wir erwachsen sind, hätten wir unser Ziel verwirklicht, aber in Wahrheit sind wir dann erst zu Samen geworden. Und wie der Samen muss auch unser Geistbewusstsein zuerst sterben, um zum Früchte tragenden Baum zu werden. Die Evolution bei Menschen, Pflanzen und Tieren beruht auf dieser Bewegung weg vom Körper-Geist.

Energie und Fluss

In dem chinesischen Klassiker *Tao Te Ching* verwendet Lao Tzu Wasser als Metapher für Energie, Liebe und den Fluss des Lebens. Stellen Sie sich einen Strom vor, dessen Wasser die Qualitäten, unsere wahre Natur, symbolisieren. Die Qualitäten verkörpern den Fluss der Liebe. Und nun stellen Sie sich ein Erdbeben vor. Das Erdbeben verkörpert die Schöpfung des Körper-Geists, die Entstehung des Bewusstseins. Dinge werden einem nur dann bewusst, wenn sie in Form und Zeit strukturiert sind; mit dem Aufkommen des Erdbebens sind wir also innerhalb von Form und Zeit. Erinnern Sie sich, dass der Körper Form ist; das Ich oder Ego ist Zeit. Sobald das Erdbeben beginnt, hört der Fluss des Stroms auf; der Strom wird gestaut, und an diesem Punkt können wir sehen, dass etwas sehr Bedeutsames geschieht.

Der Fluss des Stroms ist nun gestaut, doch wir werden weiterhin versuchen, so lange einen Weg durch die Blockade zu finden, bis er um das vom Erdbeben verursachte Hindernis herum und durch es hindurchläuft. Das Wasser wird am Ende immer triumphieren, weil es weicher als das Hindernis ist. Die Qualitäten werden immer vorhanden sein. Daher rührt die Symbolik der Reinkarnation. Betrachten wir es auf der einfachen Ebene des Verstehens von Geburt und Wiedergeburt, wird das Wasser, solange es seinen Weg nicht zur Quelle zurückgefunden hat, immer weitersuchen. Es wird dies so lange tun, bis der Fluss wiederhergestellt ist, bis wir, mit den Worten Buddhas, einen Zustand der Erleuchtung oder des Erwachens erreichen. Nur wenn der Fluss wiederhergestellt ist, gelangen wir ans Ende des normalen Bewusstseins – des Bewusstseins, das im Ich und Mein strukturiert ist.

Unmittelbar vor dem Erwachen werden wir imstande sein zu sehen, dass die einfachen Prozesse, auf der unsere Natur und sämtliche anderen Empfindungen basieren, alle genau gleich sind. Zum Beispiel gibt es keine Kultur, die nicht das Phänomen der Aggression aufweist. Aggression ist ein Symptom der Angst, das wiederum ein Symptom der Trauer ist, und Trauer ist ein Symptom der Liebe. Trauer schafft die Brücke zur Liebe. Jede andere Emotion und jeder andere Verhaltenszug ist lediglich Beschreibung. Eifersucht oder Habgier sind die Beschreibung einer speziellen Form der Aggression und können daher mit Angst und Trauer in Zusammenhang gebracht werden. Die Menschen sind viel einfacher, als wir zuzugeben gewillt sind.

Wenn wir die Schönheit und Einfachheit aller Dinge betrachten, merken wir, dass das Bewusstsein von unserer Individualität schwächer zu werden beginnt. Der Geist macht das Leben kompliziert, weil wir uns damit eine individuelle Struktur geben. Diese verleiht Einzigartigkeit, stärkt das Gefühl, ein ureigenes Selbst zu haben, das sich von allen anderen unterscheidet. Doch wahre Schönheit ist nicht etwas Einzigartiges – sie ist einfach, frei und tritt überall in Erscheinung.

___Die Grenzen der Psychologie

Um an den Punkt zu gelangen, an dem wir erkennen, wie wir sind, müssen wir sehen, dass wir mehr sind als die psychologische Theorie uns zugesteht. Freuds Konzept vom Unbewussten zum Beispiel, das noch immer die moderne Psychotherapie beeinflusst und das angeblich alles, was dunkel und verborgen in unserer Natur ist, enthält, ist dem christlichen Glauben ähnlich, demgemäß wir von Natur aus sündig sind und bereuen müssen, ehe unser Leiden endet und wir ins himmlische Reich kommen. Doch wir müssen uns in dieser Weise nicht selbst Grenzen auferlegen.

Der Samen, der sich selbst bezeichnet und mit dieser Definition zufrieden ist, stellt sich selbst in einen ganz bestimmten Rahmen und wird nie zu etwas »Schönem«. Es gibt viele Möglichkeiten, wie sich unser Potenzial entfalten könnte. Wir sind in Gesellschaft ganz anders, als wenn wir mit einem engen Freund zusammen sind oder wenn wir allein sind. Wir haben stets gleichzeitig verschiedene »Selbst« in uns. Ermöglichen Sie es der Qualität, der Atmosphäre, auf alle diese Selbst zu strahlen! Es ist nichts Verkehrtes daran, verschiedene Selbsts zu haben, solange sie in dem Ganzen – das ist die Atmosphäre der Qualitäten – harmonisch nebeneinander existieren.

Das, was wir als unsere Schwächen ansehen, ist lediglich eine Warnung, dass wir mit unserem wahren Bewusstsein nicht in Verbindung sind, und wir müssen die Warnung beachten und uns von ihr leiten lassen. Wenn wir auf der Körperebene keinen Schmerz empfinden würden, könnten wir nicht überleben. In ähnlicher Weise sind die Schwächen eine Form des mentalen Schmerzes; sie signalisieren, dass wir eine Distanz zu unserer Quelle entwickelt haben. Wenn wir uns auf die Psychologie beschränken, nehmen wir uns selbst die Möglichkeit der Interaktion mit den anderen.

___Auf die Schreie des Herzens hören

Sowohl im Buddhismus als auch in der christlichen Lehre wird uns nahe gelegt zu vergeben. Im Buddhismus ist der Bodhisattva *Avalokiteswara* im

Fernen Osten auch in der weiblichen Form als *Kwan Yin* bekannt, es ist »die, die auf die Schreie der Herzen hört«. Jeder von uns kann ein Bodhisattva sein, jemand, der hin und wieder auf die Schreie der Herzen hört. Im *Herzsutra*, das als Kernstück der buddhistischen Lehre gilt, lernen wir, dass die Beobachtung einer falschen Handlung oder eines Fehlers dasselbe ist, wie wenn man auf die Schreie des Herzens hört, und dass diese falsche Handlung zeigt, dass wir nicht mit unserer wahren Natur verbunden waren. Daher müssen wir lernen, auf die Schreie des Herzens zu hören. Jesus meinte dasselbe, als er sagte, dass es in seiner Lehre im Wesentlichen um die Vergebung ginge, da jede falsche Handlung aus Missverständnissen und dem Mangel an Verbindung mit der Quelle unseres Daseins herrühre. Beim Vorgang der Vergebung bewegen wir uns weg von der Vergangenheit. Nichts anderes ist dafür erforderlich.

In der Zweiten Edlen Wahrheit weist der Buddha darauf hin, dass Emotionen und Gefühle unsere natürlichen Antworten auf Probleme, Schwierigkeiten und Leiden sind. Wir können nur allzu deutlich sehen, dass die Welt voller Probleme und Ungerechtigkeiten ist, und was in der Welt geschieht, ist ein Spiegel dessen, was in uns und in unseren Beziehungen zu anderen geschieht. Auf natürliche Weise kommen jedes Mal, wenn ein Erdbeben stattfindet oder wenn wir ein Problem haben, die Emotionen ins Spiel, und wir versuchen, vor dem Problem davonzulaufen. Tief in unserem Inneren wissen wir, dass es unserer Natur entspricht, mit anderen Menschen verbunden zu sein.

Indem wir uns mit anderen Menschen verbinden, können wir dem Leiden ein Ende setzen. Sowohl Buddha als auch Jesus lehrten, dass wir das Leiden beenden, indem wir in Verbindung mit den Schreien des Herzens sind, die von der Trauer herrühren und mit der Qualität des Mitgefühls einhergehen. Es ist wichtig, die Erkenntnis zu kultivieren, dass Trauer nichts Negatives ist, das es zu vermeiden gilt. Immer wenn wir aggressiv sind, zeigt das, dass wir vor unserer Beziehung zur Angst davonrennen. Wenn wir Angst haben – und erinnern Sie sich, dies bezieht sich nur auf die psychische Angst –, so versuchen wir, die Schreie des Herzens auszublenden. Ohne Trauer können wir die Brücke zur Liebe nicht überschreiten und damit auch kein Mitgefühl kultivieren – Mitgefühl ist die Bewegung der Liebe, vereint mit Trauer.

Wenn wir nicht wirklich für uns selbst und für andere sorgen – und Fürsorge schließt Trauer mit ein –, wird niemals das »Blühen« der Liebe im Sinne von Glück erfolgen. In der buddhistischen Lehre bedeutet das Sanskritwort *samatha*, »aufhören«, und wir können sehen, dass unser Dasein nur dann blühen kann, wenn wir aufhören können, auf der mentalen Ebene auf Dinge zu reagieren. Die Raupe (oder der Samen im Prozess der

Transformation) kämpft nicht gegen das an, was geschieht; sie ist von dem Vorgang, etwas anderes zu werden, eine andere Form zu bekommen, ein anderer Ausdruck der Quelle zu werden, voll und ganz in Anspruch genommen. Sie ist im Zustand des Empfangens, der direkten Beobachtung. Genau dies ist die Art Intelligenz, die wir in uns nähren müssen.

Können wir aufhören zu reagieren? Wenn wir wütend sind (und an Wut ist nichts verkehrt), sind wir dann imstande, einen Augenblick innezuhalten, um zu sehen, dass Wut in Wirklichkeit Angst ist? Wenn wir Wut zum Ausdruck bringen, wenn wir die Wut ausleben, können wir niemals darüber hinaussehen und zur Angst vorstoßen. Wenn wir die Angst fühlen, statt zu reagieren und zu interpretieren, statt zu versuchen, sie zu unterdrücken, indem wir uns andauernd beschäftigen, statt zu versuchen, sie zu rechtfertigen oder zu verdrängen – können wir dann sehen, dass hinter der Angst Trauer ist? Transformation kann nur stattfinden, wenn wir nicht auf die Symptome reagieren; jedes Mal, wenn wir beispielsweise Trauer interpretieren, wird sie zu Selbstmitleid. Die Personalisierung einer Bewegung erzeugt das Problem. Wenn wir aufhören, die Trauer zu interpretieren, und einfach bloß den Prozess – oder die Bewegung davon – sehen, werden wir merken, dass wir die Brücke der Liebe überqueren. Wir beginnen wieder, uns zu entfalten, so wie der Samen beginnt, sich zu öffnen und zu keimen, und nähern uns damit unserer wahren Natur, der Quelle, die unser Daseinsgrund ist.

Sich der eigenen Natur nähern

Viele führen ihr Leben wie Tiere in einem Käfig, deren eigentliche Absicht es ist, frei und wild herumzulaufen, und die natürlich in der Gefangenschaft gefährlich werden oder wie Vögel werden, die fliegen wollen, aber ihr Leben mit gestutzten Flügeln verbringen. Wir sind eingesperrt im Gefängnis des Ego, was grundlegend wichtig für unser Funktionieren auf der biologischen und biopsychologischen Bewusstseinsebene ist. Doch was für eine Ebene passend ist, eignet sich nicht als Instrument für eine andere; auf diese Weise entstehen Missverständnisse und irrige Überzeugungen, zum Beispiel die, das Ego als Ursache der eigene Probleme zu betrachten oder den Körper als etwas Unreines anzusehen.

Wir müssen anfangen, selbst zu denken und die Dinge zu prüfen. Buddha bat seine Anhänger, nicht zu glauben, was er sage, sondern selbst zu beobachten und sich kundig zu machen. Wir müssen unseren Geist dazu nutzen, über all das nachzudenken und zudem in Verbindung mit unserer elementaren Natur zu gelangen. Als wir versucht haben, herauszufinden, wie wir an unsere Qualitäten herankommen können, haben wir gesehen, dass das Ego, das Ich, der Inhalt der Vergangenheit (oder unseres Wissens) ist und zudem der Prozess des Beschreibens und des Sich-identifizierens mit den eigenen Erfahrungen ist. Wenn wir lernen, geben wir eine Beschreibung von jeder unserer Erfahrungen und identifizieren uns damit; bei dem Lernprozess braucht unser Gehirn jedes Mal, wenn die Erfahrung wiederholt wird, weniger Energie, um die Aufgabe auszuführen. Lernen wir zum Beispiel, wie man Auto fährt, so sind wir zuerst sehr vorsichtig und passen bei jeder Handlung genau auf; doch mit der Zeit wird das Fahren automatischer, und unser Gehirn kann sich dabei auf andere Dinge konzentrieren.

Auf der Gefühlsebene hingegen bauen wir eine Barriere auf, wenn wir versuchen, Erfahrungen zu beschreiben oder uns damit zu identifizieren. Stellen Sie sich beispielsweise vor, Sie haben einen Abend mit jemandem verbracht, den Sie, wie Sie fühlen, lieben. Sie hatten wunderschöne Stunden, und am Ende des Abends sagen Sie: »Ich liebe dich.« Nehmen wir an, der betreffende Mensch geht nach Hause, weil es schon spät ist. Nachdem Sie wieder allein sind, identifizieren Sie sich mit dem Erlebnis, indem Sie eine Beschreibung davon geben – Sie sagen vielleicht, dass Sie diesen Menschen lieben, weil er so und so geartet ist, und Sie versuchen, Ihre Gefühle zu beschreiben. Sie versuchen, so gut Sie können, zu beschreiben, was Sie mit der Liebe, die Sie empfinden, meinen. Treffen Sie die Person am darauffolgenden Tag, so werden Sie, wenn Sie versuchen, das Erlebnis vom Vorabend zu wiederholen, zwangsläufig enttäuscht sein.

Etwas Ähnliches geschieht, wenn wir ein Buch gelesen haben, das uns sehr gut gefällt, und dann die Filmadaptation davon sehen. Fast immer werden wir enttäuscht aus dem Kino kommen. Leute hingegen, die das Buch nicht gelesen haben, finden vielleicht Gefallen an dem Film, sind jedoch, wenn sie anschließend das Buch lesen, enttäuscht. Oder es kann auch vorkommen, dass alle von einem Film schwärmen, den Sie selbst enttäuschend finden. Hätten Sie ihn gesehen, bevor Sie die schwärmerischen Berichte gehört hätten, so hätten Sie ihn vielleicht ganz anders erlebt. Man kann daran sehen, wie eine Erfahrung eine Beschränkung erzeugt.

In gleicher Weise beschränkt das Festhalten an Erfahrungen auf der Gefühlsebene oder der Ebene der Atmosphäre die Möglichkeit der Liebe. Liebe ist immer neu. Die Qualitäten sind immer neu. Wenn wir ein Bild oder ein Musikstück schaffen, das Erfolg hat, und wir uns an diesen Erfolg klammern, so wird uns das mehr und mehr in unserer Kreativität beschränken. In der Psychologie ist das als Burn-out bekannt: Die Seele blutet aus. Die Vorstellung von der Erfahrung wird wichtiger als die neue Erfahrung selbst. Deshalb sagte Krishnamurti: »Um leben zu können, müsst ihr jeden Augenblick darauf vorbereitet sein zu sterben.« Nicht im körperlichen Sinne müssen Sie darauf vorbereitet sein, noch muss Ihr Geist es sein, sondern die Erfahrung muss sterben oder Sie müssen sie sein lassen. Können Sie sehen, dass jedes Erlebnis zu einer Erwartung wird, wenn man es beschreibt oder sich damit identifiziert? Können Sie sehen, dass die Erwartung etwas Beschränkendes hat und uns weiter von unserem Potenzial entfernt? Jede Erwartung, die auf einer Erfahrung beruht, macht die Möglichkeiten für die Liebe zunichte und schränkt die Chance, eine Verbindung zu den Qualitäten zu entwickeln, ein.

Gehen wir noch einmal zurück zu der Metapher mit dem Samen: Stellen Sie sich vor, dass der Samen sehen kann und dass es möglich ist, ihm den Baum zu zeigen, der er werden wird – sagen wir, ein Apfelbaum. Der Samen schaut ihn sich an und versucht vielleicht, sich vorzustellen, wie es sein muss, ein Apfelbaum zu werden. Wenn der Apfelbaum, der dem Samen gezeigt wird, ziemlich klein ist, so identifiziert sich der Samen damit und beschränkt sein Potenzial, kraft dessen er sonst ein viel größerer Apfelbaum werden könnte.

Liebe ist nicht notwendig fürs Überleben. Identifikation oder Beschreibung haben keinen Platz bei den langsamen Gefühlen, wie Heiterkeit, Liebe oder Glück. Lernen, die Dinge in dieser Weise zu sehen, erfordert nicht, dass wir etwas ändern; wir müssen nur unseren Blickwinkel auf die Dinge ändern, und sie werden mit einem Mal anders aussehen. Der Samen muss nicht etwas anderes werden; er muss nur aufhören, daran festhalten zu wollen, ein Samen zu sein, muss aufhören, sich seiner selbst nur als Samen bewusst zu sein.

Holz hacken

Wenn wir im Fluss *(Flow)* sind, kann es durchaus sein, dass wir uns ohne besonderen Grund gut fühlen – es ist ein Gefühl der Helligkeit, ein Gefühl, emporgehoben zu sein und Seelenfrieden oder *samadhi* zu haben. In diesem Zustand sind wir der Energiefluss, und daher haben wir nicht das Gefühl, glücklich zu sein, weil dieses Glücksgefühl bedeuten würde, dass wir uns unseres Glücklichseins bewusst sind; sobald der Geist ins Spiel kommt, erzeugen wir sofort Dualität. Die Energie würde wiederum abgelenkt werden in das Bewusstsein, glücklich zu sein.

In dem Augenblick, wo wir beginnen, es zu beschreiben, hört der Fluss auf. Auf die Frage »Was ist vor oder nach der Erleuchtung?« antworteten die Zenmeister: »Vor der Erleuchtung – Holz hacken; nach der

Erleuchtung – Holz hacken.« Die Erleuchtung vermittelt uns nicht das Gefühl des totalen Glücks, der Liebe und des Frohsinns; vielmehr vermittelt sie uns die Bewegung hin zur Einfachheit und Bescheidenheit, die der Geist Langeweile nennt.

Dabei geschieht nichts Besonderes; alles ist sehr natürlich. Kein Gefühl der Ekstase stellt sich ein; wir fühlen uns nur sehr »einfach«, was bedeutet, dass wir kein Bedürfnis haben, zu benennen, was geschieht. Im Zeitalter der Wiederkehr des Gurus nennen viele Menschen sich heutzutage Mystiker und posaunen herum, wie sehr sie im Glück und mit Gott verbunden sind. Ein wahrer Mystiker wirkt nicht besonders erleuchtet oder spirituell. Als Buddha gefragt wurde, ob er erleuchtet sei, erwiderte er schlicht: »Ich bin wach.«

Das Im-Fluss-Sein wird zu einem Seinszustand, und Ihr Seinszustand wird nur von einer äußeren Quelle, von einem anderen Menschen erlebt. Ihnen selbst wird nicht bewusst, wie liebevoll Sie sind, doch andere Leute merken, wie liebevoll Sie ihnen gegenüber sind. Folgendes geschieht: Der Geist will sich ständig der Qualitäten bewusst sein, aber die Qualitäten sind nur dann offenkundig, wenn wir ihrer nicht gewahr sind, wenn wir selbst die Qualitäten geworden sind, wenn wir die Atmosphäre der Qualitäten sind.

Mit Hilfe unseres Gehirnbewusstseins können wir unseren Geist beobachten; wir können den Körper, die Gedanken und Gefühle beobachten. Wenn wir unsere Perspektive verändern, kommen wir in den Bereich dessen, was nicht zu erfassen ist, zu dem Zeugen, der nie erreicht, berührt oder verstanden werden kann. Wir können versuchen, es zu interpretieren, aber unsere Interpretation hängt davon ab, wie wir es wahrnehmen, und in dem Augenblick, wo wir es zu benennen versuchen, verschwindet es. Wir sind in der Sphäre dessen, das immer in uns ist, das Gott oder einfach zeitloser Beobachter genannt werden kann.

Wenn wir unsere Achtsamkeit irgendwo einbringen, sind wir in einem Prozess, den wir nicht beschreiben müssen. Ein Prozess ohne Beschreibung kann nicht in der Zeit strukturiert sein; wir sind in etwas vertieft, und wir verlieren jedes Zeitgefühl, aber wir werden die ganze Zeit über aufmerksam sein. Wenn wir ein Bild malen und unser Hauptinteresse dem gilt, wie es aussehen soll und was die Leute darüber denken werden, dann konzentrieren wir uns vielleicht ganz auf das, was wir tun, aber wir sind nicht wirklich darin vertieft. Gehen wir dagegen ganz in einer Tätigkeit auf, so sind wir im Zustand der Hingabe, um es mit den Worten des Zen auszudrücken; wir werden selbst zum Prozess und verlieren unser Zeitgefühl, das, wie Einstein sagte, relativ ist. Wenn wir sehr in jemanden verliebt sind, dann vergeht eine Stunde so schnell wie eine Minute, aber wenn wir »wie auf heißen Kohlen« sitzen, dann kommt uns eine Minute wie eine Stunde vor. Gewahrsein, Achtsamkeit ist also das Nichtbeschreiben; es ist Fließen, der Körper-Geist hört auf zu handeln und wird zum Träger von Energie und Qualitäten. Der Körper-Geist ist wie eine Kerze, während die Qualitäten die Flamme sind. Durch die Aktivierung der Qualitäten erhellt sich der Körper-Geist.

Wenn Sie also im Prozess der Liebe sind, und Sie befinden sich im Zustand des Gewahrseins, ohne zu beschreiben, dann geschieht etwas Ungeheueres: Sie kommen zur Stille. Gewahrsein ohne Beschreibung erzeugt Stille.

Stille und Liebe

Einer der Gründe, weshalb so viele Beziehungen zerbrechen, ist, dass der Geist nicht weiß, wie er mit der Stille umgehen soll. Die Worte, die wir verwenden, wenn wir uns verlieben *(to fall in love* – in den Zustand der Liebe *hineinfallen)*, bestärkt unsere an früherer Stelle erläuterte Auffassung, wonach die Liebe etwas ist, das man nicht forcieren kann. Die ersten vier Monate, in denen wir verliebt sind, werden wir vom Körper gesteuert, hauptsächlich von unserem Hormonsystem. Nach diesem anfänglichen Hoch müssen wir zur Liebe übergehen. Noch ein wenig später setzt eine gewisse Ruhe ein, und an diesem Punkt bekommen manche Menschen Angst, die Liebe könnte schwinden – und zwar deshalb, weil die beiden Partner nicht mehr so sehr aneinander »kleben«. Wie wir gesehen haben, ist der Geist adrenalinsüchtig und fühlt sich daher im Zustand der Ruhe nicht wohl.

Ihren Geist beschleicht dann die Sorge, etwas sei wohl nicht in Ordnung, weil Ihr Ich, Ihr Ego, nicht mehr bemüht ist, Aufmerksamkeit von Ihrem Partner zu bekommen. Das ist der wahre Sinn des liebevollen Zusammenseins. In einer Beziehung muss diese Stille einkehren, damit sie andauern kann, und das betrifft auch die Beziehung, die Sie zu sich selbst haben. Jede Beziehung, die Sie haben, ist nur ein Spiegel der Beziehung, die Sie zu sich selbst haben.

Wenn wir ständig gegen unsere Schwächen ankämpfen – wie kann es da Stille geben? Wenn wir ständig wissen wollen, welche Qualitäten wir in jedem einzigen Augenblick offenbaren – wie kann es da Stille geben? Natürlich ist das ein Paradox. Wir müssen unsere Qualitäten kennen, aber wir haben keine Kontrolle darüber, wann und wie sie vorhanden sind. Andere Menschen können uns durch ihr Feedback zu erkennen geben, ob die Qualitäten in Aktion sind oder nicht.

Hier ist die christliche Auffassung von der Demut wichtig. Ist es uns möglich, mit unseren Qualitäten in Verbindung zu treten, sie zu kennen und sie dann einfach offenkundig werden zu lassen? Nehmen wir beispielsweise an, eine Ihrer Qualitäten sei Sanftheit. Wenn die Menschen, die Ihnen nahe stehen, sich damit identifizieren, so stützen Sie sich auf diese Erfahrung und erzeugen damit eine Erwartung. Und immer, wenn Sie diese Sanftheit nicht vorfinden, werden sie verwirrt sein. Ja, schlimmer noch – da sie aufgrund ihrer Erfahrungen mit Ihnen (die auf der Vergangenheit beruhen) eine bestimmte Erwartung haben, erzeugen sie eine Dualität. Sie selbst werden sich dann ständig daraufhin beobachten, ob Sie die Qualität der Sanftheit tatsächlich haben oder nicht und ob Sie imstande sind, mit der Sanftheit umzugehen. Damit spalten Sie sich in zwei Teile auf und haben nie genug Energie dafür, dass die Qualität voll und ganz zum Ausdruck kommen kann.

___Praktische Anleitung

Gibt es eine praktische Anleitung dafür? Der Geist möchte immer wissen, wie er auf praktischem Wege Dinge erreicht. Er würde am liebsten Techniken dafür beherrschen, aber, wie wir bereits an früherer Stelle festgestellt haben, führen uns Techniken nicht zur Stille. Doch wir können versuchen, dem Geist zu helfen. Hier sind einige Leitlinien – oder vielmehr Einstellungen –, die aus der Stille geboren sind und Ihnen helfen werden, mit Ihren Qualitäten in Verbindung zu treten, ohne sich ihrer bewusst zu sein.

Vergessen Sie nicht, dass alles, was Sie erleben, alles, was Sie vielleicht im Augenblick fühlen, im Grunde ein Teil der Vergangenheit ist. Das Erste, was der Geist sehen muss, ist, dass, was immer Sie gerade wahrnehmen, die Vergangenheit ist und dass Sie mit dem Festhalten an der Vergangenheit den Fluss zur Zukunft blockieren. Ein Samen, der an seiner »Samenhaftigkeit« festhielte, würde nie ein Baum werden.

Wir müssen versuchen, ständig achtsam zu sein, ohne zu beschreiben; denn dies wird uns helfen, in schwierigen Situationen nicht zu reagieren. Befinden Sie sich beispielsweise in der Gegenwart von jemandem, der Sie anschreit, dann sollten Sie drei Sekunden warten, ehe Sie reagieren; Sie werden erstaunt über das sein, was geschieht. Nach drei Sekunden merken Sie vielleicht im Verhalten desjenigen, der Sie angeschrien hat, eine gewisse Veränderung; vielleicht erkennt er jetzt, dass es im Grunde keinen Sinn hat, wütend zu sein. Wenn Sie hingegen auf die erste Wutäußerung reagieren, wird der andere weitermachen, als sei sein Wütendsein eine Realität. Indem Sie erst einmal innehalten und warten, hat der andere die Chance, einzuschätzen, welche Folgen sein Handeln hat. Schülern von Kampfsportarten lehrt man, wenn etwas auf sie zukommt, sollten sie ihm zuerst einmal Raum geben, da sich auf diese Weise die Wirkung der Energie verringert.

Wenden Sie diese Methode an, um Ihre Achtsamkeit dafür zu sensibilisieren, dass alles, was Sie in diesem Augenblick wahrnehmen, die Vergangenheit ist, und um zu erkennen, dass alles, was Sie von einem anderen Menschen auf sich zukommen fühlen, ebenfalls Teil der Vergangenheit ist. Dadurch schaffen Sie Freiraum, der es der Atmosphäre ermöglicht, sich zu ändern. Wenden Sie diese Methode auch für sich selbst an, wenn Sie Wut oder Angst haben – denken Sie daran, dass sie bereits Teil der Vergangenheit sind; halten Sie inne und geben Sie Raum, damit die ganze Struktur sich von selbst ändern kann. Versuchen Sie nie, selbst die Struktur mit dem Geist zu ändern. Der Geist, der die Aggression ja überhaupt erst hervorgebracht hat, kann sie nicht wirklich ändern; der Geist kann sie nur unterdrücken, was das Problem nicht löst.

Wut-Angst-Trauer-Liebe

Obwohl wir nicht alle gleich aussehen oder in derselben Weise handeln, sind wir in unseren psychischen Abläufen alle gleich. Wenn Sie also aggressiv oder wütend werden – selbst wenn die Wut vollkommen gerechtfertigt ist –, dann sollten Sie sie als das sehen, was sie ist: ein Symptom der Angst. Es spielt keine Rolle, ob die Wut gerechtfertigt werden kann oder nicht; es gibt auf der psychospirituellen Ebene keine einzige Phase der Aggression, die nicht ein Symptom der Angst wäre. Wenn in der Bibel erzählt wird, dass Jesus wütend in den Tempel geht, so liegt seiner Wut die Angst zugrunde, dass der Tempel nicht für seinen wahren Zweck genutzt wird. Jedes Mal, wenn Sie merken, dass Angst Sie erfasst, sollten Sie mit Hilfe Ihrer Achtsamkeit versuchen zu erkennen, dass jede Angst Trauer ist. Beispielsweise sind Sie nicht deshalb wütend, weil jemand Sie nicht liebt; vielmehr haben Sie Angst, nicht geliebt zu werden. Ja, in Wirklichkeit haben Sie nicht einmal Angst, nicht geliebt zu werden; Sie sind einfach traurig, dass Ihnen, indem Sie von jemand anderem abgelehnt wurden, die Möglichkeit genommen wurde, Ihrer Liebe Ausdruck zu verleihen. Selbst wenn Ihre Angst ganz real wirkt, ist sie ein Symptom der Trauer. Wenn Sie vor der Trauer fliehen, wird die Angst wiederkehren, und wenn Sie vor der Angst fliehen, werden Sie erneut Aggression empfinden.

Wenn wir einfach in der Trauer verweilen, ohne sie zu personalisieren und ohne sie in Selbstmitleid zu verwandeln, werden wir merken, dass sie nicht Trauer bleibt; sie wird automatisch zu Liebe. Dadurch entsteht wahres Verständnis – nicht aus dem Intellekt, sondern aus dem tiefen Gefühl der Fürsorge. Wenn jemand stirbt und es absolut keine Möglichkeit gibt, den Tod aufzuhalten, begreifen wir, dass in dieser Trauer, die nicht personalisiert werden kann und in der es absolut keine Hoffnung gibt, die Gefühle der Trauer zugunsten eines Glücksgefühl schwinden. Eine heilige Atmosphäre macht sich breit. Wenn wir voll und ganz in der Trauer sind, verwandelt sie sich immer in Liebe.

Den Prozess geschehen lassen

Immer wenn wir mit anderen Menschen zu tun haben, ist es hilfreich, zu versuchen, unsere Interaktion auf die Ebene der Gefühle und der Atmosphäre zu bringen, wo wir jede Interpretation und Beschreibung einstellen. Für mich ähneln die meisten Beziehungen dem, was geschieht, wenn Touristen in die Schweiz kommen. Sie fahren in die Berge und machen eine Menge Fotos von ihnen, aber sie verbringen nicht wirklich Zeit damit, die Berge anzuschauen – sie schauen sich die Berge erst an, wenn sie wieder zu Hause sind! So gehen wir gewöhnlich an Beziehungen heran. Wir beschreiben einen Menschen sofort hinsichtlich dessen, ob wir ihn mögen oder ob uns sein Kleidergeschmack gefällt. Mit all dem geben wir eine Beschreibung des Betreffenden ab. Und denken Sie daran: Wenn jemand zu Ihnen sagt, dass er nicht mag, was Sie tragen, so sagt das lediglich etwas über seinen eigenen Kleidergeschmack aus.

Wenn Sie etwas über einen anderen Menschen herausfinden wollen, dann sollten Sie nicht fragen, wer er ist, sondern was er über Sie denkt, und seine Antwort wird eine Menge über ihn selbst aussagen. Wir müssen also in einem direkten Kontakt sein, doch wenn wir ständig beschreiben, was geschieht, dann schränken wir die Möglichkeit dessen, was sein könnte, ein. Es besteht keine Notwendigkeit zu beschreiben – der Prozess selbst genügt. Nach dem Prozess können wir dann nachdenken, so viel wir wollen. Dafür ist der Geist da, aber während des Prozesses sollten Sie ihn nicht stören, indem Sie den Geist einbringen. Lassen Sie alles, was geschieht, von selbst geschehen. Liebe braucht unsere Hilfe nicht – vielmehr brauchen wir die Hilfe der Liebe.

Auch müssen wir aufhören, die Frage »Warum?« zu stellen. »Warum bin ich so, warum habe ich diese Schwäche?« Stattdessen sollten Sie betrachten, wie die Dinge geschehen. Fragen Sie nicht, warum Sie eifersüchtig sind, sondern wie Ihre Eifersuchtsgefühle entstehen und wie Sie sie zum Ausdruck bringen oder nicht. Woraus besteht der Prozess der Eifersucht? Wenn ich Angst habe, muss ich mir anschauen, wie dieses Gefühl der Angst sich in meinem Geist manifestiert. Was für ein Vorgang ist das? Was weckt die Angst? Worauf reagiert sie? Was verhindert, dass sie aufhört? Auf diese Weise gelangen wir an die Wurzel unserer Denkprozesse. Der Inhalt unserer Gedanken ändert sich von einem Augenblick zum anderen, von Kultur zu Kultur, von Situation zu Situation. Man muss den Inhalt nicht kennen – das Schöne an der Quelle unseres Denkens ist, dass Gedanken das »Blühen«, die Entfaltung unseres Bewusstseins sind. Bewusstsein ist der Prozess der Achtsamkeit in Verbindung mit Beschreibung; Denken ist die Bewegung des Beschreibens. Das ist es, was alle unsere spirituellen Lehrer im Laufe der Geschichte meinten, wenn sie von der Beschäftigung mit dem Denken sprachen. Wenn wir uns auf den Inhalt konzentrieren, statt auf die Bewegung des Denkens, werden wir immer Gefangene des Inhalts sein.

Wie wir gesehen haben, besitzen wir drei Gedankenstrukturen und zwei Denkvorgänge. Wenn wir gleichzeitig sechs bis sieben Gedanken haben – wer wollte da entscheiden, welcher Gedanke im Vordergrund steht und welchen Gedanken wir uns stärker bewusst machen sollten? Denken ist ein Werkzeug, das wir nutzen können, um die Welt zu verstehen, aber es ist unmöglich, es zu benutzen, um uns selbst zu verstehen, weil wir, wenn wir fragen, wer oder was wir sind, in Illusion, Identifikation und Bindung gefangen sein werden.

Versuchen Sie sich klar zu machen, dass jedes Gefühl einem Gedanken entspringt. Also müssen wir beginnen, uns jedes unserer Gefühle anzuschauen; alle basieren letztlich auf Aggression, Angst, Trauer, Glück oder Fröhlichkeit. Versuchen Sie, die Verbindung zwischen Denken und Fühlen zu sehen, ohne eine Beschreibung einzubringen. Wenn wir sehen, dass jedes Gefühl von einem Gedanken erzeugt wird, und wenn wir uns nicht darauf konzentrieren, zur Quelle des Inhalts zu gelangen, sondern stattdessen zur Quelle des Gedankens, dann finden wir Stille.

Stille und die Kommunikation des Herzens

In der Stille kommen wir zurück zum »außerkörperlichen Bewusstsein«, das im spirituellen Zentrum des Herzens, nicht im Gehirn verankert ist. Das spirituelle Zentrum ist der Bereich, der Herz und Kehle umfasst, und das Chakra der Kehle ist das emotionale Zentrum. Wenn wir mit dem spirituellen Zentrum des Herzens in Kontakt kommen, müssen wir die Sprache der Gefühle auf der Herzebene wieder lernen, um unserer Natur treu zu sein; um wieder »ganzheitlich« zu fühlen und mit uns selbst, unserem Nächsten und der Welt als Menschen, die ihr Potenzial voll ausschöpfen, verbunden sein zu können. Wenn wir lernen, wie wir in Kontakt mit unseren langsamen Gefühlen Mitgefühl, Liebe, Freude, innerer Friede, innerer Raum und Stille kommen können, entdecken wir – was wir vergessen haben –, dass das Herz die Verbindung zum außerkörperlichen Bewusstsein ist, die Quelle der Stille und der möglichen Transformation.

Wie wir in der Time-Therapie gesehen haben, sind alle Probleme des Geistes zeitgebunden, da das Denken immer entweder in der Erinnerung (der Vergangenheit) ist oder in der Erwartung (Zukunft), doch die eigentlichen Denkprozesse finden in der Gegenwart statt. Bei allen psychischen Problemen, sogar im Fall von Traumen, wie Autounfällen oder einer anhaltenden traumatisierenden Situation, in der ein Mensch seine Perspektive verliert, ist das Problem an die Zeit und an unsere Identifikation mit dem, was geschieht oder geschehen ist, gebunden.

Wenn wir lernen, aus der Zeit herauszutreten – aus dem Geistbewusstsein und seinem Gebundensein an die Beschreibung, und weg von der Gehirntätigkeit – und ins außerkörperliche Bewusstsein, können psychische Symptome gelindert werden, da wir beginnen, Raum, Freiheit und Entspannung zu erfahren. Da der Fluss oder die Energie zwischen Herz und Geist und Herz und außerkörperlichem Bewusstsein wieder hergestellt ist, wird eine gewaltige Verschiebung der Perspektive und eine Bwusstseinserweiterung möglich. Wie können wir also lernen, aus der Zeit herauszutreten?

Herzenergie

Das menschliche Verhalten ist die Gesamtheit der körperlichen Empfindungen, Gedanken und Gefühle, und während viele Forschungsarbeiten über den Geist und das Gehirn durchgeführt wurden, beginnen wir erst jetzt, wiederzuentdecken, was die Menschen im Altertum bereits wussten – dass der Bereich um das Herz, das Herzzentrum oder Herzchakra, mehr Energie ausstrahlt als das Gehirn und eine größere Rolle für unser Wohlbefinden spielt, als wir gewöhnlich annehmen. Die einzige Stelle im menschlichen Geist-Körper-System, die keine Zeitstruktur aufweist, ist die Herzregion.

Das Herz als Organ ist, wie wir wissen, lebenswichtig; es pumpt Blut durch das ganze Geist-Körper-System und erzeugt damit Energie. Die Schwingungsrate des Gehirns beträgt nur null bis dreißig Kreise pro Sekunde, wohingegen die des Herzens mit null bis einhundert Kreisen pro Sekunde viel höher ist – fast vierzig Mal stärker als die Gehirnschwingung. Das Herzzentrum hat eine physiologische Beziehung zur Thymusdrüse, die für das Immunsystem verantwortlich ist, und das physische Herz erzeugt Hormone, die einen Einfluss auf das Gehirn haben. Zwischen unseren Gedanken, Gefühlen und körperlichen Empfindungen gibt es eine Lücke, einen Raum, eine Leere, die wir den *Nullfaktor* nennen. Im Anschluss an jede Empfindung, jedes Gefühl und jeden Gedanken erfolgt ein Impuls und dann eine Reaktion auf diesen Impuls, und dann – zwischen dem Impuls und der Reaktion – ist wieder ein Raum der Leere, den man auch Stille nennen kann.

Forschungen haben gezeigt, dass etwas Sensationelles geschieht, wenn wir beginnen, diesen Nullfaktor zu beobachten: Das Immunsystem wird um zwanzig Prozent stärker, wenn wir diese Beobachtung fünf Minuten lang praktizieren. Die Gesundheitsaura wird kraftvoller, und der Serotoninspiegel im Gehirn steigt beträchtlich an. Wenn wir, zunehmend geübter, mehr und mehr diese Leere beobachten, wird die Lücke größer, und dabei können wir im wahrsten Sinne des Wortes Tiefenentspannung erleben. In dieser Stille kommen wir in Kontakt mit der Leere, die alles enthält; sie ist das Nichtsein, in der die Liebe entsteht. Und hier treten wir in Verbindung mit unserer Herzenergie.

In der Stille stellen sich ganz natürlich und mühelos Liebe, Mitgefühl, Glück und innerer Frieden ein. Was der Buddha *tathata* oder *So-Sein* nannte, was bedeutet »die Buddhanatur, die in den Dingen, so, wie sie sind, verborgen ist«, bezieht sich auf die Beobachtung dieses Raumes der Liebe. Jedes Verhalten kann man zum Mitgefühl zurückverfolgen. Die Wurzel allen Verhaltens – selbst des, wie wir es vielleicht nennen würden, schlechten oder unakzeptablen Verhaltens – ist Mitgefühl: die gleichzeitige Bewegung von Trauer und Liebe. Dies schließt übrigens ein, dass man auch Mitgefühl für sich selbst hat.

Wenn wir dies in unserer Beobachtung sehen können, ändern sich unsere Einstellung und unsere Sichtweise auf das Leben; dies ermöglicht uns, Dinge aus der Vergangenheit zu vergeben und in der Zukunft unserem Potenzial freien Lauf zu lassen. Wenn wir aus dieser Leere heraus unserem Feind begegnen, dann gibt es keinen Drang nach Rache und kein Gebundensein an vergangene Schmerzen und Leiden. Wir können sehen, dass wir deshalb leiden, weil wir eigentlich Liebe ausdrücken, uns mitteilen und warmherzig sein würden. Wenn wir uns aus der Stille heraus wieder mit unserer Herzenergie verbinden, finden wir die Möglichkeit, unser Leiden zu beenden.

___Das Herz nähren

Wenn die Herzenergie sich ändert, so beeinflusst dies automatisch die Gehirnaktivität. Um unser Verhalten auf einer persönlichen und umfassenderen Ebene zu ändern, müssen wir mehr tun, als nur lernen, wie man gesund denkt, wie man sich entspannt und Meditation praktiziert. Wir müssen die Herzverbindung wiederherstellen und unsere Herzenergie in unsere Beziehungen zu den anderen und zu uns selbst einbringen.

Inwieweit die Herzenergie in unserem Alltag gegenwärtig ist, hängt davon ab, wie viel Energie wir hineinleiten. Wenn wir uns aufgrund von seelischen Verletzungen selbst völlig von unserem Herzen »abgeschnitten« haben und uns Schmerz und Herzweh vertrauter sind als Liebe und Freude, haben wir uns in Wirklichkeit von unserem Potenzial, von den Qualitäten abgeschnitten, die die wahre Essenz unseres Daseins sind. Trotz der Tatsache, dass wir vielleicht mit der Zeit unser Herz verschlossen haben, um uns zu schützen, muss das Herzchakra nicht in irgendeiner Weise entwickelt werden, da es immer da ist. Wir haben noch immer die Herzenergie, mit der wir geboren wurden, aber wir müssen sie aktivieren und nähren, damit sie auf der körperlichen, emotionalen, mentalen und spirituellen Ebene produktiv funktionieren kann. Wenn wir dies tun, wird die Verbindung zum außerkörperlichen Bewusstsein verstärkt.

___Sich von der Zeit wegbewegen

Die Zeit »bleibt« nur dann »stehen«, wenn Sie in einer Bewegung begriffen sind, die von Ihnen wegführt, wie, wenn Sie sich verlieben; dann verlieren Sie jedes Zeitgefühl. Falls Sie jedoch ganz bewusst versuchen, in diesen Zustand zu gelangen, so trägt das ganz bestimmt nicht dazu bei, den Energiefluss zum Herzen zu intensivieren. Wenn Sie eine Veränderung herbeiwünschen, so blockiert das nur Ihre Energie. Veränderung wollen oder etwas tun wollen spaltet Energie auf und bringt den Fluss ins Stocken, wodurch sich die Vitalität verringert. Der Vorgang, eine Veränderung zu wollen, erzeugt Zeit.

Wenn Sie aussprechen, was Sie ändern wollen, so heißt das, dass Sie es nicht mehr beobachten können. Interpretation ist Beschreibung – das heißt Denken. Das Unterlassen von Interpretation, Beschreibung und Identifikation verstärkt die Herzenergie. Wenn keine Wahl zu treffen, kein Weg einzuschlagen ist, merken wir, dass die Zeit einfach dahingeht. Das Herz kann die Energie des Gehirns übernehmen, sobald wir aufhören zu interpretieren, was geschieht; dann kann Energie durchs Herz fließen und damit Freiheit und Frieden bringen. Wenn wir nichts wünschen und nur durch die Bewegung des Gebens motiviert sind, beginnt die Herzenergie stärker zu werden. Geben wir uns einfach der Beobachtung des Gegenwärtigen hin, ohne etwas zu beschreiben, ohne uns mit etwas zu identifizieren, werden wir feststellen, dass wir uns in Stille und im Fließen befinden. Fließen bedeutet, dass es keinen Anfang und kein Ende und damit keine Zeit gibt, die Liebe, Glück und Stille im Weg stehen könnte.

Im Fluss der Beziehungen

Letztlich müssen wir lernen, physisch und mental Raum zu schaffen, um mit der Quelle der Energie in Verbindung zu kommen. Raum selbst hat keine Bewegung, aber Bewegungen geschehen im Raum; indem man Raum schafft, fördert man also die Bewegung der Energie. Bewegt man sich vom physischen Körper weg, so bedeutet das nicht etwa, dass man sich gegen den Körper wendet; aber der Körper braucht Raum, damit wir eine Beziehung zwischen den verschiedenen Elementen unseres Wesens – physisch, subtil, ätherisch, Herz, Geist, Gefühle und Gedanken – herstellen können. Stellen Sie sich einen Kreis als Symbol der Einheit, eines Ganzen, vor. Das Bemerkenswerteste daran ist, dass dieser Kreis keinen Anfang und kein Ende aufweist und keine Zeit. Den Kreis zu analysieren ist sinnlos – an einem Kreislauf oder Kreis gibt es nicht Ursache und Wirkung, nur eine Wechselseitigkeit der Beziehungen, eine Interdependenz.

Wenn wir völlig in Beobachtung vertieft sind, haben wir eine Beziehung hergestellt, die eine verwandelnde Wirkung hat. Jedes Mal, wenn wir etwas beobachten, haben wir sofort einen Einfluss darauf. Energie wird dadurch verwandelt, dass man mit etwas in Beziehung ist, und in Beziehung sein heißt beobachten. Beobachten Sie ganz intensiv Ihre Schwäche oder Ihr Problem – und etwas wird sich ändern, da in der Stille der Beobachtung Energie erzeugt wurde.

Nehmen wir Lao Tzus Beispiel vom Wasser als Metapher für Energie, Liebe und den Lebensfluss, dann sehen wir, dass Wasser zu Eis oder zu gefrorener Energie werden kann – ein Symptom für Krankheit oder psychische Probleme. Wenn wir die Sonne als Symbol der Beobachtung – oder Beziehung/Verbindung – nehmen, so beobachten wir, dass das Eis schmilzt und wieder zu Wasser wird. Wenn wir aber das Eis nehmen und draufschlagen – womit wir zu der bereits gefrorenen Energie eine aggressive Handlung hinzufügen – und es in Stücke hauen, wird es immer noch Eis sein; es ist noch immer gefrorene Energie, nur zerschlagen oder aufgespalten. Wenn die einzelnen Stücke tauen und wieder zu Wasser werden, so wird man das als normalen Vorgang betrachten; was wir jedoch als etwas »Normales« ansehen, ist in Wirklichkeit ein langer Weg zu Gesundheit, Lebensqualität und Wohlbefinden.

Wenn wir mittels Beobachtung die Sonne aufs Wasser scheinen lassen, so sehen wir, dass eine Transformation stattfindet, da die Energie sich bewegt und sich die Formen verändern. Das geschieht, wenn wir von der Normalität zur Gesundheit übergehen. Dies kann nur durch direkte Beobachtung erfolgen, indem wir eine Beziehung zu dem herstellen, was da ist, indem wir uns damit verbinden, ohne einzugreifen, und somit die Energie des Beobachteten verwandeln. Um in Beziehung (oder Beobachtung) zu sein, benötigen wir keinerlei Anstrengungen, Kenntnisse oder Verständnis, und wir brauchen nicht im Voraus zu wissen, was bei unserer Beobachtung herauskommt. Wie Buddha sagt: Alles ist Beobachtung – aber »kleben« Sie nicht an den Ergebnissen Ihrer Beobachtung.

Hin zu Unsicherheit und Liebe

Die Wiederherstellung des Energieflusses durch Beobachtung und Beziehung bedeutet das Ende der Konzepte. Konzepte implizieren einen Denkvorgang, der es Ihnen nicht erlaubt, dank Ihres eigenen Herzens in Verbindung mit sich selbst zu sein. Mit Konzepten kann es keine Stille geben. Energie braucht keine Sicherheit, um Liebe und Stille erzeugen zu können. In der Bewegung des Fließens gibt es keine Sicherheit. Sind Sie bereit, sich dem Fließen, der völligen Unsicherheit zu überlassen?

Unsicherheit schenkt uns eine Ahnung von Stille und von der Bewegung der Liebe. Energie wird durch Unsicherheit in Denken umgewandelt; Denken ist gelenkte Energie. Vermag Ihr Geist absolut ohne Gewissheit zu sein, um sich zu Stille und Liebe hinbewegen zu können? Vielleicht meinen Sie, wir könnten uns einzig durchs Denken sicher fühlen, aber Denken verleiht uns nur die Illusion der Sicherheit; die einzige wahre Sicherheit stellt sich durch Stille ein. Gedanken erzeugen im Grunde Unsicherheit, obwohl jeder Gedanke dem Versuch entspringt, Unsicherheit zu vermeiden. Können Sie sehen, dass Denken dadurch entsteht, dass wir versuchen, Unsicherheit zu beherrschen? Der Geist sagt uns, wir sollten sie beherrschen, insbesondere, wenn die Energie der Trauer durch unser Herz fließt. Wenn wir einfach nur in dieser Trauer verweilen können – nicht in der personalisierten Trauer des Selbstmitleids –, sind wir auf der Brücke zur Liebe. Können Sie jetzt sehen, dass das Einbringen des Denkens eine ständige Bewegung von der Vergangenheit in die Zukunft impliziert, dass dadurch Erinnerungen und Erlebnisse geweckt und in die Zukunft projiziert werden?

Weisheit schafft niemals ein Glaubenssystem, weil ein Glaubenssystem Denken impliziert, und wenn wir denken, können wir nicht beobachten. Beobachtung ist das Ende der Anstrengungen; sie entsteht, wenn Sie es nicht erwarten und wenn Sie keinen Wunsch nach Kontrolle, nach Identifikation haben. Das Schöne des zusammenhängenden Dialogs des Kreises besteht darin, dass wir von Liebe, Stille, Beobachtung oder Unsicherheit ausgehen können, um uns mit unserer Herzenergie zu verbinden.

Von der Beobachtung aus

Es spielt keine Rolle, wo wir in dem Kreis damit beginnen, die Herzenergie zu nähren, da alle erwähnten Elemente miteinander verbunden und voneinander abhängig sind. Sie können mit der Unsicherheit beginnen, aber wenn Sie die Freiheit der Unsicherheit nicht ertragen, können Sie auch von der Liebe aus anfangen. Doch Liebe ist im Wesentlichen die Abwesenheit von Sicherheit, und sie entsteht nur dann, wenn Sie ohne Reaktion beobachten. Durch Wissen und Verstehen können Sie nicht mit dem Herzen verbunden sein. Das ist auch der Grund, weshalb Liebe das Ego nicht verwandelt – Liebe ist die Manifestation dessen, was jenseits des Ego ist. Sie können auch mit Stille beginnen, aber wenn Sie auf die Antwort einer Frage warten, können Sie nicht in der Stille sein. Oder aber Sie beginnen direkt mit der Beobachtung, da Beobachtung zu unserer wahren Natur gehört.

Wie können wir in einen Zustand der Beobachtung kommen, ohne darüber nachzudenken? Nur wenn wir begreifen, dass dies Leere oder Abwesenheit von Geist bedeutet – aber dann sind wir sofort im Bereich der Unsicherheit. Wir können Liebe, Trauer oder Stille nicht vermeiden, weil wir alle zumindest Augenblicke oder Ahnungen von Leere, vom Nichts haben. Psychische Probleme entstehen hauptsächlich deswegen, weil wir ständig versuchen, dem Kreislauf von Stille zu entgehen, was Spannungen und Frustration erzeugt und dazu beitragen kann, die Symptome zu verschlimmern. Alle psychischen Probleme werden durch die Zeit verursacht; daraus folgt, dass sie gelöst oder überwunden werden können, wenn man aus der Zeit heraustritt.

___Ins Zentrum des Herzens

Wenn wir uns in einem Zustand befinden, wo unsere Aufmerksamkeit nicht mehr im Wesentlichen dem Inhalt der Gedanken gilt, sind wir in Unsicherheit, und dann ist es uns möglich, mit dem spirituellen Zentrum des Herzens in Verbindung zu treten, dem Anker des außerkörperlichen Bewusstseins oder des zeitlosen Beobachters. Wenn wir uns vom Körper entfernen, wird der Anker vitaler und energiegeladener. Versuchen Sie so oft wie möglich, mit dem spirituellen Zentrum verbunden zu sein, nicht auf der Ebene des Körpers, sondern etwa dreißig Zentimeter vom Herzbereich entfernt.

In der Stille sein bedeutet, in völliger Unsicherheit sein, ohne Reaktion, ohne Wissen, und ganz und gar im Zustand der Beobachtung.

Beobachtung ist die Abwesenheit vom Denken, das Veränderung und Unsicherheit vermeiden will.

Stille und Leere in Bewegung werden zu Liebe.

Das Ergebnis all dessen ist Einfachheit und Demut. In der Unsicherheit geschieht Erleuchtung – die Atmosphäre des Glücks, der Freude, des Friedens und des Mitgefühls. Hier sind wir verbunden mit der Hauptquelle der Liebe, was bedeutet, dass es keine Rolle spielt, ob wir uns dessen bewusst sind, weil die Verbindung mit den Qualitären immer besteht. Es ist im Wesentlichen die Energie der Liebe. Liebe ist Bewegung aus der Stille. Es ist die Bewegung der Evolution, des Teilens, des Sichentfaltens, des Blühens und des Werdens. Sie selbst sind Träger der Liebe und der Qualitäten. Und das bedeutet Energie wirklich. Teilen ist die eigentliche Bewegung der Liebe, und nur eine Welt, in der geteilt wird, kann eine wahrhaft friedliche Welt sein.

Anhang

Über den Autor

Manuel Schoch wurde 1946 in der Schweiz geboren. Seit seiner Kindheit besitzt er die Fähigkeit, Energiefelder oder Auren bei anderen Menschen wahrzunehmen, wozu auch hellsichtige Visionen und das Hören Verstorbener, die Kontaktaufnahme mit Geistern und anderen Wesen gehört. Sein ganzes Leben lang hat er mystische Erlebnisse gehabt.

Nach seinem Schulbesuch arbeitete Manuel Schoch einige Jahre lang in der Landwirtschaft. Danach studierte er Psychologie in der Schweiz und in England, wo er auch seine übersinnlichen und medialen Fertigkeiten verfeinerte. Er war als jüngster Redakteur für das Schweizer Fernsehen und als Personalmanager einer großen amerikanischen Fernmeldetechnologiefirma tätig.

1971 begann er seine eigene Tätigkeit als Therapeut und arbeitete lange mit dem dänischen Heiler Bob Moore zusammen. Er war Mitbegründer des Analytischen Zentrums in Zürich und gründete 1974 das HiHo-Kollektiv, eine antipsychiatrische Institution. Die Arbeit mit seinen Heilfähigkeiten brachte ihn dazu, das Tune-in-Institut für menschliche Entwicklung zu eröffnen, wo er 1984 begann, der Öffentlichkeit seine Qualitäten in Vorträgen, Workshops und Lehrprogrammen zugänglich zu machen. Manuel Schoch hat die Therapieformen der Time-Therapie sowie das Außerkörperliche Heilen entwickelt – in seine Arbeit fließen Weisheit, Klarsicht, Mitgefühl, Humor und Bescheidenheit ein. Sein Ansatz und sein Lehrstil sind einfach, praktisch und eignen sich ideal für das moderne Alltagsleben.

Heute ist Manuel Schoch Leiter der Tune-in-Institute für Time-Therapie in Zürich, London und Athen. An der Universität Zürich lehrte er im Weiterbildungsprogramm »Wissenschaft und Weisheit«. Manuel Schoch ist verheiratet, hat zwei Söhne und lebt in Zürich. Er unterrichtet regelmäßig in London, Athen und New York.

Was ist Time-Therapie?

Während die herkömmliche Psychologie darauf ausgerichtet ist, das Selbst innerhalb seiner natürlichen Grenzen von Raum/Zeit oder Ursache/Wirkung zu erforschen und zu verstehen, geht der spirituelle Ansatz darüber hinaus.

Nach dreißig Jahren sorgfältiger Beobachtung des menschlichen Energiesystems hat Manuel Schoch die Time-Therapie als direkten und praktischen Weg entwickelt, der es ermöglicht, ganz bewusst das Potenzial der Qualitätsaura in den Bereich des Körper-Geists und in den Alltag zu integrieren.

Time-Therapie – eine Brücke zwischen Psychologie und Spiritualität – ist eine therapeutische Methode, die auf folgenden Tatsachen basiert:

- Jeder Mensch hat Qualitäten und muss eher diesen als seinen Schwächen Aufmerksamkeit schenken.
- Die Vergangenheit spielt eine weniger bedeutsame Rolle, als wir glauben oder behaupten.
- Wir werden mehr durch unsere Angst vor der Zukunft beeinflusst als durch unsere Angst vor der Vergangenheit, was bedeutet, wir sollten mehr die Verantwortung für uns selbst übernehmen und weniger die Vergangenheit für uns verantwortlich machen.
- Die meisten Krankheiten, insbesondere die psychischen, resultieren aus einem Fehlen von Perspektive.
- Um Liebe geben zu können, muss man nicht zuvor Liebe erhalten haben.

Woher kommt die Bezeichnung der Time-Therapie?

Das, was wir gewöhnlich über die Zeit wissen, bezieht sich nicht auf die Zeit, welche die Armbanduhr anzeigt, sondern auf die Zeitstruktur von Ursache und Wirkung. Die Time-Therapie beweist, dass es keine Struktur von Ursache und Wirkung gibt.

Die Time-Therapie zeigt uns, dass wir mehr sind als der Körper-Geist. In bestimmten Augenblicken unseres Lebens haben wir das alle schon einmal erfahren, wenn wir das Zeitgefühl verloren und mit dem erweiterten Zustand einer größeren Dimension verbunden waren – das, was die Time-Therapie außerkörperliches Bewusstsein nennt.

In diesem Zustand sind wir in Verbindung mit unseren Qualitäten oder mit unserem Seelenpotenzial. Die Time-Therapie zeigt uns, wie wir leichter und schneller aus der Zeit heraustreten und in den Zustand des außerkörperlichen Bewusstseins gelangen können. Dadurch gewinnen wir mehr Lebensperspektive und können beobachten und fühlen, was in uns selbst vorgeht, ohne reflexartig zu reagieren, wie wir es aufgrund unserer Angst gewöhnlich tun; Angst hält uns gefangen und beeinträchtigt unseren Energiefluss und unsere Fähigkeit, das Leben zu meistern und auf unserem Weg vorwärts zu gehen.

Sind wir verstärkt mit diesem erweiterten Zustand verbunden, der zu unser aller Dasein gehört, gelangen wir zu innerem Frieden, Stille und Lebenskraft, wonach wir alle uns sehnen.

___Adressen

Tune in Institut für Time-Therapie
Seestrasse 561, 8038 Zürich, Switzerland
Telefon +41 (0)1 481 71 81
Tune-in@cybercity.ch, www.tune-in.ch, manuel.schoch@bluewin.ch

Tune in Center for Time Therapy
14 St. Georges Mews, London NW18XE, England
Telefon +44 207 586 58 56
www.timetherapy.co.uk, sanita.hochhauser@btinternet.com

Tune in Center New York
Katie Adams
353 Central Park West AP10, 10025 N.Y. New York, USA
Telefon +1 212 531 47 25, katiea49@nyc.rr.com

Tune in Center for Time Therapy
Stratigou Ionnou 18, 11636 Athens, Greece
Telefon +30 10 752 1450, juliehardenberg@ath.forthnet.gr

___Publikationen

Meditation – Transformation – Freiheit vom Ich, Tune in, Zürich
The little Book of Time Therapy, Tune in, London
Healing with Qualities. The Essence of Time Therapy, Sentient Publications, Boulder CO, USA
Time Therapie. Heilung aus der Qualität, Edition Spuren, Winterthur
Beitrag in: Donatsch/Mutzner, *Gesundheilt*, Anatares & Roh, Schweiz
Beitrag in: Gill/Fuchs (Hg.), *Moderne Helden*, Verlag J. Kamphausen, Bielefeld
Madrsc terapii Czasu, Marek Kukulka, Polen

___CD

Tao, vier aktive Meditationen (Schweizerdeutsch), 2003
Keys to Inner Freedom, Alternatives, London, 2005
Verschiedene Aufnahmen von Gesprächen, Alternatives und The College of Psychic Studies, London